Inhalt

Einleitung:

„Das Entzünden der vitalen Kraft"

Der Weg des Herzens ist der Weg des Mutes. Wenn wir uns für das Leben entscheiden, so bedeutet dies manchmal in Unsicherheit zu leben, aber dafür in Liebe und Vertrauen. Es ist wichtig, die Vergangenheit loszulassen, damit die Zukunft werden und sich in ihrem gesamten Potenzial manifestieren kann. Wir sollten dazu bereit sein, etwas zu riskieren, offen zu bleiben und innerlich Kraft zu finden und das Leben zu spüren. Das Leben bringt uns immer weiter – unsere innere Lebenskraft zwingt uns dazu, uns zu verändern, unsere Verletzungen zu heilen und wieder offen zu sein für die Zukunft. Wir sollten bereit sein, mit unseren inneren Ängsten und Blockaden in Verbindung zu kommen, was unsere psychische Kraft, ohne dass wir viel dazu tun, allein durch unsere Bereitschaft bewirkt. Denn so kann es uns gelingen, unsere mentale Kraft, unsere Lebenskraft und Lebensfreude wieder zu erleben. Zum einen verstehen wir, was mit uns passiert und passiert ist, wir akzeptieren unsere Strategien und verurteilen uns nicht, zum anderen sind wir bereit, weiterzumachen und zu leben. Haben wir die Bereitschaft, etwas zu riskieren, ohne Angst vor dem, was sein könnte, dann kann dies die Heilung durch die Lebenskraft bewirken. Wenn wir in unserer Mitte verwurzelt sind, kann uns nichts entwurzeln.

Wenn wir in unserer Mitte ruhen und in der Gegenwart verankert sind, können wir das Alte loslassen und können das Leben mit der Begeisterung des inneren Kindes, mit Enthusiasmus und dem Gefühl, Gott in uns zu tragen, spüren. Wenn wir uns öffnen, ist es unumgänglich, dass wir durch unsere Schutzmechanismen hindurchgehen und dass wir unsere Schatten integrieren und unsere inneren Geheimnisse entdecken. Aber dafür vermögen wir frei zu sein und in vollen Zügen unser Leben zu verwirklichen. Indem wir unsere Verletzbarkeit zugeben und vertrauen, dass uns nichts passieren kann, und indem wir bereit sind, ehrlich zu uns und zu den anderen zu sein, erhalten wir die Kraft weiterzukommen. Und wir sollten bereit sein, dass wir uns immer wieder in Frage stellen, ohne in unsere alten Vorstellungen eingemauert zu bleiben.

Durch diese Bereitschaft und Offenheit zerstören wir die Mauer der Stille und Isolation, die wir durch unsere Strategien und Verhaltensmuster aufgebaut haben. Wenn wir unserem Leben die Möglichkeit schenken, neue Menschen auf uns zukommen zu lassen, können wir die Erfahrung machen, dass es Menschen gibt, die uns verstehen. Wir begegnen ihnen in einem Bereich, wo es keine Strategie gibt, keine Machtspiele, dafür Freiheit im Sein, es gibt dort einen Tanz des Seins, einen Tanz von Verschmelzen und Trennen zugleich. Die Bereitschaft, ehrlich zu sein, bedeutet manchmal allein zu sein, aber sie erlaubt uns andererseits, authentische Beziehungen zu leben. Wir haben damit die Eigenverantwortung übernommen. Wir tragen nicht mehr die Maske unserer Erziehung und unserer Strategien, wir sind frei, wir leben das, was wir brauchen. Wir verlassen die oberflächliche Unehrlichkeit, die uns auf der einen Seite immer wieder erlaubt, Konflikte zu vermeiden, und uns auf der anderen Seite oft unglücklich macht. In dieser inneren Einstellung respektieren wir die anderen Menschen und die Beziehungen bleiben erhalten. Indem wir ehrlich bleiben, erneuern wir das Versprechen unserem inneren Kind gegenüber.

Es ist ein Tanz zwischen dem inneren Kind in Not, das Sicherheit und Schutz braucht, und dem inneren Drang nach Freiheit, Klarheit und

Authentizität. Die schönste Möglichkeit, die wir im Leben haben, ist, unsere Authentizität und Lebenskraft zu spüren, zu uns höflich und herzlich zu sein und unsere Individualität als Gottesgeschenk zu betrachten. Wenn wir unsere Autorität und unsere innere Ruhe ausstrahlen, ist es uns möglich, zu heilen und den anderen die Möglichkeit zur Heilung anzubieten, weil wir ihre Ganzheit wahrnehmen und ihre innere Schönheit spüren können. Wenn wir unsere Grenze in Freude erweitern, wenn wir uns alles, was unsere Muster und Schatten darstellen, verzeihen, dann können wir wachsen. Kurz gefasst: Wir bewegen uns von einem Leben, reich an Kompromissen und Strategien, zu einem Leben, das lebendig, freudig, kraftvoll und immer neu ist. Wenn wir beginnen, an uns zu arbeiten, sind wir bereit, loszulassen und frei zu sein, und unser Leben gerät in eine Art Kettenreaktion. Eine Reihe von Veränderungen wird ausgelöst und das Leben führt uns zu dieser Veränderung, ohne dass wir diese bewusst oder krampfhaft verursachen. In unserem Leben ist es unerlässlich, in Bewegung zu bleiben: gehen lassen, loslassen und zulassen – sowohl in der Liebe als auch im Alleinsein.

Die Realität ist das, was wir sind, und wir erneuern uns immer wieder. Glücklich zu sein bedeutet präsent zu sein, in Einklang mit der Realität zu sein. Unglück ist oftmals die Projektion unserer Erwartungen auf die Gegenwart und die Realität. Indem wir loslassen und präsent sind, erfahren wir Liebe und die einfache Dimension des Seins. In jedem Augenblick erleben wir Trennung, indem wir uns spüren, und Verbundenheit, indem wir die anderen spüren. Durch unsere Reise zur Intuition sind wir bereit, unsere alten Dramen und Strategien loszulassen, und sind in der Lage, uns zu spüren. Wir vertrauen dem Leben und sind bereit, einfach zu sein und einfach zu leben. Versuchen wir, im Fluss zu bleiben. Versuchen wir, nicht einfach nach unseren Mustern zu reagieren, sondern unsere innere Kraft zu spüren und wahrzunehmen, dass es an uns liegt, das Leben so zu leben, wie wir es wollen. Bleiben wir offen. Lassen wir das Bedürfnis, Recht zu haben und die Kontrolle zu behalten, los. Verabschieden wir die Kontrolle und spüren wir die Kraft des Lebens in uns.

Wir alle sitzen am Ufer des Lebensflusses, in unseren Armen halten wir unser geheiltes inneres Kind. Mit einem neuen Bewusstsein und dem Bedürfnis, das Leben, die Vitalität und die Lebendigkeit im Körper und in der Seele zu spüren, beobachten wir den Fluss. Und wenn es für uns stimmig ist, wenn wir uns bereit fühlen, springen wir mitten ins Leben mit offenem Herzen und im Bewusstsein, dass unsere innere Stimme, unsere Intuition uns zur Verwirklichung unserer Geburtsvision führt.

"Das Leben ist von Polaritäten bestimmt"

Für uns ist es erstrebenswert, die Harmonie dieser Gegensätze des Lebens zu erreichen und nicht gegen das Negative anzukämpfen. Denn wenn ich nicht auch das Gegenteil kenne bzw. erfahren habe, wie kann ich dann wirklich Freude und Liebe genießen, diese weitergeben und andere Menschen verstehen? Kann ich Liebe, Freude, Vertrauen und Leichtigkeit nicht besser schätzen, wenn ich auch das Gegenteil erfahren habe? Gehören diese Aspekte nicht auch zu unserem Leben, das ständig dynamisch und im Fluss ist? Ist es vielleicht einfacher, zufrieden zu sein, wenn ich nicht nur die guten Phasen des Lebens annehmen kann, sondern auch die schlechten und schweren Zeiten?

Wenn ich den Widerstand gegenüber dem Negativen ablege, beginne ich den Weg der Veränderung mit Hingabe zu beschreiten. Der Weg des Lebensflusses öffnet sich mir und ich beginne aktiv am Leben teilzunehmen, weil ich weiß, dass alles Wandlung ist und dass nichts gleich bleiben darf.

Tao Healing Mind nach Dr. Mazza ® ist eine Methode, die eigene Intuition zu entwickeln und einen Weg zur Authentizität zu finden, und hat seine Wurzeln im Taoismus. Der Begriff „Tao" wird oft mit dem deutschen Wort „Weg" erklärt, einem Weg zum Einfachsein und Präsentsein. Es ist ein Weg, der sich ins Unendliche erstreckt und gleichzeitig auch der Ursprung ist. Im Grunde ist das Tao das Leben, ununterbrochen quellend und immer strömend, weil der Fluss des Lebens nie unterbrochen werden kann. Der Fluss des Lebens manifestiert sich in uns allen in einzigartigen Formen der Individualität vom ersten bis zum letzten Atemzug. Die Natur des Lebens bringt uns dazu, im Fluss des Lebens zu bleiben und mitzufließen. Die angeborene Eigenschaft, mit dem Leben mitzufließen, ständig weiterzugehen und immer wieder neu zu beginnen, gehört zur Natur des Lebens und wir finden Zugang zu dieser Offenheit dem Leben gegenüber, indem wir auf die Stimme der Intuition hören.

Wir alle dürfen durch die Intuition mit dem eigenen Fluss des Lebens verbunden sein – dies ist der grundlegende Gedanke und das Ziel von Tao Healing Mind nach Dr. Mazza ®. Es geht darum, mit dem Leben mitzufließen, ohne festzustecken. Das Leben ist durch Gegensätze geprägt, die Harmonie dieser Gegensätze prägt unsere Individualität, unsere Gefühle, Gedanken, unser Dasein. Die Polaritäten, die das Leben bestimmen, erlauben uns, uns weiterzuentwickeln und die Lebenskraft und Vitalität zu spüren.

Vitalität heißt, sich nicht aufhalten zu lassen durch das, was in uns und im Außen ist. Bewusst leben bedeutet, eine gewisse Durchlässigkeit zu entwickeln und dadurch in der Gegenwart verwurzelt zu sein – im Frieden mit der Vergangenheit und hoffnungsvoll der Zukunft gegenüber. Die Intuition verbindet uns mit Lebenskraft, Vitalität und mit dem Gefühl, weitergehen und sich weiterentwickeln zu wollen. Auf die Intuition zu hören bedeutet, Stagnation und Blockaden zu lösen, im Frieden mit sich zu sein und den eigenen individuellen Fluss im Leben bestimmen zu können.

Tao Healing Mind nach Dr. Mazza ® bedeutet, den Weg der Einheit und zugleich der Gegensätze zu finden. Der Fluss des Lebens ist bestimmt von Erfahrungen der Freude, Schmerzen, Wut, der inneren Ruhe, des Vertrauens, der Angst, der Ohnmacht und der Kraft. Dieser Tanz der Gegensätze prägt uns im Innen und im Außen vom ersten bis zum letzten Augenblick des irdischen Daseins. Uns ist dieses Gefühl des Fließens angeboren – alles ist vorhanden vom ersten Atemzug an. Nun sollten wir

durch einen Prozess der Klärung wieder dorthin finden. Diese Polaritäten, die das Leben prägen, wirken zusammen und schließen einander nicht aus. Die Klärung ist der Prozess, der uns erlaubt, alles, was den Fluss blockiert, zu integrieren.

Erst wenn wir aus dem Fluss geraten, merken wir, dass wir zuvor im Fluss waren. Die Stagnation motiviert uns zur Veränderung, „Healing" ist der Teil dieses Prozesses, in dem wir die Bereitschaft und den Mut zeigen, den Weg der Klärung zu gehen. Es bedeutet, dass wir uns mit der eigenen Kindheit, mit unseren Schatten auseinandersetzen, sie integrieren und den Willen spüren, in Frieden mit der Vergangenheit zu sein und Tag für Tag die eigene Bestimmung zu leben. Healing heißt auf diesem Weg zur Intuition loslassen, verstehen und präsent sein. Es besagt Offenheit und im Augenblick aufmerksam werden, auch für das, was im Außen passiert, für die Zeichen, zu denen das Leben uns führt. Es hat einen Sinn, das anzuerkennen, was im Leben passiert. Der Prozess des Heilens stellt somit auch das Bedürfnis dar, den Sinn hinter den Umständen meines Lebens, meines Weges

auf der Erde zu verstehen, zu integrieren und in mir zu spüren. Healing heißt, lebensbejahend unseren Weg zu gehen. Healing bedeutet, den Prozess zu erleben, dass alles notwendig ist und alles zum Leben gehört. Hinter jedem Schatten ist das Licht. Hinter jeder Bewegung ist die Ruhe. Hinter jedem Lächeln ist auch das Wissen, dass es Traurigkeit gibt. Healing heißt, unser Bewusstsein für eine wesentliche und weitere Perspektive zu öffnen. Das Leben ist ein harmonischer Tanz der Gegensätze, der immer fließt. In jedem Augenblick entscheiden wir in der Qualität unserer Gedanken, Emotionen und Gefühle, ob wir weiter mit dem Leben fließen oder ob wir das Alte festhalten wollen und plötzlich feststecken.

„Mind“ spricht für die Fähigkeit, die der Mensch hat, sich immer wieder neu zu entscheiden. Mind steht für ein klares Bewusstsein, das in sich die Weisheit des Lebens trägt. Es ist ein klares Bewusstsein, das sich für die Lebensfreude und Vitalität entscheidet, für das Leben als Spiel und Abenteuer, das uns erlaubt, uns selbst als kraftvoll und wirkungsvoll wahrzunehmen und nicht mehr als Opfer des Lebens oder als Opfer unserer Vergangenheit zu sehen.

Die Schritte des Programmes Tao Healing Mind nach Dr. Mazza ® ermöglichen den Fluss zur Authentizität, öffnen das Tor zum Bewusstsein in der Verbindung von Körper und Seele. Der Körper als Kleid der Seele durch die Reise auf der Erde ist unser Wegweiser, um das Leben im Hier und Jetzt zu leben und die innere Stimme, die wir alle in uns tragen, wahrzunehmen. Tao Healing Mind nach Dr. Mazza ® bietet die Möglichkeit, mit einfachen Schritten zurück zum Ursprung unseres Daseins zu finden.

Die Schritte von Tao Healing Mind nach Dr. Mazza ®

Der Weg, den wir gehen, ist der Weg der Intuition und der Klärung der mentalen Kraft. Es ist ein Weg der Höflichkeit, ein Weg ohne Widerstand. Das ist auch im Taoismus so. Normalerweise kommen sehr starke Widerstände hoch, wenn wir etwas verändern möchten. Widerstand ist Kampf, Spannung, Lähmung, Trotz. Wir wollen uns verändern – aber warum fällt es uns so schwer, unsere Muster und Blockaden loszulassen? Weil wir Sicherheit verlieren; denn Muster und Blockaden geben uns auch Schutz.

Der erste Schritt beginnt mit der inneren Entscheidung, etwas verändern zu wollen, beginnt mit dem Loslassen des Alten, das ich nicht mehr brauche und das nicht zu mir gehört, das ich aber bisweilen aus dem Bedürfnis nach Liebe und Anerkennung aufgenommen habe. Oft habe ich es vielleicht integriert und geglaubt, dass ich so wäre, aber irgendwie hat es nicht meinem Naturell entsprochen. Beim Loslassen haben wir auch oftmals das Gefühl des Widerstandes. Es ist wie ein freier Fall ins Leere – ich weiß nicht, was passieren wird oder was mich erwartet. Was passiert, wenn ich mich so zeige, wie ich bin? Was passiert mit mir? Ich bin einfach anders – das ist die Herausforderung, sich zu entscheiden und Risiko anzunehmen. Das Leben ist Risiko. Die Veränderung überrascht, fordert heraus und verlangt Offenheit und Ehrlichkeit.

Im zweiten Schritt geht es um Vertrauen. Wir brauchen Vertrauen. Wo haben wir es verloren? Wo haben wir unsere Geborgenheit verloren? Können Sie sich erinnern? Meistens geschieht dies in der Kindheit. Und nun geht es darum, dieses Vertrauen wiederherzustellen. Der Weg dorthin ist, sich um das eigene „innere Kind" zu kümmern. Das innere Kind ist der Botschafter der Intuition und der Lebensfreude. Wenn wir uns dafür entscheiden, ist es ein schönes Abenteuer. Das bedeutet, ich trage die Verantwortung für mein inneres Kind. Meine Sichtweise ist: „Es ist nie zu spät, eine glückliche Kindheit zu haben." Oft beginnt es mit der Reise zurück zur eigenen Geburt. Dieser zweite Schritt hat mit der eigenen Geburt zu tun und mit dem Hin-

einfühlen, wie die Beziehung zu meinen Eltern war. Welche Strategien und Muster habe ich entwickelt, um die Liebe meiner Eltern zu bekommen? Oft prägen diese noch heute unser Leben. Für die Heilung der Kindheit ist vor allem eines wichtig: Verständnisvoll zu sein, den eigenen Eltern und dem Umfeld gegenüber, denn jeder Mensch hat ein Bewusstsein, das die Summe seiner (sehr oft auch unangenehmen) Erfahrungen ausmacht, und jeder bemüht sich, so gut er kann. Unsere Eltern wurden auch von ihrem Familiensystem geprägt. Ein Kind ist nackt und hilflos, wenn es auf die Welt kommt. Es lebt und will leben, es trägt Urinstinkte in sich und hat Bedürfnisse. Das Kind ist vollkommen, wenn es auf die Welt kommt, und trägt in sich jene weiblichen und männlichen Aspekte, zu denen es durch die Eltern Zugang findet. Das Kind erwartet sich unbewusst von seinen Eltern die Perfektion, totales Verständnis und Geborgenheit. Alles, was es braucht, will es von ihnen haben.

Die Grundannahme ist, dass wir auf die Welt kommen mit der Aufgabe, über unsere Eltern einiges zu lösen, zu klären, zu verstehen und weiterzuentwickeln. Spannend ist die Beobachtung der Entwicklung eines Familiensystems über Generationen hinweg. Oft werden Themen über Generationen weitergeführt, die sich mit der Zeit immer deutlicher zeigen oder klarer werden und auf eine Lösung hindrängen. Der Weg zu sich selbst beginnt mit der Heilung der Kindheit. Das Loslassen der Eltern und das Ablegen von Schuldzuweisungen bedeutet, die Eltern anzunehmen für das, was sie sind, und zu erkennen, dass sie für uns manch Ungelöstes symbolisieren. Wir stecken oft fest in dem Glaubenssatz, dass wir nicht wie unser Vater oder unsere Mutter sein wollen. Aber wir haben sie wahrscheinlich auch deshalb ausgesucht, um in uns die Aspekte zu integrieren, die wir bei ihnen ablehnen. Hier beginnt die Heilung – ich übernehme die Verantwortung für mein inneres Kind, erziehe es neu und werde frei.

Im dritten Schritt erkennen wir, wie wir die Beziehung zu unseren Eltern gestaltet haben. Es geht um Versöhnung, Loslassen, und wenn die Zeit reif dafür ist, um Verzeihen. Die Kraft des Verzeihens wird oft als Lösung aller Probleme erwähnt, aber auch als aktiver Prozess betrachtet. Verzeihen kann man sich wünschen und die Absicht äußern, aber es nicht einfach tun, wenn wir es wollen. Vielleicht wäre es besser zu sagen: „Ich bin bereit, dir zu verzeihen“, und die Zeit arbeiten zu lassen.

Dieser Schritt der Heilung der Kindheit hat mit einer Erkenntnis zu tun: „Ich bin viel mehr, vielfältiger, viel reicher als meine Schmerzen, Verletzungen, Muster und mein Unwohlgefühl. Das ist nur ein Teil von mir. Ich bin viel mehr, denn ich kann mich weiterentwickeln, bis sich schließlich ein Geschenk darbietet." Das ist die Tür zu neuem Bewusstsein und Freiheit. Dieser Weg zur Freiheit ist im Grunde auch der Weg zur Selbstliebe. Solange ich nur im Außen Anerkennung und Liebe suche, ist eine Heilung schwierig. Wenn ich jedoch ein bisschen Liebe für mich selbst aufzubringen vermag, kann ich mich für mich und für meine Authentizität entscheiden. Ich bin auch eher in der Lage, „nein" zu sagen, denn nur „ja" zu sagen geschieht aus Angst, dass ich die Liebe meiner Nächsten verliere. Nunmehr entwickle ich aber das Gefühl und das Bewusstsein, dass, wenn ich so bin, wie ich bin, und mich so annehme, die anderen mich auch annehmen. Es entwickelt sich eine Art Resonanz.

Zu diesem Schritt gehört auch das friedvolle Abschiednehmen von allem, was gewesen ist: die Versöhnung. Das beginnt, wenn ich mich meiner eigenen Kraft besinne. Es hängt von mir ab, ob es mich ein Leben lang konditioniert, dass mich meine Mutter verlassen hat oder dass sie aus Angst bei meinem Vater geblieben ist. Ein Kind, das eine Realität lebt, denkt, dass dies **die** Realität sei, doch es ist nur **eine** Realität und dazu noch die Realität der Eltern. Ich kann immer wieder eine neue Bühne für mein Leben gestalten. Auf dieser Bühne führen meine Gedanken, meine Empathie, mein Herz, meine Intuition und meine innere Stimme Regie.

Der vierte Schritt ist es, ein neues Leben zu beginnen und zu gestalten: meine Gedanken und meine eigenen Absichten klären. Denn es ist bedeutsam, welche Absichten hinter meinen Beziehungen und meiner Lebensführung stehen. Wir sollten eine Absichtserklärung für das eigene Leben gestalten. Zu diesem Schritt der neuen Lebensgestaltung gehört es auch, die Kraft der Emotionen und Gefühle als konstruktiv zu erkennen. Wir kämpfen mit Wut, Traurigkeit, Verzweiflung, Ohnmacht. Wir wollen diese Gefühle nicht haben, aber wir sollten sie besser annehmen und integrieren, weil dort auch unsere Kraft steckt. Es gibt sehr viele Menschen, die die eigene Kraft nur spüren können, wenn sie wütend werden. Wenn ein Mensch das Muster hat, brav zu sein, ist er oft angepasst und still, reißt sich zusammen. Solche Menschen haben oft Wutausbrüche, weil sich diese Kraft staut, nicht auf ehrliche Weise hochkommen kann und blockiert ist. Der beste Schutz vor Krankheit ist, dass ich auch Gefühle wie Wut, Trauer, Widerstand, Verzweiflung und Angst zulasse. Mit der Angst bewusst umzugehen ist wichtig und die Arbeit mit dem inneren Kind macht es möglich, die Wurzel der Angst zu entdecken und sie zu heilen.

In einem fünften Schritt sollten wir den eigenen Körper und uns selbst annehmen. Der Körper ist unser Reisebegleiter durchs Leben und durch ihn passiert Heilung – durch die bewusste Wahrnehmung der Atmung, die uns den Zugang zur inneren Stille ermöglicht. Gegen die Stille haben wir oft eine innere Ablehnung. Jemand hat einmal gesagt, wenn du willst, dass ein Mensch seine Schatten integriert, lade ihn eine halbe Stunde in die Stille ein. Es gibt eine Abend-, eine Wochenend-, eine Winterdepression, d. h., wenn wir wenig beschäftigt sind, dann kommt Ungelöstes hoch. Wir suchen Ablenkung, weil wir die Stille nicht ertragen können. Die Stille ist der Zugang zu dem, was am tiefsten liegt. Wenn wir die Stille zulassen, kommt vieles hoch, das wir integrieren sollten. Zu diesem Schritt gehört auch das Beobachten ohne Bewertung von sich. Die Selbstannahme über die Beobachtung: So wie ich bin, nehme ich mich an. Das, was ich spüre, bin ich nicht, das ist nur ein Teil von mir. Wenn ich hindurchgehe, kann ich es transformieren und verändern. Wenn der innere Beobachter positiv ist, kann er den inneren Kritiker und Saboteur verabschieden. Was zählt, ist das Hier und Jetzt. Dann habe ich die Chance, mir eine erfüllende Vergangenheit zu schaffen, bin in Frieden mit der Gegenwart und kann hoffnungsvoll der Zukunft begegnen.

Der nächste Schritt ist es, sich neu zu erziehen. Die eigene Gedankenkraft, den eigenen Körper zu erziehen, aber sich für die Führung öffnen, die im Leben ist und uns trägt. Diese Führung zeigt sich oft in Zufällen und Synchronizitäten. Von außen bekommen wir oft viele Hinweise. Sich „neu zu erziehen“ beginnt mit der Akzeptanz und Dankbarkeit für das, was da ist. Wir werden durchs Leben geführt. Die unsichtbare Führung ist immer da. Die Intuition erlaubt uns, sie wahrzunehmen und zu spüren. Es hängt sehr stark mit unserer inneren Ordnung zusammen. Je klarer du innen bist, desto leichter fällt es dir, die Deutungen zu verstehen.

1. Kapitel

„Intuition"

Miriana war auf Besuch bei ihren Eltern. Es war Mitte des Sommers – sie war schon sehr müde und hatte vor, zwei, drei Tage in Ruhe zu verbringen. In der Absicht, sich besser zu spüren, besuchte sie ihre Eltern, auch in der Hoffnung, ihre Fröhlichkeit und unbeschwerte Kindheit wiederzufinden. Sie stand am Morgen auf, schaute in den Spiegel und fühlte sich frei und entspannt. Ihre Augen waren noch traurig, aber sie spürte einen leichten Schimmer, eine Fröhlichkeit und Leichtigkeit im Herzen. Das erste Mal seit vielen Jahren fühlte sie sich authentisch und konnte sich selbst spüren.

Sie wollte nicht frühstücken oder sich waschen, sie wollte nur zum Fluss. Sie schaute in den Spiegel, zog ihr Lieblings-T-Shirt und ihre Jeans an, nahm ihre Schlüssel, schaute sich ein letztes Mal im Spiegel an und ging zum Auto. Die alten Landstraßen führten sie direkt zum Ufer des Flusses. Während der Fahrt konnte sie wie in einem alten Film mit Schwarz-Weiß-Bildern einige Ereignisse ihrer Kindheit, ihrer Pubertät und ihres Erwachsenenalters in neuem Lichte sehen und verstehen. Heute – mit 45 – hatte sie das Gefühl, sie beginne ein neues Leben. Sie hatte zum ersten Mal den Mut, auf ihre innere Stimme zu hören.

Sie kam zum Fluss, stieg aus dem Auto. Ihre Gedanken flossen sehr schnell. Die vielen Erinnerungen, die sie während der Autofahrt innerlich bewegt hatten, waren plötzlich alle präsent. Sie konnte die Gegenwart nicht mehr von der Ver-

gangenheit und von den vielen offenen Fragen in Bezug auf ihre Zukunft unterscheiden. Sie hatte aber gelernt, ihre Gedanken zu beobachten, und fühlte sich nach drei, vier tiefen Atemzügen entspannt. Sie ging langsam hinunter zum Ufer des Flusses, wo sie einen schönen, abgerundeten Felsen fand. Dort war sie immer wieder als Kind hinaufgeklettert. Damals hatte sie das Gefühl, dass sie von dessen Spitze aus die Welt erobern könnte. Wie ferngesteuert wiederholte sie diese Geste in der Hoffnung, ihre innere Welt zu erobern und die innere Freiheit wiederzufinden. Sie zog ihre Schuhe aus und ließ ihre Beine vom Felsen baumeln. Sie tanzte mit den Spitzen ihrer Zehen, berührte sanft das Wasser des Flusses und spielte mit den kräftigen Wellen …

Die Intuition als Seelensprache

Die Intuition ist die Fähigkeit, Wissen zu erlangen, ohne die Mediation (Unterstützung) des Intellektes, somit ist sie ein direktes Wissen, eine Erkenntnis ohne rationales Denken. Die Intuition ist die Sprache der Seele, die uns erlaubt, eine sichere Begleitung für den Lebensweg zu spüren. Die Intuition als Seelensprache zeigt sich in unseren intuitiven Gedanken, in Informationen, die plötzlich da sind, von denen wir jedoch nicht genau wissen, woher sie kommen – und die wir oft auch nicht argumentieren können. Die Intuition als Sprache der Seele verbindet uns mit der tiefsten Bedeutung des Lebens, mit unserem Lebensplan und mit unserer Geburtsvision für dieses Leben auf der Erde.

Im Lauf des Lebens und des Älterwerdens – besonders nach bestimmten Entscheidungen – spüren wir bewusst, dass Schritte, Veränderungen notwendig sind, um weiterzukommen. Dieses Gefühl ist diffus, es ist eine leise Ahnung, die sich zeigt und auch wieder versteckt in der Routine des Alltags, die aber immer wieder auftaucht. Es kann ein Gedanke sein, der uns so lange nicht in Ruhe lässt, bis wir endlich hinschauen und uns bewusst damit auseinandersetzen. Intuitive Gedanken verbinden uns oft mit unseren spirituellen Aufgaben auf der Welt und erlauben es, uns selbst treu und authentisch zu sein. Sie zeigen uns den Weg, der für uns bestimmt ist und der am besten dazu geeignet ist, uns dorthin zu führen, wo wir unser Naturell leben können. Wenn wir die Intuition als Sprache der Seele aufnehmen und verstehen, wenn wir sie in jeden Schritt des Lebens, des Innenlebens und des alltäglichen Lebens, integrieren, dann vermögen wir ein Gefühl der inneren Freiheit zu spüren. Es ist das Gefühl, mit sich im Einklang zu leben, das heißt, dass wir im „Inneren" angekommen sind und im „Außen" in der Lage sind, unsere Ideale, unsere inneren Werte, unsere Beweggründe zu spüren und zu verwirklichen. Es bedeutet, dass wir uns

treu sein können und mit anderen Menschen in Beziehung treten können ohne die Filter der alten Muster und der standardisierten allgemeinen Glaubenssätze.

Die Intuition als inneres Wissen

Die Intuition können wir auch als inneres Wissen verstehen, ein inneres Wissen, das uns mit den archaischen Inhalten des kollektiven Unterbewusstseins verbindet. Die Intuition ist die Brücke, die uns mit dem Wissen verbindet, das Generationen von Menschen mit ihren Erfahrungen im Laufe der Jahrtausende auf unserer Erde gesammelt haben. Das innere Wissen, das wir in uns tragen, ist mit diesem universellen Wissen verbunden. Die Intuition erlaubt uns, aus dieser unendlichen Quelle des kollektiven Wissens zu schöpfen. Das innere Wissen der Intuition, das innere Wissen, das wir durch die Intuition spüren und fühlen können, ist eine Quelle der Information, die ohne Mediation des Intellektes sich im Bewusstsein zeigt und uns oft, wenn wir nicht präsent und klar sind, überrascht und unsicher macht.

Die Intuition als inneres Wissen könnte man auch als „Weisheit des Bauchgefühls" definieren: „Ich weiß nicht warum, ich weiß nicht wie, aber es fühlt sich gut an, es fühlt sich wie eine Wahrheit an, die ich nicht erklären kann." Dieses innere Wissen ist der Zugang zur Quelle der Erkenntnis. Um nun die Intuition als inneres Wissen zu manifestieren, sind gewisse Voraussetzungen notwendig. Die erste Voraussetzung ist Präsenz und Klarheit im Augenblick, weil wir nur unsere Gegenwart bestimmen können und in der Gegenwart manifestiert sind. Jeder Augenblick ist ein Neubeginn, wo unser Potenzial sich entfalten und eine vollkommen neue Richtung einschlagen kann. Eine weitere Voraussetzung der Manifestation des inneren Wissens ist die Klärung der eigenen Muster und die Auflösung der Angst, die uns in der Wahrnehmung unserer eigenen Intuition behindert. Die dritte Voraussetzung ist die Fähigkeit, den eigenen Körper zu spüren, denn der Körper und seine Signale sind wichtige Wegweiser für die Stimmigkeit und das Erkennen der intuitiven Botschaften.

Die Weisheit des Bauchgefühls

Seit langer Zeit beschäftigt sich die Wissenschaft mit der Mathematik des logischen Verstandes und mit dessen Gegenteil, dem Bauchgefühl. Die Intuition, die Weisheit des Bauchgefühls, gibt uns ein Gefühl der Stimmigkeit und unterstützt uns in vielen Augenblicken unseres Lebens, in denen wir zwar schnelle Entscheidungen treffen müssen, aber verstandesmäßig oft nicht wissen, wie wir handeln sollen. Die Intuition ermöglicht uns in solchen Situationen, auf körperlicher, geistiger und seelischer Ebene einfach zu „spüren", was für uns stimmig ist, und dieses durchzusetzen. Die Intuition kommt immer spontan zu uns. Sie ist von unserem Willen unbeeinflussbar und entsteht aus jenen Handlungen und Erfahrungen, die wir in uns, in unserem Gehirn gespeichert haben. Unser Bauchgefühl ist nicht abrufbar, aber es ist möglich, einige Rahmenbedingungen zu schaffen, um das Bauchgefühl zu unterstützen und auf eine gewisse Art und Weise zu trainieren. Im Augenblick zu leben, präsent zu sein, authentisch zu sein erlaubt uns, die Intuition als Tor ins Leben zu öffnen.

Intuition als Ratgeber des Verstandes

Die Intuition ist die Quelle des inneren Wissens und gibt uns die Möglichkeit, unsere Visionen und Träume auch zu verwirklichen. Tatsache ist, dass wir nicht alles, was wir aufnehmen, durch unseren Verstand verarbeiten können, aber dass alles in uns gespeichert wird. Unser Bewusstsein bekommt oft nicht viel mit, aber alles, was im Augenblick des Lebens geschieht, wird unbewusst gespeichert und wir können dieses Wissen, diese Erfahrungen intuitiv abrufen. Das Erstaunliche dabei ist, dass wir in gewissen Situationen meistens auf die dazugehörige, passende Information zugreifen können. Der Zugang zu diesem gespeicherten Wissen wird uns über unser Unterbewusstsein ermöglicht und wir können durch bewusstes Intuitionstraining lernen, wie unsere Intuition ein besserer Ratgeber für den Verstand wird. Wir lernen, entspannt und gelassen zu sein und die richtigen Fragen zu stellen, sodass unsere Intuition den richtigen Impuls bekommt, die für uns wichtigen Informationen zur Verfügung zu stellen. Die Informationen und die Hinweise erlauben uns, das Richtige und das Stimmige zu tun, also das zu entscheiden, zu erleben oder einfach zuzulassen, was für uns vorgesehen ist.

Grundsätzlich nützen wir Menschen bei der Entscheidungsfindung unseren analytischen Verstand mehr als unseren „sechsten Sinn". Da wir Logischem und rational Erklärbarem mehr Vertrauen schenken, ist es für uns durchwegs schwierig, der Intuition zu vertrauen. Wir können uns kaum vorstellen, dass es möglich ist, eine Lösung auf so schnelle und einfache Art und Weise zu bekommen. Vor allem hemmt uns auch der Widerspruch, dass wir die intuitive Lösung zwar als stimmig empfinden, aber nicht in der Lage sind, sie logisch zu argumentieren. Das bedeutet für unseren Verstand eine schwere Herausforderung.

Unsere Intuition ist zweifelsohne unser bester Ratgeber. Um die Intuition zu spüren, ist es auch wichtig, intuitiv zu handeln und manchmal unser bewusstes Wissen beiseite zu lassen. Die Intuition verzichtet auf „bewusste" Informationen. Aus diesem Grund darf man sich, wenn man intuitiv handelt, keine Gelegenheit geben nachzudenken. Typisch dafür sind kritische Situationen wie Unfälle oder Situationen mit extremem Druck, in denen meistens, ohne nachzudenken, richtig gehandelt wird. So wird unser Bauchgefühl zum Berater unseres Verstandes. In solchen Momenten sind wir nicht auf Einzelheiten und Details fixiert, sondern wir haben den Gesamtblick auf die Situation und erkennen die Zusammenhänge. Manchmal ist es notwendig, „blind" bzw. „aus dem Bauch heraus" zu entscheiden. Aber Intuition und Verstand sind zwei Ratgeber, die sich nicht voneinander trennen lassen. „Spüren" ist immer wichtig, aber jede Situation ist anders und es gibt keine klare Regel. Wir können auch den Verstand spielen lassen und sollen bewusst erkennen, wenn Muster aufkommen und Unsicherheit entsteht. Das Gefühl der Stimmigkeit, der Intuition spüren wir hauptsächlich im Körper. Wenn es sich stimmig anfühlt, wenn das Gefühl sagt: „Es ist so!", dann sollten wir der Intuition folgen und die Möglichkeit, danach zu handeln, in Betracht ziehen. Wir können uns schrittweise mit der Intuition bekannt machen, indem wir ihr vorerst einmal die kleinen Entscheidungen überlassen, um Vertrauen zu ihr zu gewinnen und um die eigene innere Stimme langsam kennen zu lernen. Nach und nach werden wir vielleicht unseren sechsten Sinn ebenso zu schätzen wissen wie die anderen fünf Sinne, die wir alle im Alltag benützen.

2. Kapitel

„Loslassen

um sich zu finden"

... Miriana entspannte sich. Ihre Atmung wurde immer ruhiger, tiefer und gelassener. Sie entspannte sich auf dem Stein, lehnte sich zurück und ließ sich vom Stein wärmen. Der Stein gab ihrem Rücken die perfekte Unterstützung, um sich fallen zu lassen. Die Erinnerungen und die innere Stimme durften sich durch die Entspannung des Körpers nun bemerkbar machen. Sie erinnerte sich bewusst an die Schritte der letzten zwei Jahre. Alles hatte begonnen, als sie den Spruch in einem Geschäft las: „Wenn du etwas Neues willst, mache Platz dafür und löse alte Knoten deines Lebens.“ Den Spruch zu lesen war für sie wie eine Erleuchtung. Sie setzte sich damals in ein Café, bestellte sich einen Cappuccino und machte einen Knoten in die Schnur ihres Schlüsselanhängers. Sie spielte unbekümmert damit und fragte sich, welche Knoten es in ihrem Leben gäbe, die sie daran hindern würden, dass sich das Neue in ihrem Leben entfalten darf. Was kann ich loslassen? Sie erinnerte sich an die Tränen, die ihr damals am Tisch kamen und ihr eine befreiende Klarheit brachten. Ihr wurde damals bewusst, dass das Festhalten an alten Geschichten, an alten Themen keine Lösung ist und dass das Neue immer vor der Tür steht, wenn wir bereit sind, die Gelegenheiten zu nutzen, die das Leben uns bringt. Sie hatte versucht, die Tränen zu verstecken, obwohl ein kleines Meer aus ihren Augen geflossen war. Damals kam jemand auf sie zu und fragte sie, ob sie etwas brauchen würde und warum sie so weinte. Es war eine ältere Frau, die ein Buch in der Hand hielt. Das Foto auf dem Umschlag gewann Mirianas Aufmerksamkeit. Darauf war jemand zu sehen, der Purzel-

bäume auf einer Wiese schlug und reine Lebensfreude ausdrückte. Der Titel des Buches hatte sie sehr beeindruckt. Er bestand nur aus zwei Wörtern: „Lass los!“

Miriana hatte sich damals sehr bemüht, freundlich zu dieser älteren Dame zu sein. Diese nahm ihre Hand, schaute sie mit offenem Blick an und sagte: „Liebe junge Frau. Jede Träne ist ein Geschenk Gottes. Jede Träne befreit unser Herz. Jede Träne ist wie ein kleiner Kieselstein, der eine Verletzung aus unserem Herzen löst. Jede Träne ist ein Schritt zu einer unbelasteten Zukunft.“ Die ältere Dame hielt ihre Hand fest und gab ihr in die andere Hand das Buch, küsste sie auf die Stirn. Sie wünschte ihr Klarheit, Kraft und Neubeginn auf ihrem weiteren Weg und entfernte sich mit sicheren Schritten von ihr. Die Erinnerung ließ Miriana innerlich lächeln und sie fühlte sich geborgen und vom Leben begleitet. Sie war wieder frei durch diese Begegnung. Die ältere Dame vom Café erinnerte sie an ihre Großmutter. Diese hatte sie jahrelang liebevoll begleitet und war für sie als Kind die einzige Chance auf Geborgenheit und Wärme gewesen ...

Das Loslassen ist in erster Linie ein Prozess, den wir nicht aktiv initiieren können. Wir können die Absicht äußern, dass wir loslassen möchten, und können darauf vertrauen, dass wir – sollten wir es uns wünschen – die Unterstützung bekommen, dass es auch passiert. Das Bedürfnis, etwas

loszulassen, entsteht, wenn wir spüren, dass wir uns verändern wollen, dass in unserem Leben belastende Aspekte sind, die uns blockieren. Wenn wir spüren, es wäre an der Zeit, Platz zu schaffen für Neues, und es wäre dafür notwendig, alte Gefühle, Emotionen, Muster, Menschen, Orte oder auch Ereignisse loszulassen. Das Gefühl loszulassen und die Wahrnehmung, dass wir etwas loslassen wollen, tauchen auf, wenn es uns nicht gut geht. Dies äußert sich durch einen seelischen Schmerz oder durch Gefühle wie „Ich kann nicht mehr, ich kann nur mehr funktionieren, ich spüre meine Lebensfreude nicht mehr" oder sogar „Ich habe meine Lebensfreude verloren". Dies sind oft die Voraussetzungen oder Schritte, die zum Wunsch führen: „Ich möchte loslassen!"

Das Loslassen steht zumeist nach einer Zeit, in der unterschiedliche Gefühle durchlebt werden, an. Sie ist gekoppelt an die Belastbarkeit eines Menschen: Nach einer Zeit des seelischen Druckes – für manche nach Jahren, nach Monaten, für manche auch schon nach Tagen – „kippt" irgendwann das bisherige Leben, und dieses Gefühl „Ich kann nicht mehr" bewegt uns dazu, bewusst zu sein und loszulassen.

Grundsätzlich entstehen drei Gefühle, die uns in diesem Prozess des Loslassens begleiten: **Wut** – über das, was mir passiert ist, oder dass es so weit gekommen ist, oder darüber, dass das Leben ungerecht ist; **Ohnmacht** – indem wir uns als Opfer der Situation oder anderer Menschen, als Opfer des Systems oder des Lebens überhaupt empfinden und nicht das Gefühl haben, es sei in uns die Kraft vorhanden, eine konstruktive Veränderung zu bewirken; **Verzweiflung** – ein Gefühl, das oft das Loslassen begleitet und mir vermittelt, ich könne mir nicht helfen, niemand habe Lösungen für mich; Verzweiflung kann auch ein Gefühl der Ohnmacht bewirken, dann fühlt es sich an wie ein innerer Tod, als ob ein innerer Teil von mir sterben würde.

Loslassen bedeutet auch die Bereitschaft, Abschied zu nehmen. Das Loslassen ist ein Prozess, den wir nur initiieren und uns wünschen, aber nicht bestimmen können. Es ist ein Reinigungsprozess, der Zeit braucht. Die Zeit richtet sich nach dem, wie wir gemacht sind, und nach den Erfahrungen in unserem Leben. Das Loslassen passiert, wenn die Zeit dafür reif ist. Wir können einen fruchtbaren Boden vorbereiten, aber wir können nicht entscheiden, dass wir jetzt loslassen wollen und es sogleich passiert.

Schritte zum Loslassen

Der erste Schritt zum Loslassen ist zunächst einmal die Wahrnehmung des Gefühls „Es kann mir nichts passieren!". Dieser erste Schritt bedeutet zugleich, dass ich mir bewusst mache, das Leben ist Veränderung, das Leben ist im Fluss, und die einzige Möglichkeit, die ich jetzt habe, ist, zu akzeptieren, was mit mir äußerlich und innerlich geschieht. Ich entscheide nicht über das Leben „im Außen", weil viele Bereiche des Lebens nicht steuerbar sind. Aber ich entscheide, wie ich auf die Ereignisse des Lebens reagiere. Wir sind diejenigen, die entscheiden, ob wir die Lektionen des Lebens annehmen, die durch schmerzhafte und negative Erfahrungen entstehen, und daraus lernen können, oder ob wir das nicht tun. Das Loslassen und das Entwickeln des Gefühls „Es kann mir nichts passieren!" bilden die Grundlage, um eine gute Intuition zu haben und den Fluss der Intuition im Alltag zu erzeugen. Das Loslassen ist ein Prozess, der entsteht, wenn wir die innere Absicht dazu haben, und er vollzieht sich, wenn wir durch

diese drei Gefühle hindurchgehen: Angst, Wut und Ohnmacht. Loslassen beruht aber auch auf dem Gefühl, dass ich Kraft habe, mit Eigenverantwortung zu handeln: Ich selbst habe die Möglichkeit, die Situation zu ändern. Für den Prozess des Loslassens ist es wichtig, diese innere Entscheidung zu treffen. Sie bewegt in uns die physische Kraft, weg von der negativen Perspektive und der Opferrolle hin zu einer konstruktiven Kraft zu gehen. Durch diese Kraft geschieht etwas, das für mich gesund ist, ich bekomme Hilfe von außen, in meinem Umfeld passieren Synchronizitäten, die mich unterstützen (siehe „Synchronizitätslehre" in Kapitel 15).

Ein erster Schritt ist, dass ich darauf vertraue, dass mir durch das Loslassen nichts passieren kann. Das Leben ist dynamisch und aktiv und ich kann es leben. Es gibt keine andere Variante. Es liegt an uns, ob wir diese Lektion, die mit dieser Situation verbunden ist, annehmen.

Grundlage des ersten Schrittes ist Vertrauen. Das beginnt, wenn ich mich geborgen fühle und das Gefühl habe, dass mir nichts passieren kann. Das Loslassen ist immer wie ein kleiner Tod. Ein Teil von mir stirbt. Wir haben Angst vor dem Tod, weil wir nicht wissen, was danach ist. Wir können etwas vermuten, aber wir wissen es nicht. Dabei ist der Tod die einzige Sicherheit im Leben – das weiß jeder Mensch und alle schieben es weg. Das Loslassen ist wie ein innerer kleiner Tod und verlangt Vertrauen, dass durch dieses Loslassen auch eine Geburt entsteht. Loslassen ist gleichzeitig Tod und Geburt, wie der Tod eine Geburt ins Licht ist. Am Ende des Jahres beginnt gleich ein neues. Wir sind in einem System, wo das Ende zugleich einen neuen Anfang bedeutet. Wenn ich etwas loslasse, kommt etwas Neues.

Sehr oft zwingt uns das Leben dazu, uns mit dem Prozess des Loslassens zu beschäftigen, weil es zur Natur des Lebens gehört: Sich lösen, damit etwas Neues entstehen kann. Das Leben ist dynamisch, es ist ein Abenteuer, es ist ein Spiel.

Der zweite Schritt in dem Prozess des Loslassens ist Ehrlichkeit zu sich selbst und die Absicht zu äußern, dass ich bereit bin, loslassen. Indem ich die Absicht zum Loslassen äußere, ist es für mich möglich, meine Kraft zu spüren und die Spannung zu lösen. Die Spannung entsteht, wenn ich dagegen kämpfe. Wenn ich gegen etwas ankämpfe, wird es immer nur größer und bedrohlicher und zieht meine gesamte Aufmerksamkeit auf sich. Wenn ich hingegen akzeptiere, dass es nun einmal da ist, und ich darauf vertraue, dass es mit der Zeit wieder weggeht, kann die frei gewordene Energie in eine andere Richtung gehen und ich kann freier werden. Dies beginnt mit dem Gedanken: „Ich bin bereit, loszulassen, ich lasse es zu, dass das Leben so ist, wie es jetzt ist." Ich umarme mein Leben bildlich. Das Wunder dieser Akzeptanz ist, dass beim Freiwerden der Energie plötzlich das Gefühl kommt, dass ich die Kraft habe, die Dinge zu ändern, und ich keine Angst mehr habe. Ich bin in der Lage, die Dinge zu ändern. Daraus ergibt sich das Gefühl, im Hier und Jetzt zu leben.

Der dritte Schritt zum Loslassen ist die Bereitschaft, zu erkennen, dass ich die Kraft habe, mein Leben zu ändern, und dass meine inneren Entscheidungen die Umstände meines Lebens beeinflussen. Dies ist eng verbunden mit dem Gefühl, im Augenblick zu sein und im Augenblick zu leben. Zwei wesentliche Aspekte bzw. Gefühle muss ich zulassen: den Mut und die Bereitschaft zur Veränderung.

Grundlegend dabei ist, dass ich aus der Position des Opfers in die der Kraft komme. Sehr oft haben wir Angst vor dem Ausgeliefertsein, d.h. Angst davor, dass wir ohnmächtig sind und nichts tun können, dass wir nicht bestimmen können, wie der Prozess verläuft.

Dieser dritte Schritt des Loslassens bedeutet auch, die Angst anzuschauen. Warum habe ich Angst davor, loszulassen? Es ist die Angst, ausgeliefert zu sein, aber auch die Angst vor Neuem. Was kann passieren? Mit dem Loslassen ist auch Verlustangst verbunden.

Wenn ich in mir spüre, dass mir eigentlich nichts passieren kann, da diese Angst im Grunde in mir ist und nicht im Außen, also in meinen Gedanken, und wenn ich beginne, diese Situation zu akzeptieren, wie sie ist, kann ich innerlich durchatmen. Wenn ich das Leben so zulassen kann, wie es ist, heißt das, dass ich zu meiner Kraft stehe. Das Zulassen der Lebensumstände erlaubt mir, aus der Opferrolle zu gehen und zu fühlen, dass ich kraftvoll bin. Das Leben ist dynamisch, vielfältig, überraschend und lässt sich nicht programmieren oder bestimmen, aber ich entscheide, wie ich darauf reagiere. Je flexibler mein mentales Weltbild ist, umso besser kann ich die Realität schaffen, die im Einklang mit meinem Sein ist.

Man liest und hört des Öfteren: „Wünsch dir was und es passiert. In dir ist die Kraft, du kannst alles schaffen vom Ferrari bis zur Villa in Malibu." Alles hat einen spirituellen Hintergrund. Es gibt für jeden von uns einen Grund, warum er so ist, wie er ist. Wenn wir mit dieser inneren Stimme, mit unserem Seelenauftrag verbunden sind, spüren wir von Natur aus, was wir brauchen. Der Weg beginnt, indem man die eigenen wahren Bedürfnisse erkennt. Denn oft wurzeln unsere Wünsche in unseren Mustern, in Projektionen von außen und in der Kompensation des Bedürfnisses „Ich will geliebt und anerkannt werden".

Ob ich sage: „Ich will jetzt mein Gewicht loslassen, damit es mir besser geht und ich mich leichter fühle", oder: „Ich will mein Gewicht loslassen, damit ich nie mehr Angst haben muss, dass mich mein Mann mit einer schlankeren Frau betrügt", ist nicht dasselbe. Denn es steht eine andere Absicht dahinter und das wirkt sich in der Realität anders aus.

Die Befreiung, wenn ich meine Kraft wahrnehme und merke, ich könnte die Dinge ändern, ist eine innere Zufriedenheit. So entsteht der vierte Schritt zum Loslassen. Ich will nichts mehr bewirken, ich bin präsent und schaue, was auf mich zukommt. Das Geschenk des Loslassens und des Zulassens der Umstände des Lebens ist die Gelassenheit. Wenn ein Kind auf die Welt käme und fragen würde: „Soll ich atmen? Soll ich trinken?", dann wäre es schon tot. Es lebt einfach, weil die Lebenskraft uns trägt.

Der vierte Schritt ist das Seinlassen, einfach sein. Ich bin, wie ich bin. Ich verdiene es, zu leben, weil ich so bin, wie ich bin. Als wir auf die Welt gekommen sind, hat uns keiner gefragt, was wir anbieten können, wie hoch unser IQ oder EQ ist. Wir haben uns einfach erlaubt zu kommen und zu leben. Das ist die Natur. Das ist unser Anfang. Dann haben wir alles verkompliziert. Wir haben gelernt zu werten, zu kritisieren, ängstlich zu sein, Wettbewerbsdenken und Konkurrenzdenken. Wir haben vieles verloren, was wir in uns tragen, aber wieder entdecken können. Der vierte ist ein Schritt in die Einfachheit, ein Schritt in die Reinigung von allen Gedanken, Denk-, Verhaltens- und Glaubensmustern, die wir bis zum heutigen Tag gesammelt haben. Oder es ist ein Schritt dazu, unserem inneren Kind zu erlauben zu heilen, diese ursprüngliche Vitalität und Lebensfreude und -kraft wieder zu entdecken. Das ist, was wir Enthusiasmus nennen. Dieses Wort, das aus dem Altgriechischen stammt, sollten wir lieben, weil es „Ich trage Gott in mir" bedeutet. Dieses Wort erinnert uns daran, dass wir ein Funke Gottes sind, und Gott ist alles, was Leben ist, alles, was heilig und ein Segen ist. Alles, was leben darf, hat einen Sinn. Die Pflanze fragt sich nicht: „Wie gut bin ich?" Sie ist einfach da und lebt. Und sie sucht das Licht. Die Pflanze hat niemals daran gedacht, ob sie wohl perfekt sei oder nicht. Wir hingegen erwarten das aber oft von uns.

Die Kunst des Loslassens ist im Grunde ein Weg zur Einfachheit. Diese Reise beginnt, indem wir innehalten und die Lebenskraft auch durch das Symbol des inneren Kindes anschauen. Schritt für Schritt entdecken wir die Freude der Leichtigkeit und der Einfachheit, erfahren wir mit offenem Herzen, wieder präsent zu sein und zu genießen, was das Leben bietet.

Übung: Ritual des Loslassens

Nehmen Sie sich ein paar Stunden frei und machen Sie einen Spaziergang. Beschäftigen Sie sich mit der Frage: „Was möchte ich loslassen?" Setzen Sie sich am Ende ihres Ausfluges hin und schreiben Sie alles, was Sie loslassen möchten, auf eine Liste. Schreiben Sie auf eine zweite Liste alle Menschen und Situationen, von denen Sie das Gefühl haben, etwas sei noch offen oder unausgesprochen. Lassen Sie sich mindestens zwei Wochen lang Zeit, ergänzen Sie die Loslassens-Liste und schreiben Sie an die Menschen oder Situationen Ihrer Liste einen Abschiedsbrief. Wenn Sie alle Briefe geschrieben haben und die Liste vollendet ist, verbrennen Sie alles und übergeben die Asche einem Fluss.

In diesem Ritual übt das Feuer eine reinigende, erneuernde Wirkung aus. Das fließende Wasser steht für den Fluss des Lebens. Die Asche einem fließenden Gewässer zu übergeben, ist eine archetypische Geste. Sie bedeutet, dass der Mensch bereit ist, loszulassen und die Veränderung anzunehmen, die das dynamische, sich immer bewegende Leben in sich trägt.

3. Kapitel

„Die

vergangenheit heilen"

… Miriana fühlte sich nach diesem Treffen im Café sehr erleichtert, aber vollkommen verwirrt. Sie hatte ein paar Stichwörter auf ein Taschentuch geschrieben. Diese waren: Ruhe, Vertrauen und der Satz „Ich kann nicht mehr." Das war es, was sie in ihrem neuen Leben begleitet hatte. Sie war entspannt, aber traurig. Die Erinnerung an ihre Großmutter hatte sie sehr berührt. Sie ging nach Hause und war froh, dass ihr Freund zu der Zeit damals drei Tage auf Geschäftsreise war. Sie war allein mit ihren Katzen. Auf dem Tisch lag ein Brief, den sie zu öffnen vergessen hatte, und durch Zufall – oder gab es etwa keine Zufälle? – war es der Brief, den ihr der Mann ihrer Großmutter geschrieben hatte. Dieser war alt, wenn auch 16 Jahre jünger als die Großmutter. Die beiden waren 40 Jahre lang verheiratet gewesen. Er erkundigte sich im Brief, wie es Miriana ginge, und bat sie, sich zu melden, weil er vorhatte, in ein Seniorenheim zu ziehen, und ihr zuvor einige Schmuck- und Erinnerungsstücke ihrer Großmutter geben wollte.

Miriana fand diesen „Zufall" sehr interessant, rief den Mann sofort an und traf sich am selben Abend mit ihm im Haus ihrer Großmutter. Er hatte sich nicht sehr verändert. Er war noch immer sehr aufmerksam und offen. Seine Bewegungen waren aber langsam und seine Augen verschleiert von einer undefinierbaren Traurigkeit. Mit dem Tod der Großmutter war auch für ihn ein fröhliches Leben zu Ende gegangen. Sie hatte mit ihrem fröhlichen Wesen das Leben aller motiviert und eine gewisse Leichtigkeit ins Leben gebracht. Diese Leichtigkeit war jetzt weg.

Obwohl nun zehn Jahre seit ihrem Tod vergangen waren, war er noch immer sehr traurig. Das Nicht-loslassen-Können dieses alten Schmerzes erlaubte ihm nicht, weiterhin ein glückliches Leben zu führen. Miriana sah ihn an und plötzlich – wie erleuchtet – verstand sie, was Loslassen bedeutet …

Das „innere Kind“ – Botschafter der Intuition und der Lebensfreude

„Das ‚Innere Kind' ist ein symbolischer Ausdruck für den Bereich unserer Psyche, in dem unsere tieferen Empfindungen, ‚Bauchgefühle' sowie unsere Vergangenheit wohnen. Es beeinflusst maßgeblich unseren Alltag, unsere Gefühle und das (Un-?) Wohlsein.

Beispielsweise blicke ich tief in Gedanken in meine (Arbeits-) Probleme versunken, aus dem Fenster, und plötzlich bemerkt mein Inneres Kind, wie schön die Sonne auf die Bäume scheint, und freut sich – ich fühle mich glücklich! Und die Probleme erscheinen mir viel leichter. (Obwohl ‚objektiv gesehen' sich an den Problemen nichts geändert hat, ist durch den Kontakt zum Inneren Kind eine Kraft aufgebrochen, mit dessen Hilfe ich dann sogar die momentane Situation besser meistern kann.)

Ein andermal bin ich bei der Arbeit innerlich ‚verquer' (mein Inneres Kind hat ‚keine Lust'), aber ich schiebe es beiseite, da die Arbeit ja getan werden muss. Abends bin ich ausgelaugt. (Kontaktabbruch zu meinem Inneren kostet viel Kraft. Es hätten vielleicht wenige Sekunden der Kontaktaufnahme genügt, dann hätte durch die Verbindung innere Kraft fließen können und ich hätte meine Arbeit beschwingt fortsetzen können.“ [1]

Wenn wir nicht auf die Stimme und die Bedürfnisse des inneren Kindes hören, verlieren wir den Zugang zu unserer Kreativität und Lebensfreude. In diesem Zustand funktionieren wir und erfüllen unsere Pflichten, sind aber von unserer Kraft, Lebendigkeit und Begeisterung abgeschnitten und empfinden unser Dasein als schwer, belastend, fade, ermüdend und kräfteraubend. Der innere Leidensdruck kann uns dann verzweifelt, traurig, süchtig, selbstbestrafend, aufgewühlt oder einfach unrund machen.

[1] Bartning, Peter (2010)

„Diese Abgeschnittenheit von der eigenen Lebendigkeit/vom Inneren Kind ist vermutlich bei den meisten Menschen die Regel. (...) Durch das Abgeschnittensein können sich manchmal sogar psychosomatische Symptome entwickeln. Denn: was würden Sie tun, wenn Sie in einer lebenswichtigen Angelegenheit nicht gehört werden? Sie würden sicherlich immer vehementer sich bemerkbar machen wollen, z. B. mit Fäusten an die Tür hämmern, damit Ihre Nachricht endlich beachtet wird.

So auch das Innere Kind – es ‚hämmert' dann durch Symptome ‚an die Tür', z. B. durch unbegründet scheinende, starke Gefühle (beispielsweise durch Ängste), oder durch Körpersymptome. Damit wir es endlich hören, damit es endlich beachtet wird – und uns endlich beschenken kann!"[2]

Es ist nie zu spät, um eine glückliche Kindheit zu leben

Die Begegnung mit unserem inneren Kind ist eine berührende Begegnung. Egal wie alt wir sind, in uns bleibt ein inneres Kind, das Liebe und Geborgenheit, Zuwendung und Anerkennung braucht. Es ist nie zu spät, um eine glückliche Kindheit zu haben. Es ist nie zu spät, um unser inneres Kind neu zu erziehen, es zu verstehen, ihm in einem neuen Bewusstsein zu begegnen. Dafür ist es wirklich nie zu spät. Die Grundlage unserer inneren Heilung bildet die Auseinandersetzung mit dem inneren Kind und die Wahrnehmung der inneren Konstellation, die jeder/jede von uns in sich trägt. In uns allen gibt es ein kleines Kind, das ein Bedürfnis nach Heilung und Liebe hat, und ein erwachsenes Ich, welches jener Teil in uns ist, der bewusst, positiv und konstruktiv das Leben gestalten kann. Unser erwachsenes Ich erinnert sich auch an die Botschaften unserer Eltern. Es ist der Bereich in uns, der

[2] Ebd.

alle Erfahrungen, alle Botschaften der Erziehung durch unsere Eltern und unser Umfeld in Kindheit und Pubertät gesammelt hat. Dieser Teil in uns, das Eltern-Ich, spricht mit uns manchmal sehr kritisch und wiederholt den Dialog, den wir als Kind mit den Autoritätspersonen, die uns erzogen und begleitet haben, in der Vergangenheit führten. Das Verständnis für diese innere Konstellation, die uns begleitet, unser Verhalten beeinflusst und oft unsere Gedanken bestimmt, ist der erste Schritt zur inneren Heilung.

Die Heilung unseres inneren Kindes beginnt in der Auseinandersetzung mit unserer Vergangenheit – mit den Bedürfnissen und Verletzungen der früheren Zeit, aber vor allem mit dem Bedürfnis, wieder Vertrauen und Spontanität, welche uns in der Kindheit auszeichneten, zu finden. Unser inneres Kind wurde in irgendeiner Form verletzt, weshalb es gewisse Strategien entwickelt hat, um sich zu schützen. Es handelt unbewusst, aber mit Klarheit, und es reagiert aus der Angst und dem Schmerz heraus, die durch frühere Verletzungen verursacht worden sind. Die Wurzeln des Unwohlfühlens und der Strategie des inneren Kindes können tiefe Ängste sein, die uns zumeist seit vielen Jahren begleiten. Vielfach sind diese Ängste so tief in uns versteckt, dass wir ein Programm mit zahlreichen Kompensationen entwickelt haben, um die Ängste nie mehr spüren zu müssen. Diese Ängste liegen bisweilen so tief, dass sie mit unserem Überleben verbunden sein können.

Wir empfinden uns als nicht gut genug und leiden sehr unter der Angst, nicht geliebt und abgelehnt zu werden. Wir leiden darunter, nicht genug Raum für uns zu haben, missverstanden oder ignoriert zu werden, und wir haben Angst, dass unsere Grenzen nicht respektiert werden. Die Ängste, die unser inneres Kind entwickelt hat, begleiten uns im weiteren Leben. Es sind Ängste, die in jedem Bereich des Lebens wirken: in unserem Selbstwertgefühl, im Ausdruck unserer Kreativität, in der Fähigkeit, mit Menschen in Beziehung zu treten – mit dem Partner bzw. der Partnerin, unseren Freunden und Freundinnen, Bekannten und Menschen, die für uns Autoritätspersonen darstellen. Meistens werden wir, wenn wir diese Ängste ahnen, hektisch und schnell und wenden alle unsere Strategien an, um die Ängste nicht zu spüren. Die Wahrnehmung unserer Ängste und die Auseinandersetzung mit ihren Schatten und den Strategien zur Vermeidung oder Bewältigung der Ängste ist aber ein wichtiger Schritt zur Heilung.

In unserem Kulturkreis ist es bedeutsam, bei den Mitmenschen einen guten Eindruck zu hinterlassen, stark zu sein und alles im Griff zu haben. Deshalb verstecken wir unsere Ängste und unsere Verletzlichkeit sehr oft hinter einer Maske. Hinter dieser oberflächlichen Sicherheit, hinter diesem Eindruck, alles unter Kontrolle zu haben, verstecken wir unsere Angst, und je länger wir sie ignorieren, desto mehr Macht hat diese Angst über uns und bestimmt immer mehr Bereiche unseres Lebens. Wenn wir vor einer Veränderung stehen, etwas Neues beginnen, neue Menschen kennen lernen oder wenn wir nicht weiterwissen und keine Strategie zum Überleben haben, entwickeln wir ein Gefühl des Verwirrtseins. Dann treten wir in Verbindung mit unseren Ängsten. Immer wenn wir einen neuen Weg gehen und uns Veränderungen wünschen, sind wir mit dieser Angst konfrontiert, bekommen zugleich aber auch eine wichtige Chance zur Heilung.

Die Wurzeln der Angst entstehen schon bei der Geburt: Die Geburt als Geburtstrauma, als Trennung vom Mutterleib, von der Sicherheit, der Geborgenheit, von diesem Gefühl, dass immer jemand für uns da ist, der uns Schutz und Liebe gibt. Der erste Schritt zur Veränderung bedeutet, die Angst anzunehmen. Dazu ist es nötig, die Angst zu spüren, die bisher verwendeten Strategien zu analysieren, sich von diesen zu verabschieden und neue, konstruktive Verhaltensweisen zu entwickeln. Mut und Bereitwilligkeit sind wichtige Eigenschaften, die zur Entwurzelung der Angst beitragen.

Übung: Die Reise zu meiner Geburt

Diese Übung wird Sie auf eine innere Reise zurück zu Ihrer Geburt und in die Zeit vor Ihrer Geburt führen.
Nehmen Sie sich gut zwei Stunden Zeit, entspannen Sie sich an einem ruhigen Ort und atmen Sie einige Minuten langsam und entspannt, bevor Sie mit der Übung beginnen.

Nehmen Sie ein Foto Ihres Vaters aus der Zeit vor Ihrer Geburt oder schreiben Sie, wenn Sie kein Foto zur Verfügung haben, seinen Namen auf ein Blatt Papier und beantworten Sie folgende Fragen intuitiv und fließend:

- *Aus welchem Grund könnte ich diesen Mann als meinen Vater wählen?*
- *Was könnte ich von ihm lernen?*
- *Wie hat er sein Leben bis zum Zeitpunkt meiner Geburt gelebt?*

Legen Sie eine kurze Pause von 15 bis 30 Minuten ein und machen Sie sich eine kleine Freude. Nehmen Sie ein Foto Ihrer Mutter oder schreiben Sie ihren Namen auf ein Blatt Papier, dann beantworten Sie die folgenden Fragen:

- *Warum könnte ich diese Frau als meine Mutter wählen?*
- *Was könnte ich von ihr lernen?*
- *Wie ist ihr Leben bis zu meiner Geburt verlaufen?*

Machen Sie wieder eine kurze Pause und nehmen Sie dann ein Bild Ihrer Eltern aus der Zeit vor Ihrer Geburt, auf dem beide zu sehen sind, oder schreiben Sie die Namen Ihrer Eltern zusammen auf ein Blatt Papier. Anschließend stellen Sie sich folgende Fragen:

- *Was empfindet mein Vater für meine Mutter?*
- *Was empfindet sie für ihn?*

Lassen Sie sich Zeit, entspannen Sie sich und **beantworten Sie folgende Fragen, indem Sie die ersten Gedanken, die Ihnen einfallen, niederschreiben.** Holen Sie ein Foto von sich als neugeborenes Baby, denken Sie an Ihre Eltern und an den Augenblick Ihrer Zeugung und stellen Sie sich folgende Fragen:

- *Welche Gefühle sind zum Zeitpunkt der Zeugung in meinem Bewusstsein gewesen?*
- *Was habe ich über mich gewusst?*
- *Habe ich eine Vorstellung davon gehabt, wer um mich herum gewesen ist?*
- *Habe ich Informationen über mein Umfeld, meine Eltern und Großeltern gehabt?*
- *Habe ich in meinem Bewusstsein ein Gefühl für meinen jetzigen Körper gehabt? – Oder für das Umfeld und die Welt, in der ich jetzt lebe?*

Machen Sie eine kurze Pause, legen Sie sich kurz hin und legen Sie Ihr eigenes Baby-Foto auf Ihr Herz und decken Sie sich schützend und wärmend zu. Rollen Sie sich zur Seite und bringen Sie sich in die sogenannte Embryonal-Stellung, indem Sie Ihre Knie so weit wie möglich zu Ihrer Brust ziehen. Nach einiger Zeit, wenn Sie meinen, dass Sie genug Zeit in dieser Stellung verbracht haben, führen Sie die Übung fort.

Es ist nun die Zeit gekommen, in der Ihre Mutter schwanger wird.

- *Wie fühlt sie sich, als sie von ihrer Schwangerschaft erfährt und diese wahrnimmt?*
- *Denken Sie an Ihren Vater: Wie sind die Gefühle Ihres Vaters, als er darüber informiert wird?*
- *Wie reagiert Ihre Mutter auf die Gefühle Ihres Vaters und wie reagiert Ihr Vater auf Ihre Mutter?*

- *Was empfinden Sie für Ihre Eltern?*
- *Was empfinden Sie für das kleine Kind, das Sie sind?*
- *Sind das die Gefühle, die Ihre Beziehung zu Ihren Eltern und zu sich selbst begleiten?*

Schreiben Sie die Antworten auf diese Fragen nieder und machen Sie darauf folgend eine Pause von zwei bis drei Tagen, ehe Sie die Übung wieder aufnehmen. Nach dieser Pause machen Sie wieder mit der Übung weiter. Verbinden Sie sich mit Ihrer Mutter zur Zeit der Schwangerschaft.

- *Wie ist es Ihrer Mutter in der Schwangerschaft gegangen?*
- *Welche Gefühle hat sie empfunden – gegenüber der Schwangerschaft und Ihnen gegenüber?*
- *Welche Hoffnungen, Ängste und Probleme hat sie gehabt?*

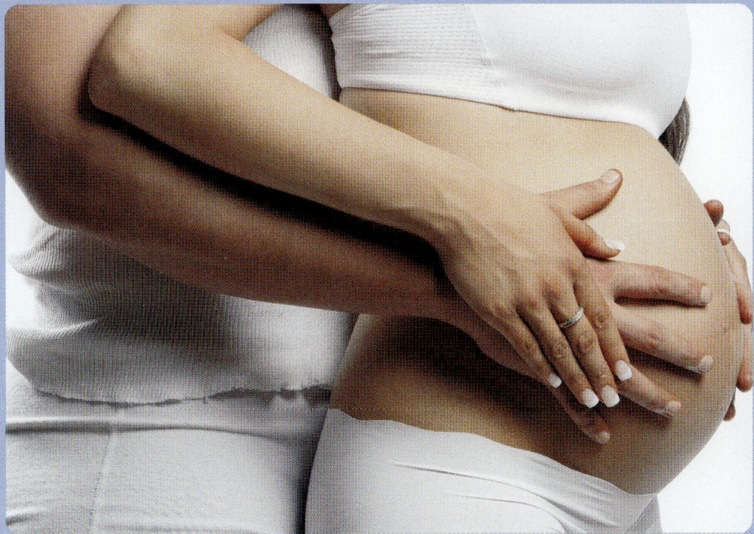

- *Wie sehen ihre Gefühle, Hoffnungen und Ängste Ihnen gegenüber jetzt aus?*
- *Sind diese Gefühle ähnlich den Gefühlen, die Sie in bestimmten schwierigen Situationen Ihres Lebens empfinden?*
- *Hat Ihre Mutter während der Schwangerschaft mehrere Probleme oder Traumata erlebt?*
- *Haben Sie in Ihrem Leben einige Probleme oder Traumata durchgemacht?*
- *Welche Lösungen oder Strategien hat Ihre Mutter entwickelt, um diese Probleme zu bewältigen?*

Machen Sie wieder eine Pause von ca. zwei Tagen, gehen Sie in der Natur spazieren und versuchen Sie sich zu entspannen.

Wenn Sie diese Übung noch effektiver gestalten wollen, beginnen Sie die Übung in der Zeit Ihrer Geburtsstunde.

- *Meine Mutter liegt in den Wehen: Was sind ihre Gedanken und ihre Gefühle und was macht sie?*
- *Was sind die Gedanken und Gefühle meines Vaters?*
- *Was fühle ich, wenn ich die ersten Wehen spüre?*
- *Wie reagieren meine Mutter und mein Vater auf die Geburt?*

Unser Bewusstsein ist während der Zeit der Geburt klar und wach, und unser Eintritt in das Leben bestimmt die Qualität unseres Lebens und die Qualität unserer Beziehungen für die nächsten Jahre und das gesamte Leben.

- *Wie sind die Gefühle Ihrer Mutter Ihnen gegenüber in den Tagen nach Ihrer Geburt?*
- *Welche Gefühle hat Ihr Vater?*
- *Welche Gefühle sind Ihre eigenen?*

Diese Reaktionen und Gefühle sind ähnlich wie die Gefühle in Ihrem jetzigen Leben, z. B. wenn Sie unter Druck sind oder sich nicht frei fühlen. Ihre Eltern reden mit Ihnen. Begleiten Sie sie.

Welche Reaktionen haben Sie auf die Worte und die Berührungen Ihres Vaters und Ihrer Mutter? Gehen Sie zurück zu zwei wichtigen Momenten. Bei der Geburt kommen Sie auf die Welt und Sie atmen zum ersten Mal. Über die Atmung beginnen Sie Ihre Lebenskraft zu spüren. Zum ersten Mal sind Sie selbstständig.

- *Wie fühlen Sie sich?*
- *Wie wirkt das Leben auf Sie?*
- *Wie sieht der Film Ihres Lebens aus?*
- *Wie ist Ihre Lebenskraft, wie Ihre Lebensfreude?*

Einige Atemzüge später wird die Nabelschnur durchtrennt. Sie sind jetzt ein eigenständiges Lebewesen – frei und unabhängig. Sie brauchen zwar die anderen, um Ihre Bedürfnisse zu stillen, sind aber bis zu einem gewissen Grad autonom und können Ihre Bedürfnisse auch mitteilen.

- *Was sind Ihre Bedürfnisse, Ihre ersten Gedanken und Handlungen?*
- *Mit welcher Einstellung umarmen Sie Ihr Leben?*

Sie sind jetzt am Leben. Sie sehen das Licht zum ersten Mal. Atmen Sie tief ein und aus und fühlen Sie, wie Ihre Verbindung zu Ihrer eigenen Angst, zur Freiheit, zur eigenen Kraft, zum Glück und zur Liebe ist.

Schreiben Sie Ihre Antworten und Gedanken nieder. Nun machen Sie eine Woche lang Pause, bevor Sie mit diesem Buch weiterarbeiten. Innerhalb der nächsten sieben Tage äußern Sie immer in der Früh unmittelbar nach dem Aufwachen die Absicht, mit voller Lebenskraft Ihr Leben zu leben.

Es ist egal, ob in der Übung „Reise zu meiner Geburt" alles, was wir gespürt und gesehen haben, real ist oder nur ein inneres Bedürfnis bedeutet, auf diese Art und Weise den alten Schmerz und das Geburtstrauma aufzuarbeiten. Alles, worauf wir uns konzentrieren und woran wir glauben, wird für uns Realität. Und diese Übung bietet Ihnen den Zugang zu den tiefsten Beweggründen Ihrer Eltern und zu Ihren eigenen Beweggründen, die Sie dazu gebracht haben, sich für genau dieses Leben, für genau diese Eltern, für genau diese Inkarnation zu entscheiden.

Lebe wohl Angst! – Die Botschaft unserer Angst verstehen

Nur wenn wir zulassen, dass die Unsicherheit für eine Weile unsere Begleiterin ist, werden wir das Neue erfahren. Eine neue Dimension des Seins, ein tieferes Verständnis für unsere Bedürfnisse und für unsere wahren Wünsche sind die Geschenke dieses Befreiungsprozesses. Wenn wir uns mit Freundlichkeit, Geduld und Ruhe in unsere Angst einfühlen, schaffen wir inneren Freiraum, um zu verstehen, wo die Angst ihren Ursprung hat und warum wir sie brauchen. Jede Form der Angst deutet einen Erfahrungsbereich an, in dem wir unsicher sind, uns ungeeignet fühlen, uns nicht akzeptieren und nicht frei und gelassen sein können. Wir wissen jedoch selten genau, warum dies so ist!

Die Antwort erschließt sich uns dann, wenn wir innerlich bereit sind, die Botschaft unserer Angst zu verstehen. Dieses Verständnis und das neue, daraus entstandene Bewusstsein schaffen Akzeptanz für uns selbst und befreien unsere Intuition. So können wir klar und bewusst in der Gegenwart leben und unsere wahren Bedürfnisse ohne die Verzerrungsfilter der Angst spüren.

Wenn wir uns entscheiden, der Angst ins Gesicht zu sehen, befinden wir uns mitten in einem Tanz. Zwei Verehrer fordern uns auf:

- *Das **Unbehagen** angesichts ängstlicher Gedanken, das uns zur Veränderung und zum Durchgehen durch seelische Schmerzen drängt.*
- *Die **Unsicherheit**, die uns mit Verdrängungsstrategien festhalten und uns an die sicher scheinenden Gewohnheiten des Alltags, unsere inneren Muster, fesseln möchte.*

Die Angst ist in erster Linie eine treibende Kraft, die uns einlädt, das Vertraute zu verlassen, um das Abenteuer des Neuen zu erfahren. Maßgeblich ist die Bereitschaft zu lernen, dass wir uns selbst erkennen und akzeptieren. Dann beginnen wir, das eigene Potenzial und die eigenen Talente ohne den Schleier unserer Ängste zu sehen. Zwar bleiben uns

Schmerzen und die Auseinandersetzung mit unseren „inneren Gespenstern" auf dieser Reise nicht erspart. Doch die Belohnung ist dafür groß: Wir erwerben ein tieferes und klareres Bewusstsein und erlangen endlich die Befreiung von alten, einschränkenden Gedanken- und Verhaltensmustern. Sich von den Ängsten zu befreien, erlaubt der Intuition sich zu zeigen!

Nehmen Sie sich kurz Zeit und denken Sie zurück an entscheidende Momente Ihres Lebens. Haben vielleicht tief verwurzelte Ängste eine Rolle bei Ihren Entscheidungen gespielt? Welche Ängste waren es?

Die Angst hat viele Gesichter und verkleidet sich immer anders:

- *Angst, sich zu behaupten*
- *Angst, abgelehnt zu werden*

- *Angst, nicht akzeptiert und bewundert zu werden*
- *Verlustängste in den verschiedensten Bereichen des Lebens*
- *Angst, kritisiert oder verurteilt zu werden*
- *Angst um das eigene Überleben*
- *Angst vor Erfolg oder Misserfolg*
- *Angst vor den eigenen Emotionen und Gefühlen*
- *Angst, die Kontrolle zu verlieren*
- *Angst, dem/den anderen ehrlich zu begegnen*

Listen Sie jetzt Ihre Ängste auf. Später werden wir auf diese Liste zurückgreifen.

Die Angst „heilen"

Die Wurzeln der Angst zu heilen bedeutet, frei zu sein und durch die Verletzung, dass uns etwas nicht mehr gegeben wird bzw. etwas genommen wird, hindurchzugehen. Mithilfe der folgenden Übungen werden wir solche Möglichkeiten finden, um die Angst und alte Verletzungen zu transformieren:

Der erste Schritt ist, den Schmerz und die Angst zu akzeptieren und für sie einen inneren Raum zu finden. Wenn wir an diesen Verletzungen und Schmerzen bewusst und hart arbeiten, erfahren wir zuerst eine innere Leere. Durch die Auseinandersetzung mit dieser Leere ist es uns möglich, die Lebensfreude und Lebenskraft zu erfahren, die mit unserem Sein verbunden ist. Die innere Absicht zu äußern, dass wir heil werden und unsere Emotionalität sowie emotionale Intelligenz heilen wollen, ist ein Schritt, der die psychische Kraft bewegt, und er führt uns – mithilfe unserer Intuition und externer Synchronizitäten – zur Auflösung der Verletzungen und der Strategien, die wir entwickelt haben, um jene Verletzungen zu bewältigen.

Übung: Die Angst erkennen, akzeptieren und umpolen

Nehmen Sie sich ca. eine Stunde Zeit. Suchen Sie einen angenehmen Platz, eventuell zu Hause in Ihrem Lieblingszimmer oder draußen in der Natur – im Wald oder am Waldesrand, am Ufer eines Sees oder Flusses. Nehmen Sie dieses Buch mit, etwas zum Schreiben und ganz viel Zeit und lassen Sie Ihr Handy zu Hause. Wenn Sie einen Platz gefunden haben, wo Sie sich wohlfühlen und sich hinsetzen können, lesen Sie die Übung durch und widmen Sie sich den Fragen.

Lesen Sie zunächst einmal folgende Fragen in einem durch, ohne jede einzelne Frage zu reflektieren, und beantworten Sie dann die Fragen beginnend mit der, die Sie am meisten berührt hat.

- *Welche Ängste blockieren Sie am meisten in Ihrem Leben?*
- *Haben Sie Angst vor den Erwartungen der anderen oder vor dem Druck, den Sie vielleicht auf sich selbst ausüben?*
- *Haben Sie Angst, abgelehnt oder verlassen zu werden?*
- *Haben Sie Angst, nicht genug Freiheit für sich zu haben oder missverstanden oder ignoriert zu werden?*
- *Haben Sie Angst, dass Ihre Grenzen nie respektiert werden – körperlich oder energetisch?*
- *Welche Ängste begleiten Sie in Ihrem Alltag, wenn Sie alleine sind?*
- *Welche Ängste begleiten Sie, wenn Sie mit anderen Menschen zusammen sind – mit Ihrem Partner bzw. Ihrer Partnerin, Ihren Kindern, Freunden und Freundinnen, Arbeitskollegen und -kolleginnen?*

Schreiben Sie alle Ängste auf einem Blatt Papier nieder, nachdem Sie in der Mitte des Blattes das Wort „Angst" notiert haben. Sie können verschiedene Farben verwenden und jeder Angst eine eigene Farbe geben.

- *Nehmen Sie ein Foto von sich als Kind im Alter zwischen 3 und 5 Jahren. Suchen Sie Kontakt zu diesem Kind und fragen Sie es, welche Ängste es begleiten. Spüren Sie hinein, welche Ängste das Kind hatte, und schreiben Sie diese nieder.*

- *Nehmen Sie ein weiteres Foto von sich im Alter von 10 bis 15 Jahren. Welche Ängste begleiten diesen jungen Mann oder diese junge Frau? Schreiben Sie diese Ängste nieder, wie Ihre Erinnerungen sie zeigen.*
- *Nehmen Sie wieder ein Foto von sich, diesmal im Alter zwischen 15 und 25. Spüren Sie bewusst, welche Ängste Sie begleiten, und schreiben Sie diese ebenfalls nieder.*

Setzen Sie die Übung fort, indem Sie weitere Fotos – immer in einem Zeitsprung von zehn Jahren – als Ausgangspunkt nehmen.

Übung: Die Angst aufarbeiten – sich mit der eigenen Angst auseinandersetzen

Lesen Sie die vorhandenen Aufzeichnungen durch und notieren Sie die Hauptängste, die Sie anhand der Übung erkennen konnten. Im Anschluss daran stellen Sie die folgenden vier Fragen zu jeder Ihrer Hauptängste:

- *Wann habe ich diese Angst das erste Mal bewusst erlebt?*
- *Welche Strategie habe ich entwickelt, um diese Angst zu bewältigen oder zu verstecken?*
- *Was brauche ich, um die Angst loszulassen?*
- *Wie würde sich mein Leben ohne diese Angst verändern?*

Lassen Sie diese Fragen zwei bis drei Tage auf sich wirken und schreiben Sie erst dann die Antworten auf. Nachdem Sie die Antworten auf die vier Fragen aufgezeichnet haben, schreiben Sie einen Abschiedsbrief an diese Ängste – nach folgendem Beispiel – und unterschreiben Sie den Brief mit Ihrem ganzen Namen, verbrennen Sie ihn, machen Sie einen Spaziergang an einen Bach oder Fluss und streuen Sie die Asche des Briefes in das fließende Wasser.

Abschiedsbrief an die Angst

Liebe Angst in mir,

- *Ich möchte mich von dir verabschieden.*
- *Du bist die Angst in mir, dass ich nicht überleben kann, wenn ich mich nicht anpasse.*
- *Du bist der Grund, warum ich gelernt habe, mich an Menschen heranzutasten, zu erfühlen, wo ihre Bedürfnisse liegen, um mich danach zu richten. Und um letztlich meine eigenen Wünsche und Bedürfnisse hintanzustellen, sogar zu vernachlässigen.*
  Weil sie keinen Platz hatten.
- *Du bist die Angst, die mich nicht daran glauben lässt, dass ich SO WIE ICH BIN liebenswert bin, dass ich gewollt bin und gewollt werde, dass ich anecken soll und darf und kann – ohne die Liebe der Menschen zu verlieren, die für mich wichtig sind.*
- *Ich will mich von dir verabschieden.*
- *Und mich befreien von dir.*
- *Denn ich möchte frei sein – und ich möchte endlich die sein, die ich bin (und im Innersten schon immer war).*
- *Ich will das Leben spüren und die Liebe – möchte aufwachen aus meiner Traurigkeit.*
- *Ich möchte gesehen und wahrgenommen werden – ohne Angst.*
- *Ich zögere diese Briefe schon viel zu lang hinaus – es sträubt sich irgendetwas in mir, ich fühle mich meist zu müde und erschöpft – morgen ist ja auch noch ein Tag.*

Vielleicht ist es die Angst vor der Veränderung – ich bin mir sogar ziemlich sicher. Vielleicht ahne ich schon, dass sich viel bei mir tun wird, wenn ich mich von dir verabschiede. Ich ahne es, ich hoffe es, ich kann es kaum erwarten – einerseits. Andererseits lasse ich es momentan schleifen, zögere diesen Brief hinaus – in mir wehrt sich etwas, mich mit all dem auseinanderzusetzen. Hm!
Die Angst, alte Mauern einzureißen und nicht genau zu wissen, was sich dahinter verbirgt?!
Vielleicht ist es das. Du warst mir eine langjährige Begleiterin – aber jetzt möchte ich allein weitergehen. Ich werde überleben und gut leben – indem ich so bin, wie ich bin – und ich freu mich auf den Moment, in dem ich den Mut habe, mich so zu zeigen, wie ich bin. ***Ich möchte frei sein.***

Übung: Die Rolle der Angst in der Kindheit

Die Übung dauert ca. eine Dreiviertelstunde. Suchen Sie sich einen ruhigen Ort aus, nehmen Sie sich Zeit, atmen Sie tief ein und aus, entspannen Sie sich und lassen Sie Ihre Gedanken und Emotionen zu. Schreiben Sie in die Mitte eines Blatt Papiers Ihren Namen oder platzieren Sie dort ein Foto von sich als Kind und stellen Sie sich folgende Fragen:

- *Welche Verletzungen habe ich in meiner Kindheit erlebt?*
- *Wurde ich verlassen, abgelehnt, vernachlässigt?*
- *Welche Ängste hatte ich als Kind?*
- *Welche Schmerzen habe ich als Kind erfahren, die ich noch immer in mir trage?*

Schreiben Sie die Antworten im Fluss rundum auf den Zettel und nehmen Sie sich die Zeit zum Schreiben, ohne viel nachzudenken. Am Ende schreiben Sie unten oder auf der Rückseite des Papiers: „Ich bin im Hier und Jetzt bereit, meine Verantwortung, meine Kraft und meinen Willen zu spüren. Ich verändere mein Leben jetzt und lasse die Heilung ihren Weg gehen." Drei Tage später nehmen Sie den Bogen Papier wieder, schauen ihn an, verbrennen ihn und verstreuen die Asche bei einem Spaziergang im Wald.

Bereitschaft zur Veränderung

Die Befreiung von alten seelischen Lasten und das Loslassen von damit verknüpften negativen Gedanken, Gefühlen und Gewohnheiten erlauben uns, statische Zustände im Denken, Fühlen und Handeln in neue Lebendigkeit und Lebensfreude zu verwandeln. Dieser Prozess erweitert das Bewusstsein, um ungeahnte neue Chancen und Wachstumsmöglichkeiten für das eigene Leben wahrnehmen zu können.

Wenn wir einen Veränderungsprozess beginnen, befinden wir uns in der Mitte einer Brücke zwischen Vergangenheit und zukünftiger Entwicklung. Der Abschied von den verwurzelten Mustern und Gewohnheiten kostet Kraft und verursacht starke Widerstände: Wir vergessen auf die Übungen, denken „Es ist ohnedies alles umsonst!“, die Ausformungen unserer lieb gewonnenen Muster verschlechtern sich ... Was ist jetzt zu tun? Sollen wir weitermachen auf unserem Weg oder zurückgehen? Egal, wofür Sie sich entscheiden, seien Sie nicht streng mit sich. Die Absicht, etwas zu verändern, begleitet Sie. Sie ist ein mächtiger Impuls für Ihr Unterbewusstsein, und die Veränderung manifestiert sich, wenn die Zeit dafür reif ist. Vertrauen Sie Ihrer inneren Stimme und bitten Sie um Führung während dieser Wandlungsphase. Beobachten Sie mit liebevoller Geduld die Widerstände, die sich der Veränderung entgegenstellen. Mit Akzeptanz und Dankbarkeit für den Prozess können Sie diese Herausforderung in den Griff bekommen und das neue Bewusstsein fest in Ihrem Unterbewusstsein verankern.

Entscheidend für diesen Schritt sind die Bereitschaft zur Veränderung und die bewusste Eigenverantwortung für die Weiterentwicklung. Die Eigenverantwortung wahrzunehmen heißt, dass wir Mut in uns erwecken, um diese Widerstände zu bewältigen. Alles, worauf Sie Ihre Aufmerksamkeit lenken, und die Absicht, die Sie in Ihrem Herzen tragen, prägen die Umstände des Lebens und Ihre Glaubenssätze.

Übung: Mit dem Mut Freundschaft schließen – im Fluss bleiben

Laden Sie den Mut in Ihr Leben ein und lassen Sie sich von dieser Kraft führen! Nehmen Sie sich Zeit, entspannen Sie sich, atmen Sie tief und bewusst. Setzen Sie sich vor einen leeren Stuhl und visualisieren (fühlen) Sie, wie der Mut vor Ihnen sitzt.

Laden Sie ihn ein und versuchen Sie, dieses Gefühl des Mutes in jeder Zelle Ihres Körpers zu speichern, z. B. mit einer besonderen Farbe, vielleicht mit einer Visualisierung. Sie können sich eine Sonne rund um sich oder hinter sich das Bild eines Wächters aus Licht vorstellen. Verankern Sie den Mut in sich und in Ihrem Bewusstsein mit einem Symbolbild. Denken Sie in Ihrem Alltag immer wieder an dieses Symbol.

4. Kapitel

„Die Drehbücher unsere

Muster erkennen"

… Der alte Mann begleitete Miriana zum alten Zimmer ihrer Großmutter. Bevor er in den Garten ging, gab er ihr ein Fotoalbum, das Fotos von ihr und ihrer Großmutter zeigte. Sie presste das Album an ihre Brust und weinte. Die warmen Tränen weckten in ihrem Gedächtnis alte Erinnerungen und einen leisen stechenden Druck im Herzen, den sie in Verbindung mit alten Schmerzen aus der Kindheit brachte. Sie erinnerte sich an das Leben im alten Haus, wo die glücklichen Stunden mit ihrer Großmutter so schnell vergingen und wo die schwierige Beziehung zu ihren Eltern einigermaßen erträglich war. Sie wurde als Kind nur geliebt, wenn sie brav war, alle Aufgaben erledigt hatte und nicht gestört hatte. Sie erinnerte sich an den immer gestressten Vater und die ständig traurige Mutter. Sie erinnerte sich auch an den inneren und äußeren Kampf um Perfektion, um ein bisschen Liebe von ihrem Vater zu bekommen. Plötzlich war ihr klar, dass das kleine Kind die Kleider einer 45 Jahre alten Frau trug, aber noch immer das ängstliche Kind war. Durch das Betrachten der Fotos wurde ihr klar, dass sie diejenige war und ist, die entscheiden kann, ob sie frei wird oder nicht. Sie ist die Einzige, die es schaffen kann, frei und glücklich zu sein oder nicht. Sie nahm nur das Fotoalbum mit, ging in den Garten und küsste den alten Mann auf die Wangen – und die Tränen beider vermischten sich in einem berührenden Abschied.

Schon damals hatte Miriana die Botschaft dieses Ereignisses verstanden, und jetzt erinnerte sie sich durch die Wärme des Flusses und die Klarheit des Wassers, dass die Begegnung mit dem alten Mann und das Betrachten der Fotos ein weiterer Schlüssel zur Veränderung gewesen war. Sie hatte sich anhand der Fotos an ihre Vergangenheit erinnert und gespürt, dass es wichtig war, ihre Vergangenheit zu heilen und das ängstliche Kind zu lieben.

Sie stieg damals ins Auto, umarmte das Album und war voll Dankbarkeit gegenüber ihrer Großmutter. Sie spürte ihre Angst und den Schmerz, nur unter Bedingungen geliebt zu werden. Sie spürte auch, dass sie sich selbst nur unter Bedingungen liebte. Sie fühlte klar, dass ihre Daseinsberechtigung nur über Leistungen, über Bestätigung von außen bestimmt war. Sie erkannte endlich eine Spur, um etwas verändern zu können.

Sie hatte im Auto das Fotoalbum zwischen ihre Hände genommen und bewusst die Angst verspürt. Plötzlich war die Angst keine Fremde mehr, sondern eine Freundin, eine Lehrerin, die ihr das Tor zur Veränderung öffnete. Sie fühlte freier und hoffnungsvoller und beschloss zum Park zu gehen, um die Fotos anzuschauen und sich vielleicht ein Eis zu gönnen ...

Wie Muster entstehen

Muster entstehen oft aufgrund schmerzhafter Erfahrungen, die wir in unserer Kindheit – den frühen Jahren unseres Lebens – durchgemacht haben. Das natürliche Bedürfnis des Menschen ist es, geliebt, wahr- und angenommen zu werden. Manchmal erleben wir in unserer Kindheit Situationen, die uns sehr stark prägen. Wenn schmerzhafte Ereignisse durchlebt werden, versucht unser System diesen Schmerz zu verarbeiten und entwickelt eine Strategie, um diesen in der Zukunft zu vermeiden. Aus diesem Versuch, den Schmerz zu bewältigen, entsteht ein Muster, und noch vor solchen Mustern entwickelt sich ein Glaubenssatz. Erfährt beispielsweise jemand in der Kindheit immer wieder Ablehnung, so entwickelt er den Glaubenssatz: „Ich bin nicht gut genug, um geliebt zu werden, so wie ich bin." Und das Kind beobachtet auch, dass ihm zu wenig Zeit und Aufmerksamkeit geschenkt wird oder dass es nicht so angenommen wird, wie es ist. Dadurch entwickelt der Mensch Verhaltensstrategien, die ihn dazu bringen, sich so zu verhalten, wie ihn die anderen gerne hätten. So entsteht z. B. das Muster „brav zu sein", weil wir merken, dass wir dann wahrgenommen, respektiert und gelobt werden, wenn wir „brav" sind. Daraus ergibt sich die Tendenz für die Zukunft, die Muster der Kindheit auch im Erwachsenenalter zu leben. Man lebt diese Kindheitsmuster im Erwachsenenalter nicht nur mit den eigenen Eltern, sondern auch in der Partnerschaft, mit den Freunden und Freundinnen und wiederholt diese auch im Berufsleben.

Häufig wird das Ereignis, das diese seelische Blockade verursacht hat, vergessen, aber das Muster wird weiter als Überlebensstrategie gespielt. Wenn sich ein Auslöser ergibt, der den alten Schmerz aktiviert, wird das Drehbuch unserer Muster wieder ins Leben gerufen. Unser System möchte den alten Schmerz nicht mehr zulassen, aus diesem Grund fahren unsere Muster hoch und wir haben das Gefühl, dass wir ihnen ausgeliefert sind. Manchmal hat man das Gefühl, ferngesteuert zu sein, und niemand hat für dieses System eine plausible Erklärung. In solchen Situationen entstehen Frustration und das Bedürfnis, etwas zu ändern. Oft sind uns aber die Hände gebunden, weil wir nicht wissen, wo wir uns hinbewegen könnten und wo wir ansetzen sollten. So wiederholt sich das Drehbuch unserer Muster und es wird immer klarer, dass eine Änderung notwendig wäre, weil wir immer wieder Menschen anziehen, die unsere Muster anregen und in irgendeiner Form einschalten.

Um uns weiterzuentwickeln, ist es unerlässlich, diese Muster anzuschauen und eine konstruktive Lösung für die den Mustern zugrunde liegenden Situationen zu finden. Seelische Blockaden und negative Glaubenssätze und Verhaltensmuster blockieren auch unsere Intuition. Zumeist stellen wir, wenn wir intuitive Gedanken haben und dazu unsere Muster in uns tragen, unsere Intuition in Frage, weil die Angst, etwas falsch zu machen, in uns präsent ist. Die Klärung der eigenen Familiengeschichte, der Kindheit, der Geschichte der Eltern und die bewusste Analyse der Informationen und Muster sind wesentliche Voraussetzungen für eine freie und spontane Intuition.

Die Wurzeln unserer Muster

Seelische Blockaden, negative Glaubenssätze, Glaubens-, Verhaltens- und Denkmuster entstehen vielfach in den frühen Jahren unseres Lebens. Diese Glaubenssätze, die Drehbücher, die unsere Muster darstellen, leben wir schon in der Kindheit, und jeder/jede von uns folgt ihnen im Spiel mit Mutter und Vater. Immer wieder verstellen wir uns und spielen eine Rolle aufgrund eines schmerzhaften Ereignisses. Manchmal ist es eine Aussage, manchmal eine Situation, die an und für sich nicht belastend ist, die aber für ein Kind einen Zusammenbruch darstellen kann. Oft sind es einfache

Ereignisse oder Handlungen, die jemanden sehr verletzen und seelischen Schmerz verursachen können. Grundlegende Verletzungen sind meist verbunden mit dem Bedürfnis nach Liebe und Anerkennung, das wir alle haben.

Dauerhafte Muster entstehen aus vielerlei Gründen: Ablehnung, das Gefühl „Ich bin nicht gut genug" oder „Ich bin nicht in Ordnung, so wie ich bin", das Gefühl, anders zu sein, oder wenn das Gefühl, verlassen zu werden, sehr stark ist. Diese Verletzungen, die mit dem Grundgefühl des Getrenntseins zu tun haben, hinterlassen tiefe Spuren von Schmerz. Dieses Trauma, das sich oft wiederholt ereignet, ist der Auslöser von Schmerz, und der Schmerz ist so stark und intensiv, dass von ihm ausgehend die Person eine brillante Strategie entwickelt, um diesen Schmerz in Zukunft zu vermeiden.

Fühlt sich beispielsweise jemand vernachlässigt (auch als Kind), macht er sich oft klein oder wird häufig krank, um Aufmerksamkeit zu bekommen. Fühlt jemand sich sehr stark kritisiert und nicht angenommen, zieht er sich möglicherweise zurück, um das Gefühl, einer Kritik ausgeliefert zu werden, zu vermeiden. Manche werden in einem solchen Fall besonders kritisch anderen gegenüber und entdecken und unterstreichen die Fehler der anderen. Andere entwickeln, wenn sie das Gefühl haben, nicht gesehen zu werden, ein aggressives Verhalten – ebenfalls um zu vermeiden, verletzt zu werden, um sich zu schützen, weil sie sich vielleicht schon als Kind immer wieder angegriffen und schutzlos gefühlt haben. Eine wertvolle Möglichkeit, diese Verhaltensstrategie aufzulösen, ist die Auseinandersetzung mit der Familiengeschichte. Die Auseinandersetzung mit der Geschichte unseres Vaters und unserer Mutter unterstützt uns auf dem Weg zur Klarheit über unsere Identität. Damit wir uns weiterentwickeln können, sollten wir die Botschaft der Erziehung unserer Eltern und die Identität unserer Eltern enthüllen.

Die Klärung erlaubt uns, auch das Positive und das Wertvolle in der Beziehung zu unseren Eltern zu entdecken. Wenn wir etwas ändern wollen, sollten wir nicht zwanghaft versuchen, die Veränderung einzuleiten, son-

dern wir sollten die Wurzel des eigenen Schmerzes, die eigenen unangenehmen Gefühle anschauen und uns bewusst machen, was nicht „funktioniert". Die Wurzel unserer Muster und Blockaden ist das starke Bedürfnis nach Liebe, Anerkennung und Aufmerksamkeit. In den ersten Jahren unseres Lebens haben wir wenige Möglichkeiten, uns zu schützen, die anderen Menschen zu verstehen und ihr Verhalten für uns zu klären. Sehr oft wähnen wir uns durch unser Umfeld von negativen Gedanken umgeben und entwickeln wenig Selbstwertgefühl, dem gemäß wird unsere Weltsicht in eine nicht konstruktive Richtung geprägt. Auf der Suche nach Aufmerksamkeit spielen wir die Drehbücher unserer Muster weiter, um diese Aufmerksamkeit zu bekommen und die ursprüngliche Verletzung, den ursprünglichen Schmerz zu heilen.

Die definitive Heilung findet in dem Augenblick statt, wo wir ehrlich und gelassen und ohne den Drang, Kontrolle auszuüben, tief in uns hineinschauen, um einen Weg zu Akzeptanz und Selbstwahrnehmung zu finden und um aus dem, was wir sind, das Beste machen. Unsere Bereitschaft und der Mut, uns neu zu erziehen, zu entfalten und zu entwickeln, sind die notwendige Voraussetzung für die Klärung unserer Vergangenheit. Für eine gelassene und konstruktive Intuition ist dieser Prozess des Loslassens und der Aufgabe der Kontrolle überaus bedeutsam. Sich in die Beobachterrolle zu begeben und Geduld zu finden, das sind die Voraussetzungen, die wir brauchen, um die nächsten Schritte zu gehen.

Die Drehbücher unserer Muster erkennen

Wir können die Drehbücher unserer Muster – unserer Verhaltensmuster, Denkmuster, Glaubensmuster – erkennen und dadurch auch erfassen, auf welche Art und Weise wir im Leben und speziell in zwischenmenschlichen Beziehungen und in der Beziehung zu uns selbst leiden. Jeder/jede von uns hat einen Lebensplan, eine Geburtsvision, und durch diese Geburtsvision sind wir dazu berufen, unseren eigenen Weg im Leben zu gehen, uns treu zu sein und auch immer wieder Kompromisse zu schließen, aber Kompromisse, die unsere Authentizität nicht zu sehr beeinträchtigen. Eine besondere Herausforderung für jeden Menschen und für jeden Lebensplan ist die Auflösung und die Aufarbeitung der eigenen Muster. Diese Muster sind meist wie Drehbücher, wir spielen die gleichen Muster, die gleichen Details, aber mit unterschiedlichen Menschen. Wenn wir uns die Zeit nehmen, unsere Beziehungen anzuschauen, und dann das Schema dahinter erkennen, ist es für uns möglich, diese Muster aufzulösen.

Wir können uns das Muster bewusst machen, indem wir dem Schmerz ins Gesicht blicken und versuchen, unsere Verdrängungsstrategie bewusst wahrzunehmen. Durch das Bewusstwerden unserer Verhaltens-, Glaubens- und Denkmuster sind wir in der Lage, Eigenverantwortung wahrzunehmen, und mit dieser Verantwortung spüren wir zugleich die Kraft, etwas zu ändern. Wir spüren auch, dass wir unsere Realität kreieren ebenso wie unsere Gedanken und die Strategien, die wir entwickelt haben, um die alten, vielfach in der Kindheit entstandenen Verletzungen zu heilen.

Das Bewusstwerden dieser Muster und das Übernehmen von Eigenverantwortung ist ein Weg, der uns Tag für Tag bis zum letzten Atemzug begleitet. Wir alle haben von Geburt an einen Lebensplan und ein bestimmtes Potenzial, diesen Lebensplan zu verwirklichen, in uns. Durch unsere Eltern, unser familiäres System insgesamt sammeln wir in der Kindheit, der Schulzeit und der Pubertät unterschiedliche Erfahrungen, die sich in unserem Herzen und in unserem Gedächtnis speichern und unsere Persönlichkeit und unsere Seele prägen.

Irgendwann ist die Zeit reif für jeden/jede von uns, eine Bilanz zu ziehen und so wahrzunehmen, was unserem Naturell entspricht, was wir für unseren weiteren Weg behalten wollen und was wir von dem, was wir bekommen haben, zurückgeben oder transformieren wollen. Oftmals werden die Muster in unserem Leben vom starken Bedürfnis regiert, geliebt und in unserem Sein bestätigt zu werden. Wenn wir dieses Bedürfnis erkennen, ist es möglich, etwas zu ändern und authentisch zu sein. Wenn wir aber dieses Bedürfnis nicht wahrnehmen oder verdrängen, entstehen Schmerz, Leid, Frustration, Wut, Traurigkeit, Verzweiflung oder Hass.

Immer wieder im Leben schließen wir Freundschaften, gehen wir Verbindungen mit anderen Menschen ein oder treffen Menschen im beruflichen Bereich, mit denen wir diese Drehbücher weiterspielen. Wir ziehen genau die Menschen an, welche die alten Verletzungen auftauchen lassen, sodass wir irgendwann fähig sind, uns von diesen Schmerzen zu befreien und von unserem Naturell loszukommen. Oft ist es notwendig, dass wir eine Pause einlegen und hinschauen – nicht einfach weitergehen und eine neue Partnerschaft wählen oder einen neuen Job suchen, sondern dass wir auch in uns die Klärung der Gefühle suchen und die Prozesse, die gerade gelebt werden und die schmerzhaft sind, für uns lösen.

Um die eigenen Drehbücher unserer Muster zu erkennen, kann es oft hilfreich sein, sich mit guten (am besten langjährigen) Freunden darüber zu unterhalten und sich Feedback einzuholen. Denn die eigenen Muster sind wie blinde, dunkle Flecken in unserer Wahrnehmung und es fällt uns daher meist schwer, unser – für Außenstehende ganz offensichtlich – ungewöhnliches Verhalten an uns selbst wahrzunehmen und die Drehbücher unserer Muster daran zu erkennen.

Unsere Muster heilen

„Um unsere Verhaltensmuster zu heilen, müssen wir (...) die Beziehung zu unseren inneren Eltern heilen. Solange wir dies nicht tun, werden wir immer wieder Partner/innen oder Menschen (...) anziehen, die dieselben Eigenschaften wie unsere Eltern haben oder in deren Gegenwart wir uns ähnlich fühlen. Was wir nicht tun sollten, ist, unseren Mustern Widerstand entgegenzusetzen. Je mehr wir sie bekämpfen, desto mehr konzentrieren wir uns auf sie, da wir ständig das Bild"[3] in uns tragen. Wenn wir Widerstand leisten, haben wir das Muster ständig vor unserem inneren Auge, empfinden es als mächtig und fühlen uns selbst ohnmächtig und dem Muster ausgeliefert. Unsere Frustration steigt, wenn wir wie ahnungslose Zuschauer/innen beobachten müssen, wie die Muster hochkommen.

„Um unsere Muster zu heilen, müssen wir uns vorstellen, was wir von anderen Menschen bekommen möchten. Dann müssen wir uns vorstellen, wie es ist, tatsächlich das zu bekommen, was wir möchten. Und das kann überraschend schwer sein! Wenn wir es niemals zugelassen haben, dass wir aufgebaut werden, kann es eine schlichte Überforderung sein, uns genau das vorzustellen und zu erhalten."[4] Die Heilung der Beziehung zu unseren inneren Bildern der Eltern erlaubt uns, die Freiheit und Authentizität zu spüren, um neue, wertvolle, fruchtbare und zufriedenstellende Beziehungen zu den Mitmenschen zu entwickeln. Unsere Eltern waren selbst geprägt durch ihre Muster, die sie wiederum von ihren Eltern übernommen hatten, und haben durch deren Filter hindurch so gut wie möglich zusammengearbeitet und getan, was sie tun konnten. Die Akzeptanz

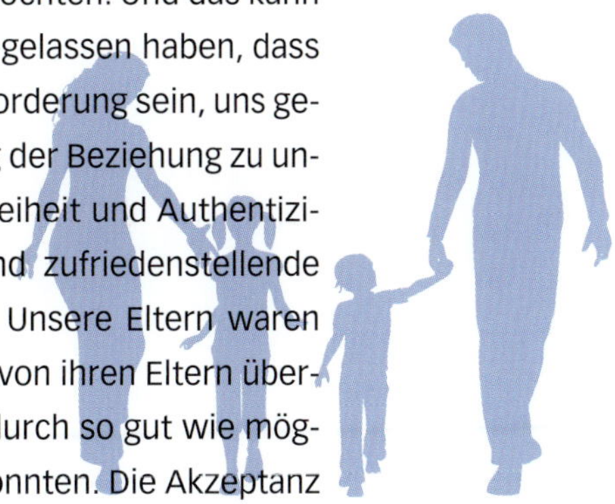

[3] Brigitta (2010) | [4] Ebd.

ist der erste Schritt zur Heilung. Indem wir beide Eltern akzeptieren und beiden vergeben, indem wir das loslassen, was war, und akzeptieren, welche Rolle die Eltern gespielt haben, ist es für uns möglich, diese innere Freiheit zu erlangen. Wenn es möglich ist, ein Muster zu erkennen, können wir mit unterschiedlichen Hilfsmitteln unsere Glaubenssätze ändern. Sobald sich unsere Sichtweise des Themas ändert, indem z. B. uns das Muster im Alltag auffällt, beginnt ein Zyklus tieferer Veränderungen, welche die Qualität unseres Lebens wesentlich verbessern können.[5]

Oftmals beginnt unsere Intuition, die durch unsere Muster gefesselt war, freier und optimaler zu funktionieren. Unsere Intuition wirkt nun aktiv und führt auf unerwartete Art und Weise zur Auflösung dieser Muster und zu kreativen und alternativen Strategien in unseren zwischenmenschlichen Beziehungen, in unserer Denkweise und speziell in der Beziehung zu uns selbst. Es ist wichtig, sich Zeit zu nehmen und zu sich selbst ehrlich zu sein, um diese tief greifenden Veränderungen zuzulassen – diese Veränderungen, die uns erlauben, uns endlich liebenswert zu fühlen. Es kann hilfreich sein, die Muster im Rahmen einer Therapie oder eines Workshops anzuschauen. Muster entstehen schon in der Kindheit – unser Umfeld, die negativen und positiven Erlebnisse in unserem Leben und die Glaubenssätze unserer Eltern, Lehrer und aller Menschen, die uns umgeben, prägen unseren Charakter.

Aber durch die Intuition ist es – wenn wir die Absicht äußern – möglich, dass wir die uns fesselnden Muster auflösen, unser Naturell spüren und es erkennen, danach handeln und auch nach außen den Mut finden, uns treu zu sein und authentisch zu wirken. Speziell die ersten drei Lebensjahre eines Kindes sind die entscheidenden Entwicklungsjahre, nie wieder im Leben wird ein Individuum einen so raschen Entwicklungsprozess durchleben wie in dieser besonderen Zeit.

[5] Vgl. Brigitta (2010)

Auf die eigenen Muster aufmerksam werden

Wir alle haben eine Geschichte, eine Vergangenheit voller Erinnerungen – traurige oder unglückliche. Unsere Geschichte ist eng mit der Geschichte unserer Eltern verbunden. Durch die Erfahrungen, die wir durch sie erlebt haben, aber auch durch die Erfahrungen, die unsere Eltern in sich getragen haben, und die Verhaltensweisen, die sie uns gegenüber gezeigt haben. Sehr oft wiederholen wir die Verhaltensweisen unserer Eltern und treten damit in Beziehung mit unseren Kindern, mit Freunden und Freundinnen, mit dem Partner bzw. der Partnerin. Häufig sind es genau jene Verhaltensweisen, die wir an unseren Eltern kritisiert haben. Ebenso oft wiederholen wir ähnliche Erfahrungen wie sie, weil auch wir gewisse Aspekte in unseren Lebensplan integrieren müssen. Manchmal ertappen wir uns beim Gedanken: „Ich rede mit meinem Kind genau so, wie meine Eltern mit mir geredet haben", und überrascht von dieser Aussage beginnen wir in die Tiefe zu schauen und begeben uns auf einen Weg der Bewusstwerdung und der Selbsterkenntnis.

Wie kann ich erkennen, dass ich seelische Blockaden habe?

Dazu gibt es eine Hand voll Fragen, die Sie sich stellen können:

- *Habe ich manchmal das Gefühl, dass ich mir selbst im Weg stehe?*
- *Gibt es Situationen in meinem Leben, in denen ich sehr ungewöhnlich und impulsiv reagiere?*
- *Habe ich in Beziehungen zu mir wichtigen Menschen manchmal ein seltsames Verhalten, das die Beziehung gefährden könnte – mir selbst aber unerklärlich ist?*
- *Wurde ich als Kind kritisiert? Wie hat man mich als Kind kritisiert?*

Achten Sie auf alle spontanen Einfälle zu diesen Fragen, sie können Ihnen wertvolle Hinweise zu seelischen Blockaden geben. Vor allem dann, wenn die bloße Erinnerung an eine vergangene Situation im Körper unangenehme Symptome wie z. B. Druck in der Brust, Halsschmerzen, das Gefühl, wie gelähmt zu sein, oder Ähnliches hervorruft, sind dies eindeutige Indizien für seelische Blockaden.

Entschleierung der Muster

Die Grundvoraussetzung ist die Absicht, uns selbst und die wahren Motive unseres Handelns besser kennen zu lernen. Dieser Wunsch führt zu einer vertieften Wahrnehmung und kann – unterstützt von speziellen Techniken und Hilfen – zu einem Bewusstwerden bisher unbekannter Verhaltensmuster führen. Sobald wir uns bewusst sind, dass wir von Verhaltens- und Denkmustern gefesselt sind, die auch unsere innere Stimme blockieren, erwacht ein natürliches Bedürfnis nach Veränderung.

5. Kapitel

„Unsere Strategien, mit

Anderen Spiele zu spielen"

… Miriana saß hoffnungsvoll im Park und betrachtete die Fotos ihrer Kindheit, die Gesichter ihrer Eltern und Geschwister. Sie dachte an ihre Großmutter. Es war, als hätte diese das Fotoalbum vorbereitet, damit Miriana von der Vergangenheit loslassen und mit Leichtigkeit ein neues Leben beginnen könnte. Der Film ihrer Erinnerungen war zu Ende und die Stimme des Flusses brachte Miriana in die Gegenwart zurück.

Miriana lag noch immer auf dem Stein. Die Sonne wärmte sie. Sie warf einen entspannten Blick auf die Uhr und sah, dass es schon Mittag war. Sie hörte ein leises Grummeln im Magen und spürte, dass sie hungrig war. Diese Reise hatte zwei, drei Stunden gedauert. Sie fühlte sich dennoch entspannt und trotz allem gelassen, um neue Wege zu beschreiten. Mit einer athletischen Bewegung sprang sie vom Felsen und ging mit sicheren Schritten zum Auto. Sie fuhr zu ihren Eltern. Ihre Mutter wartete fröhlich auf sie und hatte ihre Lieblingsspeise gekocht, und auch ihr Vater nahm sie gelassen und gut gestimmt auf. Miriana freute sich besonders, sie hatte sich die letzten zwei Jahre nicht blicken lassen und ganz zurückgezogen. Nun beobachtete Miriana ihre Mutter lange Zeit – ihre Gesten, ihre Mimik, ihre Worte. Das, was ihre Mutter jetzt sagte, war immer das Gleiche, als ob sie ein Drehbuch spielte. Weder ihre Sätze noch ihr Tonfall veränderten sich während des Gesprächs. Nur das Gesicht war trauriger geworden und von mehr Falten gezeichnet. Ihre Mutter hatte das Übliche an Gesprächsstoff. Sie beklagte *sich über ihren Vater und über ihre Geschwister, über alles, was so üblich war. Und obwohl sie alles für alle tat, kümmerte sich niemand um sie und ihre Gesundheit. Zum ersten Mal hörte Miriana mit innerem Frieden und Abstand zu. Liebevoll sagte sie zu ihrer Mutter: „Liebe Mama, ich bin dankbar für alles, was du für mich getan hast und tust. Ich wünsche dir, dass dein Leben so ist und wird, wie du es dir wünscht. Vielleicht kannst du etwas ändern, damit es eine Spur besser wird." Miriana fühlte sich innerlich frei. Es war für sie eine neue Entdeckung, frei vor ihrer Mutter zu stehen. Früher wurde sie ganz unruhig, wenn ihre Mutter so redete, und antwortete ganz kantig auf ihre Schuldzuweisungen und auf ihr Jammern. In der Vergangenheit versuchte Miriana ständig, sich zu entschuldigen und sich zu rechtfertigen. Jetzt war sie vollkommen gelassen und frei. Sie hatte verstanden, dass es sich um das Muster und das Drehbuch ihrer Mutter handelte. Sie war nicht mehr die Schauspielerin, die mitspielen wollte. Liebevoll und verständnisvoll schaute sie nun die Gesichter ihrer Eltern an. Durch die Arbeit an sich selbst und am Familiensystem verstand sie, woher die Dramen ihrer Eltern stammten.*

Ihre Mutter hatte eine unglückliche Kindheit gehabt. Sie war die erste von acht Kindern und wurde nicht wahrgenommen. Sie wurde nur kleingemacht und war im Chaos aufgewachsen. Ihr Leben bestand aus Arbeit und Ängsten. Während nun die gesamte Familie beim Essen um den Tisch saß, wurde Miriana klar, dass sie eigentlich Glück hatte. Sie hatte durch die Ereignisse der vergangenen zwei Jahre die Möglichkeit gefunden, die Muster und Glaubenssätze ihrer Eltern und ihres Familiensystems zu erkennen und zu lösen. Sie fühlte sich leicht. Sie war die Einzige der Familie, die die Kraft zu lächeln hatte. Am Ende des Familienessens war ihre Fröhlichkeit so ansteckend, dass ein Lächeln auf den Gesichtern der Familienmitglieder erschien. Während sie die Nachspeise aßen, fühlte Miriana sich entspannt und gelassen. Sie war glücklich und versöhnt. Keinen Groll zu spüren erleichterte ihr Herz und ihren Kopf. Sie fühlte sich frei. Sie stand auf, wollte ihrer Mutter helfen, trug einige Teller vom Tisch in die Küche, nahm eine Tasse Kaffee und ging in den Garten. Wie in ihrer Kindheit saß sie entspannt und gelassen auf der Schaukel. Ihre Nichten spielten vor ihren Augen, dort wo früher sie und ihre Geschwister gespielt hatten. Ihr wurde warm ums Herz. Sie beobachtete die Kinder, die sie sogleich zum Spielen einluden …

Wie wir unsere Reaktionen und Erwartungen zeigen

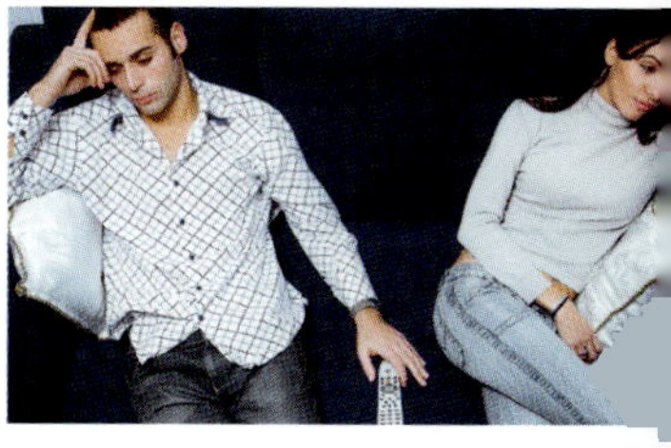

In zwischenmenschlichen Beziehungen verwenden wir oft Strategien, um das, was wir brauchen, von anderen zu bekommen und damit unsere Erwartungen zu erfüllen. Wie wir aus den vorhergehenden Kapiteln bereits wissen, haben solche Strategien ihre Wurzeln in der früheren Kindheit. Das verletzte (innere) Kind hat das Gefühl, in Not zu sein, und braucht unbedingt, auf der Stelle, ein Zeichen, dass es wahrgenommen wird und dass man sich um es kümmert.

Wir werden im Folgenden diese Strategien anschauen, analysieren, verstehen und Übungen entwickeln, um diese Strategien loszulassen.

„Ich bin in Not"

Diese erste Strategie hat mit dem Gefühl „Ich bin in Not, ich brauche dich jetzt, ich will deine Aufmerksamkeit" zu tun. In diesem Zustand haben wir das Gefühl, dass wir zu wenig bekommen. Es ist egal, welche Bedürfnisse die anderen haben – das interessiert unser inneres Kind nicht. Wir selbst wollen hier und jetzt Aufmerksamkeit und Liebe bekommen. In diesem Muster haben wir zumeist das Gefühl, ungerecht behandelt worden zu sein. Wir weisen dem anderen Schuld zu und hoffen, dass dieser andere Mensch sich ändert, indem wir versuchen, ihm unbewusst, manchmal bewusst, Schuldgefühle einzureden.

Wenn wir diese Strategie anwenden, kompensieren wir unsere innere Frustration und wollen uns nicht mit unserer Eigenverantwortung auseinandersetzen. Oft finden wir als feine Kritiker/innen und Beobachter/innen subtile Taktiken, um die anderen sich schuldig fühlen zu lassen. Wir können diese Strategie ändern, indem wir unseren Gefühlen wie Schmerz, Frust und Verletzung Ausdruck verleihen und nicht so stark in der Schuldzuweisung verbleiben. Häufig geben wir anderen die Schuld für unseren Schmerz, wenn wir diesen nicht aushalten können. In dieser Strategie ist sehr stark und klar zu spüren, wo unsere Energie fokussiert ist.

Wenn unsere Energie im Außen fokussiert ist und wir uns ausgeliefert fühlen, spielen wir intensiv das Spiel „Du bist schuld an meinem Zustand". Wenn wir bei uns bleiben, während dieses Muster aktiv ist, und es in unsere Mitte bzw. in den Solarplexus aufnehmen, dann können wir mitteilen, wie es uns geht, ohne dass der andere Mensch, der involviert ist, sich schuldig fühlt. Die Reaktion des anderen ist interessant: Manchmal öffnet er sich, wenn er sich schuldig fühlt, und versucht, sich zu rechtfertigen, oder er wird aufmerksamer uns gegenüber oder er zieht sich zurück und wird wütend.

In der Beziehung beginnt dann eine Phase der Stagnation. Durch Wut, Verzweiflung und Dramatisieren des Schmerzes fühlen wir uns mit dieser Strategie stark, weil wir trotz unseres Schmerzes oder Notzustandes unsere Kraft spüren. Wenn wir diese Strategie wiederholt anwenden, entwickeln wir jedoch eine nicht positive Beziehung zu unserer Kraft. Denn diese wird vor allem dann spürbar, wenn wir wütend und aufgeregt sind und nicht in der inneren Ruhe.

Eine „elegante" Manipulation

Oftmals bekommen wir, bewusst oder unbewusst, Energie und Aufmerksamkeit von unseren Mitmenschen für das, was wir spüren oder zur Verfügung stellen. Wir manipulieren manchmal mit unserer Liebe, mit Geld, Sexualität, Intelligenz, Kraft, Alter, Schuldgefühlen, innerer Schönheit, Großzügigkeit, mit Heuchelei, falschen Komplimenten oder indem wir jemandem immer recht geben. Wir manipulieren, wenn wir uns beklagen oder uns zurückziehen oder wenn wir jemandem das Gefühl geben, niemanden zu brauchen. Oft haben wir schon als Kind unbewusst gelernt zu manipulieren. Dieses innere Bedürfnis entsteht aus dem instinktiven Überlebenswillen. Unsere Intelligenz ermöglicht es uns, die beste Strategie zu entwickeln.

„Ich bin mächtig und du bist klein"

In dieser Strategie entwickeln wir ein aggressives Verhalten, mitunter drohen wir, offen oder auch sehr subtil, dem anderen und haben plötzliche Wutanfälle.

Menschen, die diese Strategie anwenden, sind meist sehr intelligent und kontrollieren mit ihren Kommentaren und ihrem Sarkasmus ihre Mitmenschen während der Kommunikation. Außerdem kontrollieren sie andere am Anfang einer Beziehung mit ihrer Kraft und Macht, die sie ausstrahlen. Diese Macht wird von ihnen oft ausgenutzt und die anderen fühlen sich in eine negative Energie involviert. Auf diese Strategie der aggressiven Einstellung reagieren Mitmenschen häufig mit der Strategie der Opferrolle.

„Ich schaffe es nicht ohne dich"

Wenn wir auf diese Art und Weise reagieren oder diese Strategie anwenden, haben wir das Gefühl, dem Leben ausgeliefert zu sein und nicht die Kraft zu haben, unsere Welt zu verändern. Wir versuchen, die anderen auf uns zu fokussieren, indem wir ihnen erzählen, wie schlecht es uns geht und welche Probleme wir haben. Wenn wir es nicht erleiden, ziehen wir uns zurück und werden extrem reserviert. In irgendeiner Weise lassen wir die anderen diese Stille spüren.

Diese Strategie zeigt sich in einer pessimistischen Einstellung zum Leben und in äußeren Symptomen. Solche Menschen scheinen immer besorgt zu sein, zitternd, weinend, abwesend. Manchmal haben sie Anfälle oder Nervenzusammenbrüche und des Öfteren sind sie gar nicht daran interessiert, Möglichkeiten zur Problemlösung zu finden. Sie wollen nur Aufmerksamkeit und erzählen, wie es ihnen geht. Das allein lässt diese Menschen sich besser fühlen. Sie haben oft das Gefühl, keine Grenzen setzen zu können.

Menschen, die in diese Strategie verfallen, versuchen vielfach, die anderen zu überzeugen, sie zittern innerlich, sie rechtfertigen sich, suchen Ausreden, erklären immer wieder das Gleiche und reden viel zu viel. Oft ziehen diese Menschen, um die Strategie aufzulösen, das an, was sie brauchen, um zu heilen, sprich Menschen, die kritisch und manchmal auch aggressiv sind.

Haben wir solch eine Einstellung, fühlen wir uns mitunter verzweifelt und versuchen, Menschen zu kontrollieren. Wir verzichten manchmal sogar auf unsere Würde, nur weil wir die Liebe und Aufmerksamkeit der Person wollen, die vor uns steht. Wir bitten sie, bei uns zu bleiben, und versuchen so, alte Bedürfnisse zu stillen. Beispielsweise wenn wir als Kind das Verlassenwerden auf dramatische Weise erlebt haben.

Unsere Strategie entwickelt sich manchmal in der Weise, dass wir uns so auf die Opferrolle versteifen, dass wir selbst es sind, welche die anderen sehr stark unter Druck setzen. Die anderen haben immer mehr das Gefühl, uns nicht zufriedenstellen zu können, und irgendwann entfernen sie sich von uns.

Wenn es so weit kommt, ziehen wir uns zurück, fühlen uns einsam, allein, misstrauisch und bisweilen überlegen wir uns neue Strategien, um das zu bekommen, was wir wollen. Wir fühlen uns ungerecht behandelt und als Opfer des Lebens. Sehr oft haben wir das Gefühl, das Leben hätte uns einen Strich durch die Rechnung gemacht. Uns fehlt es stark an Akzeptanz und es besteht ein innerer Wunsch, dass „alles" anders würde. Vielleicht haben wir bereits in der Kindheit resigniert und uns aufgegeben. Wir ziehen uns also in diese Strategie zurück und resignieren, bleiben eine Zeit lang in einem Zustand der Leere, später, aus dem Bedürfnis nach Liebe und Anerkennung heraus, probieren wir es noch einmal. Das alte Muster zeigt sich noch stärker, deutlicher und manchmal schmerzhafter.

„Ich kenne deine Fehler"

Menschen, die in dieser Strategie leben und sie gelegentlich anwenden, sind sehr intelligent und sanft im Auftreten. Sie kritisieren andere, um Aufmerksamkeit zu bekommen. Sie sind achtsam in der Äußerung und Argumentation ihrer Kritiken. Es ist wichtig, diese Menschen zu fragen, woher das kommt, und ihre Beweggründe zu erforschen.

Solche Menschen lassen uns unsere Fehler offen oder subtil spüren. Wir empfinden einen inneren Druck, wenn wir bei ihnen sind. Sie reagieren auf die Unsicherheit der anderen und fühlen sich dabei stark.

Wenn wir diese Strategie anwenden, fühlen wir uns sicher und nützen unbewusst den Zustand der Schwäche aus. Wir können zynisch, skeptisch, ironisch und perfektionistisch sein. Vielfach reagieren die anderen auf uns, indem sie sich entfernen, weil sie es auf lange Sicht schwer aushalten können, wenn wir ihnen immer wieder Fehler vorhalten oder uns ständig auf das Negative konzentrieren.

„Ich bin weg"

In dieser Strategie sind wir in einem Käfig eingesperrt. Es ist der Käfig unserer ungelösten inneren Kämpfe, Ängste und Zweifel, in den wir uns zurückziehen, weil wir innerlich „nein" zum Leben sagen. Hier versuchen wir zu überleben. Im Alleinsein spüren wir Schutz.

Wir beobachten, und erst wenn wir das Gefühl haben, es kann uns nichts passieren, machen wir auf. Wenn wir in dieser Strategie leben, brauchen wir viel Platz, Stille und Isolation für uns. Wir sind oft bereit, etwas aufzugeben, Hauptsache, wir haben unsere Ruhe. In dieser Strategie kann sich eine Nuance der Opferrolle verbergen. Denn wir betrachten Probleme manchmal unter dem Blickwinkel Freunde, Geld, soziale Kontakte und Ausbildung, sodass wir dann oft unserer Vergangenheit die Schuld an unserer Gegenwart zuschieben. Wir hoffen, dass Menschen uns nachlaufen und fragen, was mit uns los sei.

Wir sagen: „Ich bin anders, niemand versteht mich, ich bin verwirrt und ich will diesmal nicht mitmachen, vielleicht das nächste Mal." Wir machen uns bemerkbar, indem wir nicht anwesend sind oder in einer Ecke stehen. In dieser Strategie können Menschen Konflikte nicht austragen und sich nicht offen konfrontieren. Sie sind „zu" und manchmal starr, wenn sie die Strategie anwenden. Solche Menschen können uns faszinieren, weil sie in uns das Gefühl bewirken, eine geheimnisvolle Ausstrahlung gehe von ihnen aus. Durch diese Strategie ziehen sie Menschen an, die sie kritisieren, aber auch aggressiv sind.

Übung: Intuitives Erkennen der Strategien und der Muster dahinter

Nehmen Sie sich Zeit und suchen Sie sich einen bequemen Platz, vielleicht in der Natur. Atmen Sie tief und beobachten Sie die Schönheit rund um sich. Denken Sie an etwas, wofür Sie dankbar sind, und versuchen Sie, sich zu entspannen. Suchen Sie dann intuitiv eine Antwort auf diese Fragen:

- *In welchen Situationen, beruflich oder privat, habe ich das Gefühl, nicht bewusst, sondern wie ferngesteuert zu handeln?*
- *Was verursacht diese Unzufriedenheit und das Gefühl „Ich spüre mich nicht"?*
- *Wann handle ich gegen meine Gefühle aus Anerkennungs- und Bestätigungsbedürfnis?*
- *Wann kann ich nicht „nein" sagen und warum?*

Schreiben Sie die Antworten auf und lassen Sie sie eine Woche ruhen. Nehmen Sie sich dann Zeit, lesen Sie sie durch und versuchen Sie, intuitiv zu spüren, in welchen Situationen die Muster oder Blockaden sich zeigen.

Beschreiben Sie die Blockade – nehmen Sie sich dazu Papier und Stift und ziehen Sie sich an einen ruhigen Ort zurück. Entwickeln Sie positive konstruktive Glaubenssätze und Lösungen für den Alltag, um diese alten Strategien zu verändern. Notieren Sie sich Ihre neuen Einstellungen und lesen Sie sie immer am Morgen knapp nach dem Aufwachen durch (dreißig Tage lang). Ihre Intuition wird Sie zu Veränderung führen.

Muster und die Geschichte unserer Eltern

Wenn wir beginnen, neue Antworten zu suchen, und bereit sind, unsere Muster aufzulösen, entsteht ein Prozess der Selbsterfahrung, ein Prozess, der uns weiterbringt, in dem wir uns ändern wollen und bereit sind, unsere Wurzeln ausfindig zu machen, sie anzuschauen und loszulassen und neue eigene Wurzeln zu finden. Wir fühlen uns dabei oft unruhig, aufgeregt oder verwirrt, manchmal sind wir auf der Hut, ängstlich, vielleicht sogar erschöpft, dann wieder fühlen wir uns euphorisch und neugierig. Wir wissen nicht genau, wohin uns dieser Prozess der Selbsterkenntnis führen wird, aber wir sind bereit, an uns zu arbeiten und die innere Reise zu beginnen.

Auf diesem Weg ist es notwendig, sich kurz Zeit zu nehmen und die geistige Erbschaft der Eltern zu erfahren. Dazu können wir das eigene Leben als eine Geschichte deuten, die eine wichtige Botschaft für die nächsten Schritte auf unserem Lebensweg und für unsere Zukunft enthält. Von Ihrer Geburt an bis zu diesem Augenblick, wo Sie dieses Buch lesen, ist Ihr

Leben eine umfassende, lange Geschichte, eine Geschichte, die eine tiefere Bedeutung hat, und diese Bedeutung können Sie erleben. Wir können die Wahrheit in unserer Geschichte ermitteln, wenn wir uns als aktive Schauspieler in unserem Leben fühlen. Sobald wir die Eigenverantwortung für unser Leben tragen und uns nicht als Opfer des Schicksals und der augenblicklichen Situation wahrnehmen, sind wir in der Lage, unsere Geschichte selbst zu schreiben. Oft ist das Leben unserer Eltern eine Geschichte, von der wir maßgebliche Hinweise bekommen und Lektionen lernen können.

Indem wir die konstruktiven Aspekte, die wir von unseren Eltern übernommen haben, akzeptieren und sie in unsere Persönlichkeit integrieren,

ist es für uns ausführbar, Frieden mit der Vergangenheit zu schließen, um wirklich im Hier und Jetzt zu sein und als ein befreiter Mensch den neuen Weg zu gehen. Möglicherweise entdecken wir dabei Aspekte im Leben unserer Eltern, die unvollendet sind, und möglicherweise sind genau diese Aspekte grundlegende Blickwinkel für unseren weiteren Weg. Die innere Freiheit zu erreichen und sich gleichzeitig für die eigene Zukunft verantwortlich zu fühlen, erlaubt uns, die Geschichte unserer Eltern aus einer neuen, interessanten Perspektive zu analysieren und sie danach besser zu verstehen und zu akzeptieren. Es ist möglich, sich innerlich zu ändern und durch die Veränderung die eigene Weltanschauung zu bereichern und reifen zu lassen.

Reinterpretation der Geschichte der Eltern und Heilung der inneren Eltern

Wenn wir in der Lage sind, unsere Eltern zu analysieren und zu verstehen, welche Spiele und Drehbücher wir in unserer Kindheit mit unseren Eltern gespielt haben, ist es möglich, die Dynamik unserer aktuellen zwischenmenschlichen Beziehungen zu erkennen, denn oft spiegelt sich die Beziehung zu unseren Eltern in unseren anderen Beziehungen wider. Die Menschen, die wir in unserem Leben treffen, aktivieren in uns das alte Muster aus unserer Kindheit. Deshalb ist es bedeutsam, jede Situation in Ruhe zu beobachten und sich zu fragen: „Welche Botschaft hat mir dieses Ereignis gebracht?" Immer wieder spüren wir auch auf körperlicher Ebene, dass die Situation, die wir gerade jetzt mit einer Person erleben, alte Gefühle in uns wachruft. Wenn wir durch die Gefühle und die Reaktionen des Körpers hindurchgehen und sie annehmen, schaffen wir es, uns die Muster bewusst zu machen, aus den Blockaden auszusteigen und endlich frei und authentisch zu sein. Wir beginnen die Geschichte unserer Familie, unserer Eltern und unserer Kindheit zu analysieren. Wir äußern damit die Absicht, unsere zwischenmenschlichen Beziehungen heilen und unsere Intuition spüren zu wollen, und können endlich unsere Intuition aktivieren. Wir initiieren damit einen Prozess, in dem wir vorerst einmal verwirrt sind, weil anfangs oft die Klarheit fehlt. Aber mit der Zeit kommen auch von außen wesentliche Hinweise, die uns auf den Weg zur Klärung der Beziehung führen.

Vorbereitung der Übungen

In der Analyse der Eltern können wir beobachten, wie die Metapher der Reise sehr gut zur Entwicklung des Lebens passt. In unserem Leben spüren wir sehr oft das Bedürfnis, innere Ruhe zu finden, uns eine Zeit lang selbst zu spüren, die tiefen Zusammenhänge zu erkennen und seelische Schmerzen zu bewältigen.

Die folgenden Übungen dienen dazu, Klarheit zu schaffen und einen Weg der Klärung zu beginnen – von der Kindheit über die Beziehung zu unseren Eltern bis schließlich zu den eigenen Mustern. Diese Übungen erlauben uns, eine Art Bilanz aus den Einflüssen der Eltern auf uns zu ziehen. Wenn wir die tiefste Bedeutung des Lebens unserer Eltern finden und wenn wir zudem ihre Botschaft für uns und unseren Weg deuten können, erkennen wir plötzlich neue Zusammenhänge und Möglichkeiten, unser Dasein zu bereichern und wirkungsvoller zu gestalten.

Der beste Einstieg in diese Übungen ist Offenheit, Respekt und Erwartungslosigkeit während des Prozesses. Unsere Eltern haben während der ersten Jahre unserer Kindheit das Beste, was möglich war, für uns getan. Für diese Übungen nehmen Sie sich bitte zwei, drei Stunden Zeit. Lesen Sie die Fragen durch, zuerst intuitiv, ohne den einzelnen Sätzen besondere Aufmerksamkeit zu schenken. Warten Sie eine Viertelstunde, lesen Sie dann die Fragen nochmals und versuchen Sie, die Fragen intuitiv zu beantworten. Gehen Sie die Fragen noch ein drittes Mal durch, und wenn Sie das Gefühl haben, einige Fragen schriftlich beantworten zu wollen, notieren Sie Ihre Antworten, denn Sie werden sie später noch brauchen.

Übung: Reinterpretation der Mutter

Unsere weibliche Lehrerin war unsere Mutter. Wir haben unsere weibliche Seite entwickelt, gespürt und wahrgenommen in Verbindung mit dem Beispiel, das unsere Mutter für uns war. Diese Seite in uns unterstützt uns dabei, intuitiv zu handeln und unsere Entwicklung intuitiv zu gestalten, und hat speziell mit der Entfaltung unserer Empathie zu tun, sprich mit unserer Entfaltung im Rahmen zwischenmenschlicher Beziehungen.

Die folgenden Fragen erlauben Ihnen, einige wichtige Aspekte der Identität Ihrer Mutter und Ihrer weiblichen Energie zu entwickeln. Wir werden unterschiedliche Bereiche des Lebens Ihrer Mutter anschauen und mit einfachen Fragen analysieren. Nehmen Sie sich Zeit und lesen Sie zuerst alle Fragen durch. Dann beantworten Sie die Fragen, die für Sie am meisten Bedeutung haben, intuitiv.

Beschreiben Sie so gut wie möglich die Kindheit Ihrer Mutter:

- *War sie glücklich? Selbstständig? Teilweise einsam?*
- *Begann sie früh zu arbeiten? War sie arm oder reich?*
- *Wie war die Beziehung zwischen Ihrer Mutter und deren Eltern?*
- *Wie war die Kindheit Ihrer Mutter?*
- *Welchen Einfluss hat die Kindheit Ihrer Mutter auf ihr späteres Leben gehabt?*
- *Finden Sie drei positive Adjektive, die Ihre Mutter beschreiben.*
- *Welche war die herausragendste Eigenschaft Ihrer Mutter?*
- *Finden Sie drei Adjektive, die die Schattenseiten Ihrer Mutter beschreiben.*
- *Welche Verhaltensweisen Ihrer Mutter haben Sie gestört?*
- *Beschreiben Sie mit ein oder zwei Worten die schlechtesten Aspekte Ihrer Mutter.*
- *Welche Aktivitäten hat Ihre Mutter, als sie jung war und Sie noch ein Kind waren, mit Begeisterung ausgeübt? Welche Aspekte haben im Leben Ihrer Mutter gefehlt?*
- *Was hätte sie machen wollen, wenn sie mehr Zeit für sich gehabt hätte?*
- *Welche Verhaltensmuster hatte Ihre Mutter? War sie eher aggressiv oder mehr zurückhaltend? Manchmal in der Opferrolle – oder sehr kritisch?*
- *Wie war Ihre Reaktion auf das Verhalten Ihrer Mutter? – Waren Sie in der Opferrolle? Waren Sie aggressiv? Klar und deutlich oder zurückhaltend und manchmal genervt?*
- *Hat sich Ihre Art des Verhaltens Ihrer Mutter gegenüber verändert oder sind gewisse Aspekte gleich geblieben?*

Ein Teil Ihrer Antworten auf diese Fragen zeigt sicher Ihre Glaubenssätze:

- *Welche Ähnlichkeiten haben Sie mit Ihrer Mutter?*
- *Welche Glaubenssätze oder Meinungen über das Leben, Ihren Beruf, das Geld haben Sie von Ihrer Mutter übernommen?*

Nehmen Sie sich Zeit und achten Sie auf das, was Ihrer Mutter gefehlt hat, und überlegen Sie, ob Sie jetzt in Ihrem Leben an den Mängeln Ihrer Mutter arbeiten möchten. Vielleicht sind die Aspekte, die Ihre Mutter nicht entwickelt hat, genau jene Bereiche, wo sich Ihre Muster zeigen und an denen Sie jetzt arbeiten sollten.

Schauen Sie ein Foto Ihrer Mutter an:

- *Welche Beschreibung würden Sie unter dieses Foto setzen, um ihr Leben kurz zusammenzufassen?*
- *Welche sind die wichtigsten Aspekte, die Sie von Ihrer Mutter gelernt haben?*
- *Fassen Sie in einem Satz zusammen, wie Ihre Mutter Sie beeinflusst hat.*
- *Welche Werte hatte Ihre Mutter?*
- *Welche Botschaft hat das Leben Ihrer Mutter für die Welt hinterlassen?*

Übung: Reinterpretation des Vaters

Unser männlicher Lehrer war unser Vater. Wir haben unsere männliche Seite entwickelt, gespürt und wahrgenommen in Verbindung mit dem Beispiel, das unser Vater für uns war. Diese Seite in uns unterstützt uns dabei, intuitiv zu handeln und unsere Entwicklung intuitiv zu gestalten, und hat speziell mit der Entfaltung unserer Empathie zu tun, sprich mit unserer Entfaltung im Rahmen zwischenmenschlicher Beziehungen.

Die folgenden Fragen erlauben Ihnen, einige wichtige Aspekte der Identität Ihres Vaters und Ihrer männlichen Energie zu entwickeln. Wir werden unterschiedliche Bereiche des Lebens Ihres Vaters anschauen und mit einfachen Fragen analysieren. Nehmen Sie sich Zeit und lesen Sie zuerst alle Fragen durch. Dann beantworten Sie die Fragen, die für Sie am meisten Bedeutung haben, intuitiv.

Beschreiben Sie so gut wie möglich die Kindheit Ihres Vaters:

- *War er glücklich? Selbstständig? Teilweise einsam?*
- *Begann er früh zu arbeiten? War er arm oder reich?*
- *Wie war die Beziehung zwischen Ihrem Vater und seinen Eltern?*
- *Wie war die Kindheit Ihres Vaters?*
- *Welchen Einfluss hat die Kindheit Ihres Vaters auf sein späteres Leben gehabt?*
- *Finden Sie drei positive Adjektive, die Ihren Vater beschreiben.*
- *Welche war die herausragendste Eigenschaft Ihres Vaters?*
- *Finden Sie drei Adjektive, die die Schattenseiten Ihres Vaters beschreiben.*
- *Welche Verhaltensweisen Ihres Vaters haben Sie gestört?*
- *Beschreiben Sie mit ein oder zwei Worten die schlechtesten Aspekte Ihres Vaters.*
- *Welche Aktivitäten hat Ihr Vater, als er jung war und Sie noch ein Kind waren, mit Begeisterung ausgeübt? Welche Aspekte haben im Leben Ihres Vaters gefehlt?*
- *Was hätte er machen wollen, wenn er mehr Zeit für sich gehabt hätte?*
- *Welche Verhaltensmuster hatte Ihr Vater? War er eher aggressiv oder mehr zurückhaltend? Manchmal in der Opferrolle – oder sehr kritisch?*
- *Wie war Ihre Reaktion auf das Verhalten Ihres Vaters? – Waren Sie in der Opferrolle? Waren Sie aggressiv? Klar und deutlich oder zurückhaltend und manchmal genervt?*
- *Hat sich Ihre Art des Verhaltens Ihrem Vater gegenüber verändert oder sind gewisse Aspekte gleich geblieben?*

Ein Teil Ihrer Antworten auf diese Fragen zeigt sicher Ihre Glaubenssätze:

- *Welche Ähnlichkeiten haben Sie mit Ihrem Vater?*
- *Welche Glaubenssätze oder Meinungen über das Leben, Ihren Beruf, das Geld haben Sie von Ihrem Vater übernommen?*

Nehmen Sie sich Zeit und achten Sie auf das, was Ihrem Vater gefehlt hat, und überlegen Sie, ob Sie jetzt in Ihrem Leben an den Mängeln Ihres Vaters arbeiten möchten. Vielleicht sind die Aspekte, die Ihr Vater nicht entwickelt hat, genau jene Bereiche, wo sich Ihre Muster zeigen und an denen Sie jetzt arbeiten sollten.

Schauen Sie ein Foto Ihres Vaters an:

- *Welche Beschreibung würden Sie unter dieses Foto setzen, um sein Leben kurz zusammenzufassen?*
- *Welche sind die wichtigsten Aspekte, die Sie von Ihrem Vater gelernt haben?*
- *Fassen Sie in einem Satz zusammen, wie Ihr Vater Sie beeinflusst hat.*
- *Welche Werte hatte Ihr Vater?*
- *Welche Botschaft hat das Leben Ihres Vaters für die Welt hinterlassen?*

Übung: Die Beziehung zu den Eltern durchschauen

Beantworten Sie diese Fragen:

- *Haben Ihre Eltern eine harmonische oder eine konfliktbeladene Beziehung geführt?*
- *Haben Sie sich verantwortlich gefühlt für die Schwierigkeiten Ihrer Eltern, das Leiden der beiden oder das eines der Elternteile?*
- *Waren Ihre Eltern manchmal in der Opferrolle oder wurden Sie von ihnen sehr stark kritisiert? Waren sie aggressiv? Oder haben sie Ihnen alles erlaubt?*
- *Waren Sie in der Rolle des Erwachsenen gegenüber Ihren Eltern?*

Lassen Sie Ihre Antworten drei Tage lang „ruhen“. Am vierten Tag lesen Sie alles durch und schreiben Sie einen Abschiedsbrief an diese alten Beziehungsmuster. Verbrennen Sie den Brief und streuen die Asche ins fließende Wasser.

Der Weg zur Heilung

Vom Einsamsein zum Alleinsein und Glücklichsein …

Wenn wir die innere Leere wahrnehmen und spüren, wie alte Schmerzen und die Wut gestillt werden, erfahren wir die Freude und Freiheit des Alleinseins. Der Schmerz, verlassen worden zu sein, löst sich auf und alles, was wir mitbekommen haben, lassen wir los. Unsere Bedürfnisse und die Quelle der Liebe sprühen in uns und können nicht von außen oder von anderen Menschen ersetzt werden.

Dieser teilweise schmerzhafte und faszinierende Prozess der Auflösung beginnt, wenn wir diese Einsamkeit spüren, und reicht bis zu dem Zeitpunkt, wenn wir das Alleinsein genießen können. Dann entdecken wir in uns ein Gefühl der Lebenskraft, der Liebe für das Leben und des Vertrauens in das Leben. Am Anfang empfinden wir uns schwer und traurig. Während des Prozesses erahnen wir das Gefühl der universellen Liebe und spüren unbewusst – oder zwischen bewusst und unbewusst – ein Gefühl, dass wir am richtigen Platz sind und dass es einen tiefen spirituellen Grund gibt, reinkarniert und wieder auf die Welt gekommen zu sein.

Übung: Unsere Verletzungen heilen

Nehmen Sie sich eine Dreiviertelstunde Zeit und gönnen Sie sich Ruhe. Setzen Sie sich hin, stellen Sie vor sich einen und dahinter zwei weitere Pölster. Der vordere stellt eine Person dar oder eine Situation, die uns verletzt (hat) oder negative Gefühle in uns weckt. Hinter diesem Polster befinden sich Ihre Mutter und Ihr Vater. Diese sind auf der gleichen Linie.

Schließen Sie die Augen und fokussieren Sie das erste Polster. Erinnern Sie sich an alle einzelnen Gefühle und Verletzungen, die mit diesem Menschen oder Ort bzw. dieser Situation verbunden sind. Tauchen Sie ein in diese Gefühle, nehmen Sie sie wahr, ohne zu verurteilen oder zu bewerten. Spüren Sie einfach hinein. Spüren Sie die Wut und lassen Sie sie los, spüren Sie die Verzweiflung und lassen Sie sie los, spüren Sie Hoffnungslosigkeit und lassen Sie sie los, spü-

ren Sie außerdem, dass Sie diesen Menschen oder die Situation nicht ändern können – Ihre Reaktion auf die Situation aber schon. Lenken Sie Ihre Aufmerksamkeit auf dieses Polster und lassen Sie innerlich los, um die Botschaft von diesem Menschen oder Ort oder dieser Situation zu erfahren. Lassen Sie sich jetzt ein paar Minuten Zeit, machen Sie die Augen auf. Denken Sie an einen Moment, wo Sie sich total mit der Liebe verbunden gefühlt haben.

Nun richten Sie Ihre Aufmerksamkeit auf die zwei hinteren Pölster. Wenn Ihnen die Mutter oder der Vater gefehlt hat, stellen Sie sich vor, dass ein Polster leer ist. Oder besetzen Sie es mit einer elterlichen Figur, wenn es eine gegeben hat, die für Sie belangreich gewesen ist. Spüren Sie Ihr inneres Kind und spüren Sie hinein, auf welche Art und Weise Sie mit Ihren Eltern diese Gefühle, die Sie im ersten Teil der Übungen erlebt haben, erfahren haben.

Wann haben Sie sich nicht wahrgenommen gefühlt? Wann haben Sie sich missverstanden gefühlt, wann ausgenutzt, unter Druck gesetzt, manipuliert, abgewertet oder verurteilt? Spüren Sie hinein und wenn Sie das Bedürfnis haben, schreiben Sie alles auf. Beobachten Sie die Unterschiede oder Ähnlichkeiten zwischen jetzt und damals. Durch diese Übung erfahren Sie, welche Muster hinter diesen Schmerzen und Verletzungen stecken.

Schreiben Sie am Ende der Übung eine Abschiedserklärung an diese Situation mit dem Bewusstsein, dass Sie dankbar sind, das erfahren zu haben, es nun zu verstehen und zu spüren. Schreiben Sie, dass Sie es jetzt nicht mehr brauchen und nun bereit sind, durch Ihren Willen, Ihre Kraft und Ihr neues Bewusstsein diesem Teufelskreis ein Ende zu setzen. Einige Tage nach der Durchführung der Übung verbrennen Sie Ihre Aufzeichnungen und verstreuen Sie die Asche auf einer Wiese in erhöhter Lage. Diese Landschaft symbolisiert für Ihr Unterbewusstsein die Bereitschaft, für die Veränderung offen zu sein.

Übung: Überprüfen Sie die Drehbücher Ihrer Muster

Lesen Sie die folgenden Fragen durch und unterstreichen Sie diejenigen, die Sie am meisten berühren und Ihnen bedeutsam erscheinen.

- *Haben Sie sich, als Sie ein Kind waren, bemüht, von Ihrem Vater oder Ihrer Mutter geschätzt zu werden? Haben Sie versucht, von Ihren Eltern wahrgenommen zu werden, indem Sie brav waren?*

- *Sagen Sie oft „ja", um die anderen zufriedenzustellen oder um sich zu schützen?*
- *Lassen Sie manchmal zu, dass die anderen vor Ihnen keinen Respekt haben?*
- *In welcher Form drücken Sie Ihre Wut aus? Welche Gedanken nähren Ihre Wut und welche sind derzeitig die Auslöser für Ihre Wut?*
- *Haben Sie, als Sie klein waren, vielleicht versucht, sich zu schützen, wenn Sie von anderen Menschen schlecht behandelt wurden oder Ihnen solche Vorhaltungen gemacht wurden wie: „Du bist nichts wert", „Du bist unfähig", „Du wirst in deinem Leben nichts erreichen", „Du bist faul", „Du bist nicht verlässlich" …*
- *Haben Sie sich manchmal ausgeschlossen gefühlt – und warum?*
- *Haben Sie manchmal das Gefühl, dass Sie von anderen ausgenutzt werden?*
- *Fühlen Sie sich manchmal verlassen?*
- *Haben Sie das Gefühl, Sie seien nicht wichtig für die Menschen, die Sie lieben?*
- *Haben Sie das Gefühl, für andere Menschen Verantwortung zu tragen?*
- *Fühlen Sie sich im Wettbewerb mit Ihrem Partner bzw. Ihrer Partnerin, Ihren Freunden und Freundinnen oder Ihren Kollegen und Kolleginnen? Oder haben Sie sich in Ihrer Kindheit im Wettbewerb mit Ihren Geschwistern, Eltern oder anderen Menschen in Ihrem Umfeld gefühlt?*
- *Fühlen Sie sich verpflichtet, Ihre Eltern zu unterstützen, weil Sie früher für Sie da waren und für Sie gearbeitet haben?*

- *Haben Sie die Tendenz, alles für die anderen zu übernehmen und sie zu schützen, damit sie bei Ihnen bleiben?*
- *Haben Sie das Gefühl, dass Sie einsam sind, auch wenn Sie mit anderen Menschen zusammen sind?*
- *Haben Sie sich manchmal kleingemacht, sind Sie krank oder traurig geworden, um Aufmerksamkeit zu bekommen?*
- *Haben Sie neue Menschen gesucht, weil Sie von Ihrem Partner bzw. Ihrer Partnerin, Ihren Freunden und Freundinnen oder Ihren Eltern nicht das bekommen haben, was Sie gebraucht hätten?*
- *Haben Sie sich manchmal abgelehnt, verlassen oder mit Gleichgültigkeit behandelt gefühlt?*

Beantworten Sie die Fragen, die Sie berühren, und beobachten Sie Ihre Verhaltensweise im Alltag. Beginnen Sie vierzig Tage lang den Tag mit dieser Affirmation: „Ich bin für die Veränderung offen und so wie ich bin, bin ich liebenswert." Am 41. Tag nehmen Sie sich einige Stunden Zeit und in vollkommener Ruhe spielen Sie vor Ihrem geistigen Auge das Leben ab, das Sie sich wünschen. Notieren Sie sich dann Ihre Wünsche, Bedürfnisse und Träume. Genau ein Jahr später, am selben Tag (tragen Sie das Datum in Ihren Kalender ein!), lesen Sie diese Liste durch. Was hat sich verändert? Was ist in Erfüllung gegangen? Führen Sie diese Übung einige Jahre durch! Es wird Ihnen helfen, das Ruder Ihres Lebens kraftvoll und mit sicherer Hand zu steuern.

Übung: Das Bedürfnis hinter den Blockaden entdecken und verabschieden

Jede Blockade, jedes Muster ist auch ein Versuch, Energie zu kontrollieren und uns zu schützen. Oft versucht das Unterbewusste, durch eine Blockade ein altes Trauma oder eine alte Verletzung fernzuhalten, damit sie heilen können. Die seelischen Blockaden schützen uns davor, dass die Verletzung noch einmal geschieht. Die Wurzel einer Blockade ist sehr häufig Angst. Die Angst, in einer gewissen Situation zu leiden, der Schutz vor gewissen Gefühlen, die mitunter so verwurzelt sind, dass ein starkes Bedürfnis nach Kontrolle entsteht.

Suchen Sie sich einen geschützten, angenehmen Ort und nehmen Sie eine bequeme Position ein. Atmen Sie tief und lassen Sie die Gedanken an sich vorbeiziehen. Spüren Sie die Muster und Blockaden, die Sie bis jetzt entdeckt haben. Fokussieren Sie eine Situation, in der diese Blockade vorkommt, und spüren Sie, indem Sie fortwährend die Situation visualisieren, das Gefühl im Körper. Fragen Sie sich jetzt: „Welchen Schutz bietet mir dieses Muster?", und notieren Sie sich die Antwort.

Überlegen Sie: „Wie würde ich mich in diesen Situationen verhalten, wie sähen die Situationen aus, wenn ich nicht – von der Blockade geleitet – reagierte und lebte?"

Notieren Sie wiederum Ihre Antworten auf die Fragen und lassen Sie die Notizen eine Woche lang ruhen. Wiederholen Sie diese Übung für jede Blockade und lesen Sie alle Notizen nach einer Woche durch. Bereiten Sie sich damit auf den nächsten Schritt vor. Führen Sie in der Woche mehrmals die folgenden Übungen durch, um das Auflösen der Blockaden vorzubereiten.

Ritueller Aspekt: Abschied nehmen

Nachdem wir die Blockade entdeckt und das Bedürfnis dahinter verstanden haben, können wir mit einem Ritual dieses Muster verabschieden. Suchen Sie sich einen ruhigen Ort, an dem Sie nicht gestört werden, und nehmen Sie eine bequeme Position ein.

- *Schreiben Sie einen Brief an die Blockade. Personifizieren Sie die Blockade, geben Sie ihr einen Namen und sprechen Sie sie direkt an.*
- *Schreiben Sie ihr: „Ich lasse dich los." Trennen Sie sich innerlich von ihr und verabschieden Sie sich respektvoll.*
- *Teilen Sie der Blockade mit: „Ich bin dankbar für alles, was ich gelernt habe." Schreiben Sie auf, was Sie gelernt haben und wovor Sie durch die Blockade geschützt waren.*
- *Finden Sie einen Ersatz für diese Blockade: Welches Gefühl, welcher Zustand könnte diese Blockade oder dieses Muster ersetzen? Wie könnte das Bedürfnis dahinter auf andere Art erfüllt werden? Schreiben Sie es zu Ihrem Brief dazu!*
- *Verbrennen Sie den Brief und streuen Sie die Asche in fließendes Wasser.*

Sich jeden Tag bewusst für das Vertrauen entscheiden

Nach dem Entwurzeln der Blockade ist Raum für neue Lebensinhalte. Entscheiden Sie sich jeden Tag bewusst für das Vertrauen in Ihrem neuen Leben.

- *Visualisieren Sie dazu eine Lichtsäule hinter sich (= Licht des Vertrauens).*

Mit unseren Mustern und Strategien arbeiten und sie entdecken

Die Anwendung der Strategien ist wie ein Tanz. Wir verwenden unsere Empathie und unsere Intuition, um zu spüren, was wir brauchen, um das zu bekommen, was wir wollen, und um unbewusst zu fühlen, wie wir einander beeinflussen können, sodass der andere uns das gibt, was wir zu brauchen behaupten. Wir alle reagieren darauf mit unseren Mustern und Strategien und leiten diesen Austausch, diesen schmerzhaften Tanz ein. Uns und unsere Strategien zu erkennen, ist unerlässlich, wenn wir etwas verändern wollen. Bewusst mit diesen Mechanismen umzugehen, erlaubt uns, frei zu sein, Intimität mit anderen Menschen zu genießen und auch die Ehrlichkeit und Authentizität von zwischenmenschlichen Beziehungen zu erfahren. Voller Präsenz und Aufmerksamkeit können wir das Leben mit anderen Menschen teilen. Sehr oft ziehen wir bestimmte Menschen an, weil diese unsere Strategien und Muster unbewusst provozieren. Dies bietet uns noch einmal die Möglichkeit, die Strategien aufzulösen, sie uns bewusst zu machen, durch sie hindurchzugehen und zu wachsen. In diesem Austausch der Strategien, in diesem schmerzhaften Tanz reagieren wir bloß, statt zu spüren, was wir brauchen und was die anderen Menschen brauchen. Wenn wir lernen, uns zu beobachten, im Augenblick präsent zu sein, tief zu atmen, ist es für uns endlich möglich, wahrzunehmen, wann wir diese Strategien anwenden, und daran etwas zu ändern. Je mehr Zeit wir uns für uns selbst nehmen und uns unsere Bedürfnisse bewusst machen, umso leichter ist es, unsere Muster und Strategien zu erkennen.

Übung: Unsere Muster und Strategien wahrnehmen und spüren

Nehmen Sie sich zwanzig Minuten Zeit für diese Übung. Sie brauchen einen bequemen Sessel, Zeit, Stille und Ehrlichkeit. Beantworten Sie die folgenden Fragen in einem Fluss:

- *Wenn Sie etwas wollen oder brauchen, nach welchem Muster oder nach welcher Strategie gehen Sie am häufigsten vor?*
- *Was machen Sie, wenn Sie nicht bekommen, was Sie sich wünschen?*
- *Was versuchen Sie als zweite oder dritte Möglichkeit, um zu bekommen, was Sie wollen?*

Versuchen Sie intuitiv zu spüren, welche Muster oder Strategien Sie anwenden, und fühlen Sie in jedes Muster hinein. Beschreiben Sie dann, wie sich Ihr Körper anfühlt, wie der innere Dialog mit Ihrem

Muster aussieht, was der Auslöser für die Anwendung der Strategie oder für das Hochfahren des verhärteten Musters ist. Beschreiben Sie mit drei Adjektiven, wie es Ihnen körperlich und seelisch geht, wenn Sie mitten in der Strategie stecken.

Seien Sie ehrlich zu sich! Versuchen Sie in den zehn Tagen nach der Durchführung der Übung mehr Ehrlichkeit in Ihren zwischenmenschlichen Beziehungen zu leben. Am Tag beobachten Sie, was sich verändert und am Abend notieren Sie sich Ihre Gefühle und Gedanken über Ihre Muster. Vor dem Einschlafen wiederholen Sie innerlich zehn Mal den Satz: „Ich bin am richtigen Platz. Ich werde gesehen und geliebt, so wie ich bin."

Übung: Innenleben und Außenwelt

Nehmen Sie sich zehn Minuten Zeit, machen Sie einen Spaziergang oder setzen Sie sich ruhig hin und atmen Sie tief. Entspannen Sie sich und achten Sie darauf, dass Sie nichts und niemand während dieser Übung stören können.

Stellen Sie sich vor, dass Sie in einer Grotte sind und in dieser Grotte Ihre Ruhe finden. Es ist ein sicherer und geschützter Bereich und Sie sind dort allein. Niemand kann hineinkommen. Hier finden Sie vielleicht die Fähigkeit, sich auszudrücken, indem Sie Ihre Kreativität finden, indem Sie tanzen, zeichnen oder ein Instrument spielen.

- *Was machen Sie in dieser Grotte?*
- *Wie geht es Ihnen hier mit dieser Vorstellung?*
- *Wie sieht dieser Ort aus und was haben Sie in diese Grotte hineingetragen?*

Schreiben Sie die Antworten zu diesen Fragen auf und machen Sie anschließend mit der Übung weiter. Visualisieren Sie diesen Ort wieder, wenden Sie sich zum Eingang und beobachten Sie, was Sie draußen sehen. Der Platz außerhalb der Grotte ist die Außenwelt.

- *Was sehen Sie?*
- *Gibt es dort jemanden?*
- *Haben Sie ein gutes Gefühl, wenn Sie in diese Außenwelt gehen?*

Stellen Sie sich vor, dass sich außerhalb der Grotte jemand aufhält und Sie sich zu dieser Person hingezogen fühlen. – Was zieht Sie an? Sie sind jung und haben ein starkes Bedürfnis nach Anerkennung und Liebe, und genau das wünschen Sie sich von dieser Person. Aber vielleicht ist diese Person hart zu Ihnen oder behandelt Sie nicht so, wie Sie es sich vorstellen. Möglicherweise hat sie kaum Zeit für Sie und ist unruhig. Vielleicht kritisiert sie Sie oder lässt Sie ihre Interesselosigkeit spüren.

- *Was passiert mit Ihnen?*
- *Spüren Sie Schmerz, Wut oder andere aufbrechende Emotionen?*
- *Versuchen Sie, mit dieser Person zu sprechen und freundlich zu sein, um Ihre Liebe zu bekommen? Versuchen Sie, diese Person zufriedenzustellen?*
- *Oder ziehen Sie sich zurück?*
- *Unterdrücken Sie Ihre Wut und Ihre Enttäuschung?*
- *Oder streiten Sie mit dieser Person, weil Sie enttäuscht sind oder sich bedroht fühlen?*

Lassen Sie diese Fragen auf sich wirken und wenn Sie Ihre Antworten gefunden haben, schreiben Sie sie flüssig nieder. Nachdem Sie diese Konfrontation mit der Person erlebt haben, treten Sie nochmals aus Ihrer Grotte hinaus. Bleiben Sie einige Minuten dort. Draußen ist jetzt niemand. Dann gehen Sie wieder zurück in Ihre Grotte und spüren Sie, wie es Ihnen jetzt geht.

- *Hat Ihr geschützter Raum jetzt eine andere Wirkung auf Sie?*
- *Würden Sie wieder in die Außenwelt gehen?*
- *Vielleicht fühlen Sie sich verwirrt und wissen nicht genau, was Sie wollen?*

Nachdem Sie sich in die Situation hineingefühlt haben, gehen Sie wieder hinaus und treffen Sie die Person von vorhin ein weiteres Mal. Sie sind nun gleichwertig, gleich groß und gleich wichtig wie diese Person. Schauen Sie diesem Menschen in die Augen, atmen Sie tief durch und sagen Sie zu ihm: „Ich respektiere dich. Ich bin frei und gelassen und bleibe in meiner Energie, so wie du in deiner Energie bleiben darfst. Ich bin dir dankbar für meine Entwicklungsschritte, die ich durch die Begegnung mit dir machen durfte."

Führen Sie diese Übung ein Mal pro Monat, fünf Monate lang durch.

6. Kapitel

Heilung

des inneren Kindes"

… Miriana spielte lange mit den Kindern im Garten. Marina, die Schwester von Miriana, beobachtete die Szene und wurde innerlich immer unruhiger. In ihr stiegen Wut und Irritation hoch und sie schrie den Namen von Miriana laut heraus.

Marina warf Miriana vor, sie wolle immer die Beste und immer etwas Besonderes sein. Marina sagte zu ihrer Schwester, dass sie ihre Leichtigkeit und Fröhlichkeit nicht mehr ausstehen könne. Jedem würde sie von Herzen verzeihen. Immer wäre sie perfekt und jeder würde sie lieben, egal, wen sie kennenlernte. Alle wären immer von ihr begeistert. Marina konnte es nicht mehr ertragen, im Schatten ihrer Schwester zu stehen. Sie wollte immer so sein wie Miriana und deren Leben leben. Auch jetzt, als Miriana mit den Kindern spielte, sah Marina, dass diese von ihrer Tante begeistert waren und ihr fröhliche Gesichter und ein Lächeln zeigten, dass sie selbst nie von ihnen bekam, obwohl sie alles für sie tat. Sie hielt das nicht aus. Marina warf ihrer Schwester alles Mögliche vor, fühlte sich aber danach nicht frei, sondern traurig. Sie spürte, dass sie Schuldige für ihr Unglück suchte. Ihre Eltern, ihre Schwester und ihr Ex-Mann waren schuld an ihrem Unglück. Marina spürte an diesem Tag, dass sie etwas ändern wollte. Miriana kam zu ihr und umarmte sie. Sie sagte: „Alles, was du jetzt spürst und fühlst, habe ich schon hinter mir. Um uns selbst zu lieben und zu verändern, müssen wir den Mut haben, unsere Spielchen zu erkennen, damit wir aussteigen und frei sein können. Lass dir Zeit. Dein Leid und dein Schmerz sind der erste Schritt zur Veränderung."

Dann ging Miriana zum Auto, nahm das Buch, das die alte Dame vom Kaffeehaus ihr damals geschenkt hatte und das sie immer bei sich trug, und gab es ihrer Schwester. Marina las den Titel des Buches und gleich wurde ihr leichter. Sie dankte Miriana von Herzen. Es war das erste Mal, dass die beiden Schwestern Liebe füreinander empfanden, ohne an Wettbewerb oder Konkurrenz zu denken. Miriana redete mit ihrer Schwester und entspannte sich. Miriana hatte das Gefühl, durch die vielen Intuitionen und positiven Begegnungen der letzten zwei Jahre einen neuen Weg zur Freiheit gefunden zu haben. Sie spürte in sich die Liebe und eine tiefe Verbundenheit und Verständnis für die Worte und den Schmerz ihrer Schwester. Sie war ihr nicht böse, sondern froh, dass alte Belastungen hochgekommen waren und ihre Veränderung in Resonanz mit ihrer Familie ging. Sie wollte plötzlich alleine sein. Sie nahm die Autoschlüssel und fuhr wieder zum Fluss – wie am Vormittag ...

Die Welt des inneren Kindes entdecken

Die Begegnung mit dem inneren Kind gehört zu den schönsten Erlebnissen. Ereignisse aus der Kindheit prägen und beeinflussen unbewusst unser Verhalten und unsere Weltanschauung. Mit der Befreiung des inneren Kindes wird auch ein Teil unserer Persönlichkeit mit befreit.

Das innere Kind lebt in jedem von uns. Es ist unser authentisches und spontanes „Ich", unsere kreative und vitale Persönlichkeit. Deren freier und harmonischer Ausdruck befreit uns von festgefahrenen Mustern der Vergangenheit. Ein tieferes Selbstbewusstsein erlaubt uns, diese Muster zu verstehen und sie zu durchbrechen. In der Arbeit mit dem inneren Kind erkennen wir, welche Denk- und Glaubensmuster in uns vorhanden sind, und lernen unbewusste Persönlichkeitsanteile kennen.

Mittel zum Verständnis sind der Körper und die Wahrnehmung der eigenen Gefühlswelt. Sie zeigen uns die richtige seelische Spur, der wir folgen können, um uns von diesen alten Lasten zu befreien. Uns selbst zu spüren und mit der eigenen Beweglichkeit spielerisch zu experimentieren, bringt uns zur ursprünglichen inneren Freiheit und Lebensfreude der Kindheit zurück.

Als Kind geht man durchs Leben, unbeschwert und neugierig, voller Kraft und Mut. Kinderaugen schauen groß und lassen sich in jedem Augenblick vom Leben überraschen. Durch die Integration des inneren Kindes lassen wir alte Verletzungen aus der Kindheit leichter los und erleben mehr Kreativität, Lebensfreude und Vitalität.

Heilungsritual unseres „inneren Kindes"

Um unser inneres Kind zu heilen, ist es wichtig, dass wir die Verantwortung für dieses übernehmen und dass wir für uns selbst Vater und Mutter sind – dass wir liebevolle und motivierende Eltern unseres Kindes werden. In jedem/jeder von uns gibt es drei Persönlichkeitsanteile. Es gibt unseren Mann, der den logischen Verstand repräsentiert und unseren konkreten Zugang darstellt, damit wir unsere Probleme bewältigen. Dieser Teil von uns organisiert, trifft Entscheidungen und plant die Verwirklichung von Visionen und Zielen. In diesem Teil von uns spüren wir Mut und Kraft, etwas zu initiieren und mit Begeisterung zu verwirklichen. In uns gibt es auch eine innere Frau, die unsere Sensibilität und die Fähigkeit, anzunehmen, zu spüren, Zärtlichkeit und Liebe zum Ausdruck zu bringen, in sich trägt. Sie schafft Vertrauen, Herzlichkeit, Ruhe, Schönheit und Poesie in uns. Das innere Kind in uns ist oft in Not. Seine Neugier und Offenheit und die Fähigkeit, Staunen ins Leben zu rufen, lässt uns heilen. Das ist das, was wir brauchen. Das Kind ist unser spontanes ICH. Es will lächeln, erfahren, spielen, lernen. Es lebt in der Gegenwart, ohne sich Sorgen um die Vergangenheit oder Zukunft zu machen. Es ist Ausdruck unseres inneren Glücks.

Viele von uns verdrängen die innere Frau und sind nur im Tun und Funktionieren. Viele verdrängen den inneren Mann und werden Opfer des Lebens, weil sie die eigene Energie nicht bündeln können und die eigenen Bedürfnisse nicht spüren. Das kleine Kind findet oft nicht den Weg zu Fröhlichkeit, Spontanität und Lebenskraft, weil alte Verletzungen noch zu heilen sind. Diese drei Aspekte ins Gleichgewicht zu bringen erlaubt uns, frei zu sein und den ersten Schritt zur Heilung zu beginnen.

Der erste Schritt ist, Versöhnung mit unserem inneren Mann zu finden. Wir müssen Frieden schließen mit dem autoritären Teil, mit dem Eltern-Ich, das unserem Vater entspricht. Dann können wir unserem männlichen Teil Raum geben und unsere Wut leben. Dadurch werden wir offener und bereit, Risiken einzugehen, um freier zu sein. Wir sind in der Lage, Entscheidungen zu treffen. Wir werden aktiver, sind im Fluss mit dem Leben, vertrauen unserer Intuition und sind bereit, diese anzuwenden. Wir bleiben nicht gefesselt an unsere Vergangenheit. Am Anfang ist der Tanz zwischen Mann und Frau in uns vielleicht etwas holprig, im Laufe der Zeit finden wir jedoch unseren eigenen Rhythmus und können zwischen diesen beiden Polaritäten mit Leichtigkeit und Freude wechseln. Wenn wir mit unserer inneren Frau Frieden schließen wollen, ist es bedeutsam, das Bild unserer Mutter zu akzeptieren und Frieden mit ihr zu schließen. Wir sollten auf unsere Gefühle hören, uns Zeit der Ruhe und Regeneration gönnen, uns öffnen und unsere Verletzbarkeit sowie unsere Bedürfnisse zeigen. Wir sollten Hilfe von anderen annehmen sowie auch deren Schutz und Liebe. Es geht auch darum, das alles zu äußern und zuzugeben.

Für unsere innere Frau ist wichtig, dass wir lernen, unsere Gefühle zu äußern, lernen, den anderen mitzuteilen, dass wir sie lieben und brauchen, und ihnen zu sagen, was uns belastet. Durch die Hilfe des inneren Mannes finden wir die Möglichkeiten, unsere Bedürfnisse zu verwirklichen und letztendlich für andere da zu sein, indem wir den Glaubenssatz entwickeln, dass es uns gut gehen darf, dass wir das Recht haben, glücklich zu sein.

Unser inneres Kind braucht es, dass wir uns um es kümmern, es unterstützen und motivieren, anerkennen und die Verantwortung für es von den Eltern übernehmen. Es würde leiden, wenn es glaubte, nicht gut genug zu sein oder nicht geliebt zu werden. Die folgenden Übungen befähigen uns, Schritt für Schritt das innere Kind zu heilen. Dadurch spüren wir unsere Spontanität und Lebenskraft, nehmen unsere Intuition wahr und leben bewusster.

Übung: Neuinterpretation unserer Kindheit

Nehmen Sie sich drei bis vier Tage Zeit für diese Übung. Am **ersten Tag** gönnen Sie sich eine Stunde Zeit und Ruhe, ferner suchen Sie einige Fotos aus Ihrer Kindheit, auf denen Sie als Baby, als kleines Kind im Alter von drei Jahren, mit neun, mit zwölf und fünfzehn, bis zur Pubertät, zu sehen sind. Sollten Sie keine Fotos haben, suchen Sie welche aus Zeitschriften oder aus dem Internet, die Sie an Ihre Kindheit erinnern. Machen Sie eine Collage, die Sie jeden Tag be-

trachten, um das Kind zu beobachten und es zu fragen, wie es ihm geht und was es braucht. Fragen Sie es, was es heute braucht, damit es ihm gut geht. Fragen Sie es, was es gerne tun würde, was ihm gefiele. Wenn alte, belastende Gefühle wie Leere oder Einsamkeit oder Unaufmerksamkeit hochkommen, versuchen Sie, Ihrem inneren Kind zu geben, was es braucht, um diese Gefühle auszugleichen.

Am **zweiten Tag** nehmen Sie sich eine halbe Stunde Zeit und setzen Sie sich Ihrer Collage gegenüber. Beantworten Sie im Fluss folgende zwei Fragen: „Was braucht mein inneres Kind, um geliebt zu werden? Was hätte es gerne von den Eltern bekommen?" Anschließend schauen Sie die Bilder an, drücken Sie Dankbarkeit aus, loben Sie das innere Kind und erklären Sie ihm, dass es ein einzigartiges Lebewesen sei und niemand es einschränken dürfe. Sie übernehmen für es die Verantwortung und es darf in diesem Augenblick sein Leben ändern. Schließen Sie Ihre Augen und spüren Sie, wie Sie dieses Kind umarmen.

Am **dritten Tag** spüren Sie Ihr inneres Kind. Nehmen Sie die Collage und platzieren Sie neben Ihr inneres Kind auch die inneren Kinder Ihrer Eltern. Vielleicht haben Sie Fotos von ihnen als Kind oder schreiben Sie die Namen Ihrer Eltern neben Ihr Kind. Versuchen Sie, sich in die inneren Kinder Ihrer Eltern einzufühlen, sich in deren Lage zu versetzen. Welche Gefühle hatte das Kind Ihrer Mutter, das Ihres Vaters? Nehmen Sie diese Gefühle wahr und lassen Sie sie wirken. Schreiben Sie sie auf. Am Ende visualisieren Sie, wie die Kinder miteinander spielen, und umarmen Sie die inneren Kinder Ihrer Eltern. Verabschieden Sie sich nun von jedem und sagen Sie: „Ich akzeptiere dich, wie du bist, ich lasse dich los. Ich weiß, dass du alles für mich getan hast, was du konntest." Bleiben Sie dann bei dem erwachsenen Kind und sagen Sie ihm, wie sehr Sie es lieben.

Am **vierten Tag** nehmen Sie die Collage und schreiben Sie einen kurzen Brief an Ihre Eltern. Schreiben Sie, dass Sie bereit sind, die Verantwortung für Ihr inneres Kind zu übernehmen, und alles, was Ihnen noch einfällt. Verbrennen Sie dann den Brief und verstreuen

Sie die Asche einige Tage später auf einer schönen Wiese. Sprechen Sie jetzt mit Ihrem inneren Kind. Erinnern Sie es daran, dass es seine Bedürfnisse äußern dürfe und dass es auf andere Rücksicht nehmen möge. Fragen Sie es, was es braucht bzw. die anderen von ihm brauchen. Erinnern Sie es daran, die anderen zu respektieren, flexibel zu sein und immer bereit zur Veränderung, so wie das Leben es von uns verlangt. Umarmen Sie das Kind in Ihrer Vorstellung und spüren Sie, wie es aus reinem Licht besteht und dazu wird. Anschließend fließt das Licht in Ihr Herz und von dort in den gesamten Körper, bis in die Finger- und Zehenspitzen und in den Kopf.

Übung: Die Erziehung meines neuen, geheilten „inneren Kindes“

Die folgenden Aspekte sind wesentlich, um herauszufinden, was Ihr inneres Kind braucht und wie Sie es erziehen können. Spüren Sie, welche Gefühle die folgenden Affirmationen bei Ihnen auslösen, und lassen Sie sie wirken. Sie können eine Affirmation pro Woche verwenden oder alle herausschreiben, bei sich tragen und immer wieder durchlesen.

- *Ich entscheide mich für mich und dich.*
- *Ich kümmere mich liebevoll um mich.*
- *Ich schätze mich und behandle mich gut. Es darf mir gut gehen.*
- *Ich respektiere mich und die anderen.*
- *Alle behandeln mich mit Respekt.*
- *Ich lasse mich jetzt zu und bin bereit, meine Bedürfnisse zu äußern.*

- *Ich drücke meine Gefühle aus.*
- *Ich setze klare Grenzen.*
- *Ich befreie mich von Scham und Schuldgefühlen.*
- *Ich befreie mich von der Opferrolle.*
- *Ich bin frei und respektiere die Freiheit der anderen.*
- *Ich genieße das Leben und habe die Zeit dafür.*
- *In mir habe ich einen Vater und eine Mutter, die mich lieben, annehmen und führen.*
- *Ich nehme mir die Zeit für meine Entwicklungsschritte.*
- *Ich erfahre das Glück des Lebens jeden Tag neu.*
- *Ich bin liebenswert, so wie ich bin.*

Übung: Affirmationen

Durch Affirmationen ist es möglich, das Unterbewusste zu überzeugen und positive, förderliche Kräfte in uns zu aktivieren. Das Geheimnis ist, eine Wortfolge zu formulieren, die präzise ausdrückt, was wir unserem Unterbewusstsein mitteilen wollen. Besonders wirksam sind Affirmationen in Versform – deshalb hat alle Poesie (Balladen, Gedichte ...) direkten Zugang zu unserem Unterbewusstsein. Affirmationen werden so formuliert, als hätten Sie Ihr Ziel bereits erreicht.

Wiederholen Sie Ihre Affirmation zwanzig Mal, bevor Sie schlafen gehen, und ebenso oft, nachdem Sie morgens erwacht sind. Nach einer Woche wird Ihr Unterbewusstsein diesen Gedanken selbstständig wiederholen. Es ist jetzt nicht mehr nötig, die Affirmationen zu wiederholen.

Mit diesem Vorgehen können Sie Ihr Leben mit Freude erfüllen und Ihnen viel Spannung, Schmerz, Zweifel und Scham ersparen. Wenn der Geist bewusst einen Gedanken oder ein Bild wiederholt, wird das Unterbewusstsein dies übernehmen und für immer wiederholen. Es ist dann nur eine Frage der Zeit, bis der Körper sich an die „ätherische Matrize" angleicht.

Nachdem Sie die vorangegangene Übung beendet haben, empfehlen wir Ihnen, mit Affirmationen zu arbeiten. Verwenden Sie dazu Ihre neuen, positiven Glaubenssätze aus der Übung oder arbeiten Sie mit den folgenden Affirmationen:

- *Ich ruhe friedlich in meiner Mitte.*
- *Ich bin stabil und ausgeglichen.*

- *Ich bin geborgen in meiner Kraft!*
- *Ich erfahre das Glück einer erfüllenden Partnerschaft!*

Wählen Sie eine Affirmation pro Woche und wiederholen Sie den Satz mehrmals am Tag, jeweils mindestens zwanzig Mal. Die wirkungsvollsten Zeiten, um Affirmationen auszusprechen, sind nach dem Aufwachen und vor dem Einschlafen.

Übung: Foto des glücklichen Kindes

Wählen Sie ein Foto von sich aus der frühen Kindheit aus, auf dem Sie glücklich sind und möglichst viel Kraft und Lebensfreude ausstrahlen. Wenn es kein Foto gibt, dann nehmen Sie als Symbol das Foto eines Kindes, das Sie anspricht. Stellen Sie es gut sichtbar in Ihrer Wohnung (an Ihrem Arbeitsplatz) auf. Betrachten Sie es jeden Tag mehrmals und stellen Sie ihm die Frage: „Was brauchst du, damit es dir gut geht?" Nehmen Sie die Bedürfnisse Ihres inneren Kindes

wahr. Schreiben Sie diese auf und versuchen Sie, sie zu verwirklichen. Führen Sie diesen Prozess mindestens zwei Monate lang durch.

Übung: Brief an das „innere Kind“

Schreiben Sie vier bis sechs Wochen lang jede Woche einen Brief an Ihr inneres Kind. Drücken Sie Ihre Gefühle aus, Ihre Bedürfnisse. Sprechen Sie mit dem inneren Kind, trösten Sie es, motivieren Sie es und sich selbst. Verbrennen Sie dann den Brief und verstreuen Sie die Asche auf einer Wiese.

Ein Beispiel für einen Brief an das „innere Kind“:

Liebes inneres Kind,
ich wünsche mir, dass Du zur Ruhe kommst, dass Du den richtigen Weg gehst, dass Du Dich von Deinen Glaubenssätzen befreien kannst und dass Du im Jetzt lebst und glücklich bist.

Meine Wünsche sind,

- *jeden Tag genießen zu können,*
- *die Schönheit der Natur zu sehen und nicht im hektischen Alltag unterzugehen,*
- *unbeschwert und ausgelassen den Tag zu genießen,*
- *mich nicht durch Kleinigkeiten aus der Ruhe bringen zu lassen,*
- *aber auch stark genug zu sein, um wirklich zu bestehen.*

Ich wünsche mir auch, dass Du, mein inneres Kind, geliebt und akzeptiert wirst und auch Liebe schenken kannst.

Übung: Briefe an den „inneren Mann“ und die „innere Frau“

Schreiben Sie jeweils einen Brief an Ihren „inneren Mann“ und Ihre „innere Frau“. Drücken Sie Ihre Gefühle und Ihre Bedürfnisse aus. Teilen Sie ihnen Ihre Absicht mit, von nun an die jeweiligen Qualitäten des „inneren Mannes“ und der „inneren Frau“ bewusster leben zu wollen. Sprechen Sie mit ihnen und laden Sie sie aktiv in Ihr Leben ein. Verbrennen Sie dann die Briefe und verstreuen Sie die Asche auf einer Wiese.

Ein Beispiel für einen Brief an den „inneren Mann“:

Lieber innerer Mann,
schon lange beachtest Du mich mit Deiner Kraft und Dynamik, Deiner Stärke und Entschlossenheit, Deiner Aktivität und Zielstrebigkeit und ich schätze besonders Deine Klarheit und Struktur. Dein logisches Denken und dass es Dir gelingt, viele Dinge direkt umzusetzen und ins Leben zu bringen. Dies hast Du bisher oft in aggressiver und hitziger Weise ausgeführt – doch das sollte nun der Vergangenheit angehören! Du kannst Dir endlich erlauben, entspannter und ruhiger an die Dinge heranzugehen, denn Deine Ausdauer und Hartnäckigkeit ersetzen nun die kämpferische Art der jugendlichen Heißsporns und können sich nun reifer ausdrücken.

Du wirst erkennen, dass die neu gewonnene Besonnenheit, Lockerheit und Ruhe Dich von nun an noch rascher voranbringen werden, dazu braucht es den Druck und den Kampf, den Du Dir selbst gemacht hast, nicht mehr. Es kann in ein ruhiges Fließen im Strom des Lebens übergehen.

So begrüße ich die neuen Qualitäten an Dir sehr, sehr herzlich!
Sei umarmt, ich fühle mich reich beschenkt!
Alles Liebe …

Ein Beispiel für einen Brief an die „innere Frau“:

Liebe innere Frau,
sei herzlich willkommen in meinem Leben! So viele Jahre meiner Reise auf diesem Planeten habe ich Dich nicht beachtet und wahrgenommen. Nun aber freue ich mich sehr, dass ich Deine wunderbaren Qualitäten endlich bewusst wahrnehmen und leben darf! Deine wunderbare Sanftmut und Güte, Deine Hingabefähigkeit, Dein Mitgefühl und Dein Einfühlungsvermögen, Deine Intuition, Deine anmutige Eleganz und Schönheit, Dein einfaches „Annehmen“-Können und Deine sanfte und wilde Leidenschaft gleichermaßen – all dies kann und darf jetzt gelebt werden. Auch mit Besonnenheit und Umsicht zu handeln, abzuwarten und sich in das Notwendige zu fügen, wird eine Bereicherung in meinem ganzen Leben sein.

Ich spüre schon, wie Deine strahlende Herzenswärme und die Kraft Deiner Weiblichkeit (nährend, stützend, mütterlich) mein ganzes Wesen auf eine neue, sehr belebende Art durchströmt und jede meiner Zellen sich nunmehr ganz anfühlt.

Sei noch einmal herzlich umarmt und willkommen, mein Leben zu erweitern und zu vervollständigen!
Herzlichst …

Übung: Die „innere Frau“, den „inneren Mann“ und das „innere Kind“ verbinden

Nehmen Sie sich für diese Übung zwei Stunden Zeit und gönnen Sie sich Ruhe. Schreiben Sie gemäß den vorhergehenden Beispielen einen Brief an das innere Kind, an den inneren Mann und an die innere Frau. Sie können einige Tage oder Wochen für diesen Prozess einplanen, aber auch alles an einem Tag erledigen. Wenn Sie die Briefe geschrieben haben, lesen Sie sie vor und verbrennen Sie sie. Während die Asche vor Ihnen in einer Schüssel liegt, visualisieren Sie sich auf einer Wiese und neben sich Ihren starken, klaren inneren Mann, eine sinnliche, intuitive, strahlende innere Frau und ein spontanes, glückliches, fröhliches, neugieriges inneres Kind. Ihr reicht euch die Hände und dieser Kreis von Menschen wird immer glücklicher und freier. Spüren Sie, wie ihr so ineinander verschmilzt, dass diese drei Anteile in Ihnen, in Ihrem Körper, in Ihrer Psyche bequem

Platz finden und in Ihnen leben dürfen. Diese drei Wesen werden zu Licht und fließen als Licht in Ihr Herz. Legen Sie jetzt Ihre Hände auf Ihr Herz und sagen Sie zu sich: „Ich bin bereit, meinen inneren Mann, meine innere Frau, mein inneres Kind anzunehmen." Versuchen Sie ab jetzt auf Ihre Bedürfnisse zu hören und in diese Aspekte Ihrer Persönlichkeit zu integrieren.

Übung: Versöhnungsritual mit den Eltern

Schreiben Sie beiden Eltern jeweils einen Brief. Beginnen Sie mit der Mutter oder dem Vater. Beginnen Sie den Brief und lassen Sie ihn zwei Wochen lang liegen. Ergänzen und verbessern Sie ihn während dieser zwei Wochen täglich. Schließen Sie nach zwei Wochen den ersten Brief ab und beginnen Sie mit dem zweiten Brief – nun an den anderen Elternteil. Ergänzen Sie auch diesen Brief im Laufe von zwei Wochen.

Bedanken Sie sich in diesen Briefen, drücken Sie Ihre Gefühle aus, angenehme und unangenehme – bleiben Sie dabei stets respektvoll. Formulieren Sie am Ende beider Briefe: „Ich lasse dich los und trage selbst die Verantwortung für mein inneres Kind. Ich bleibe in meiner Energie und lebe in meiner Kraft."

Verbrennen Sie am Ende beide Briefe gemeinsam und werfen Sie die Asche in einen Fluss.

7. Kapitel

„Intuitionstraining“

… Miriana kam am späteren Nachmittag wieder zum Fluss. Sie war entspannt und noch berührt von der Begegnung mit ihrer Schwester. Sie hatte ein Foto mitgenommen. Darauf war Marina als Dreijährige und die gesamte Familie abgebildet – die Eltern hinten und vorne der Hund mit den zwei Kindern. Miriana war auf dem Foto knapp ein Jahr alt. Sie konnte noch nicht einmal gehen. Miriana strahlte auf dem Foto und Marina weinte. Es war ein Drehbuch, das das Leben bis zum jetzigen Tag weitergespielt hatte. Miriana nahm das Foto und, wie sie es jeden Tag in den letzten beiden Jahren gemacht hatte, schloss sie die Augen und in ihrer Vorstellungskraft umarmte sie fest das innere Kind und sagte zur kleinen Miriana: „Ich liebe dich und nehme dich an, so wie du bist.“

Sie spürte, wie diese heilenden Worte die Verkrampfung im Herzen lösten, wie die Entspannung einsetzte und die Versöhnung mit der Vergangenheit, mit der Gegenwart, mit dem Ort ihrer Kindheit stattfand und sie noch jetzt im Herzen berührte. Heute, nach diesem bewegenden Gespräch mit ihrer Schwester, war Miriana ein Stück freier und auf dem Weg zur emotionalen Selbstständigkeit.

Mit einigen agilen Schritten gelangte sie zum Ufer des Flusses und kletterte wieder auf den Felsen. Sie lehnte sich zurück und ließ sich von der Wärme des Steines verwöhnen. Im Hintergrund vernahm sie die Melodie des Wassers und spürte die sanfte Wärme des Sonnenunterganges im Gesicht.

Miriana hatte im Laufe der Zeit gelernt, ihrer Intuition zu vertrauen. Sie lag entspannt auf dem Stein und plötzlich tauchten alte Erinnerungen auf. Sie erinnerte sich, dass sie die wichtigsten Entscheidungen ihres Lebens getroffen hatte, indem sie sich auf ihre Intuition verließ. Vor fünf Jahren war sie das erste Mal zu einem Vortrag über Intuition gegangen. Alles, was die Vortragende ihr sagte, war ihr bewusst und klar, aber sie hatte nicht den Mut und die Klarheit, dieser Intuition zu folgen. Die Sicherheit des Intellektes und die logische Schlussfolgerung schienen ihr damals der einzige Weg zu sein, sichere Entscheidungen zu treffen und eventuelle Risiken zu vermeiden.

Sie hatte begonnen, ihre Intuition zu trainieren, indem sie sich auf die Fragen, die sie beschäftigten, konzentrierte. Im Sommer vor zwei Jahren hatte sie in einem Buch einen Spruch gelesen, den sie seither immer bei sich trug: „Wenn du die Frage, die dein Leben jetzt prägt, kennst, dann bist du am richtigen Weg und die Antwort liegt vor dir." Dieser Spruch hatte in Miriana ihre innere Weisheit geweckt. Seit dem Tag, als sie ihn gelesen hatte, fand sie einmal in der Woche und in stressfreien Zeiten sogar einmal am Tag die Zeit, sich hinzusetzen und die wichtigsten Fragen, die sie beschäftigten oder die ihren weiteren Weg bestimmen konnten, aufzuschreiben. Diese Fragen zu spüren erlaubte ihr, sich mit der Weisheit des Bauchgefühls zu verbinden. Oft kamen die Antworten plötzlich und ungewollt.

Sie erinnerte sich an den Tag, an dem sie ihren neuen Partner, ihren jetzigen Mann, kennen lernte. Noch eine Woche vor diesem Tag hatte sie einen Traum gehabt, in dem jemand sie von hinten umarmte und zu ihr sagte: „Ich gehe mit dir meinen Lebensweg. Du bist für mich bestimmt. Jetzt bin ich frei und unsere Wege dürfen sich kreuzen." Sie wachte mit einem positiven inneren Gefühl auf und war sehr bewegt von dem Traum. Sie dachte, dass dieser bedeuten würde, mehr Vertrauen entwickeln zu müssen und das Gefühl zu entwickeln, vom Leben getragen zu sein. Es war eine sehr schwierige Zeit für sie gewesen, genau vor eineinhalb Jahren, als sie sich selbstständig gemacht hatte mit ihrer Arbeit und sie sehr traurig war, weil nach der Trennung von ihrem letzten Mann viele Freunde ihr die kalte Schulter gezeigt hatten. Sie konnten ihre Entscheidung, einen neuen Weg zu gehen, nicht verstehen. Viele Leute von damals, so erinnerte sie sich, hatten plötzlich „komisch" auf ihre Veränderung reagiert und wollten von einer neuen, freien Miriana nichts wissen. Viele hatten ihr vorgeworfen, dass sie sich verändern und alltägliche Dinge nicht mehr ertragen würde und sie es nicht einsehen könnten, dass sie wegen ihrer Veränderung so ein „Theater" machen müsste. Viele dieser Leute suchten jetzt Mirianas Hilfe, weil sie sich selbst eine Veränderung wünschten und aus eigener Kraft die notwendigen Schritte nicht gehen konnten.

Miriana erinnerte sich, dass sie sich eine Woche nach dem Traum sehr entspannt gefühlt hatte. Sie war auch mit ihrem Körper sehr zufrieden, weil sie einige Kilos abgenommen hatte. Eine Freundin rief sie an und schlug ihr vor, in die Stadt zu gehen, um einen Aperitif zu trinken. Ihre Intuition sagte ihr, dass sie trotz ihrer Müdigkeit gehen sollte. Sie machte das und fühlte sich frei und glücklich.

Die beiden Freundinnen gingen in die Stadt und saßen draußen in einem Gastgarten. Es gab wenig freie Tische und zwei nette Männer fragten die beiden, ob sie sich dazusetzen dürften. So traf Miriana den Mann ihrer Träume, der für sie bestimmt war und den sie drei Monate später heiratete.

Sie fühlte sich frei und mit dieser Erinnerung an ihre Intuition und an die Tatsache, dass die Intuition ihr Leben in eine glückliche Richtung gelenkt hatte, fühlte sie sich voller Dankbarkeit im Herzen. Sie war auch dem Schmerz, der sie jahrelang begleitet hatte und der Motor für ihre Veränderung gewesen war, dankbar …

Eine erfolgreiche Intuition entwickeln

In diesem Teil des Buches werden wir eine Reise auf dem Weg zu einer gelassenen und erfolgreichen Intuition entwickeln. Die Intuition begleitet uns seit den ersten Atemzügen in diesem Leben und durch sie ist es uns möglich, über ein uneingeschränktes Wissen zu verfügen. Durch dieses Wissen bekommen wir die richtigen Informationen, die uns befähigen, bewusst durch das Leben zu gehen.

Die Intuition zeigt sich als wesentlicher und wertvoller Kompass für unser Leben und für eine erfolgreiche Lebensführung. Sie erlaubt es, dass wir uns selbst treu sind, frei und authentisch wirken und dass wir spüren, was wir brauchen. Die Intuition erlaubt uns auch, einen Prozess zu beginnen, den wir als Co-Kreation der Realität definieren können.

Wenn wir intuitiv unterwegs sind, vermögen wir durch die richtige mentale Einstellung die Umstände unseres Lebens zu prägen, damit wir die Ziele und Bedürfnisse unseres Lebens bewusster und fokussierter spüren und gestalten. Die Intuition funktioniert wie eine Selbstregulation, die in jedem/jeder von uns gespeichert ist. Auf der körperlichen Ebene erscheint sie uns als ein Gefühl, das nicht zu erklären ist. Ein Bauchgefühl, das uns zeigt, dass etwas „richtig" ist. Wir wissen nicht warum, aber wir wissen, dass es so ist, wie wir es spüren. Wir spüren die Intuition körperlich wie ein Gefühl der Geborgenheit, ein warmes Gefühl des Herzens, ein gutes Bauchgefühl. Auf der intellektuellen Ebene offenbart sich uns die Intuition in der Fähigkeit, plötzlich Informationen zu haben, die kurz davor nicht zur Verfügung standen.

Die Intuition gibt uns die Möglichkeit, „etwas" zu wissen und zu erfahren, das uns bewusst nicht geläufig oder bekannt ist. Je offener und achtsamer wir sind, umso mehr ist die Anwesenheit der Intuition in unserem Leben zu spüren. Die Verbindung mit unserem Umfeld, unsere Offenheit, unsere Aufmerksamkeit und die klare Absicht, die tiefere Bedeutung der Ereignisse des Lebens zu spüren, dies alles erlaubt uns, intuitiver zu werden und intuitiv unser Leben zu gestalten.

Einige entscheidende Voraussetzungen sind notwendig, um unsere Intuition klar spüren zu können. In erster Linie nehmen wir durch unsere Intuition an einem Prozess der Co-Kreation der Realität teil. Eine gesunde Intuition braucht eine klare und aufmerksame mentale Kraft. Ein wichtiger Aspekt ist auch die Auflösung der Hindernisse auf dem Weg zu unserer Intuition: die Angst vor der Leere, wenn wir diesen Weg der Veränderung beginnen, oder das Gefühl, mit zu vielen Hindernissen auf dem Weg fertig werden zu müssen. Bedeutsam ist auch eine bewusste Integration unserer Schatten. Diese Voraussetzungen und einige einfache Übungen, die uns in die Lage versetzen, im Hier und Jetzt unsere Intuition zu entwickeln, sind die wertvollen Unterstützungen (Hilfsmittel), um dieses Gefühl der Authentizität und des Intuitivseins jederzeit mit Gelassenheit leben zu können.

Die Absicht, intuitiv zu sein

Unsere Intuition zu spüren bedeutet eine wesentliche Veränderung in unserem Alltag und in unserer Persönlichkeit. Wir werden gelassener, entspannter, haben mehr Vertrauen ins Leben und sind viel bereiter, Entscheidungen, die wir getroffen haben, zu ändern und Wege neu zu gestalten, um unsere Projekte und Ziele in unserem Leben zu verwirklichen.

Wenn wir die Intuition entwickeln wollen, bedeutet dies in erster Linie, dass wir die Absicht äußern, intuitiv zu sein. Alles, worauf wir unsere Aufmerksamkeit konzentrieren, wird Realität. In dem Augenblick, wenn wir bewusst unsere Absicht äußern, starten wir, bewusst und mit voller Kraft, einen Prozess der Co-Kreation der Realität. In diesem Prozess sind wir nicht lediglich Opfer der Realität und den Gesetzen des Schicksals ausgeliefert. Vielmehr sind wir aktive Schauspieler unseres Schicksals. Wir sind in der Lage, unser Schicksal zu bestimmen und bewusst zu gestalten. Die Absicht zu äußern führt uns zu Freiheit und Gelassenheit und bringt uns das Vertrauen, dass wir auf dem richtigen Weg sind.

In allem, was wir im Leben tun, ist es entscheidend, eine klare Absicht zu äußern, vor jeder Handlung, die wir vorhaben. Wenn wir den Weg gehen, der in diesem Buch beschrieben ist, dann ist es eindeutig unsere Absicht, unsere Intuition zu entwickeln. Die Absicht, die uns begleitet auf dem Weg der Entwicklung der Intuition, ist eine Einstellung der inneren Offenheit und des Gefühls, das Leben sei ein Abenteuer. Wenn wir intuitiv sind, wie wir es von Natur aus schon immer waren, wenn wir diese Intuition erleben wollen, bedeutet dies, dass wir offen sind für alle Möglichkeiten, die das Leben uns bietet und schenkt. Wenn wir die Absicht manifestieren, intuitiv zu leben, und uns wünschen, den nächsten Schritt zu setzen, wollen wir uns von unserer Intuition überraschen und führen lassen, und das im vollen Vertrauen auf diesem Weg zum nächsten Schritt.

Äußern wir die Absicht, intuitiv zu sein, bedeutet das auch eine tiefe Veränderung in unserem Sein. Durch diese Absicht entstehen grundsätzlich drei tiefe Veränderungen, die uns bevorstehen: In erster Linie die Fähigkeit, etwas zu wollen und gleichzeitig loszulassen. Sehr oft nehmen wir uns etwas vor und es läuft nicht, wie wir es uns vorgestellt haben. Aber im Nachhinein betrachtet ist das, was das Leben für uns reserviert hat, viel hilfreicher, als unsere ursprüngliche Vorstellung es war.

Die zweite Veränderung ist die Fähigkeit, dass wir lernen, mit der inneren Stille umzugehen und diese innere Stille zu suchen. Es geht darum, unseren Rhythmus langsam werden zu lassen und Zeit für diese innere Stille zu finden.

Die dritte Veränderung ist, die Fähigkeit zu entwickeln, dass wir aufmerksamer, entspannter und gelassener werden, ohne die Angst, etwas zu versäumen, und ohne das Gefühl, nicht gut genug oder nicht produktiv genug zu sein.

Übung: Klare Absichten äußern

In dieser Übung geht es darum, die richtige Absicht zu äußern und die Verbindung mit der Absicht zu halten. Nehmen Sie sich eine halbe Stunde Zeit und begeben Sie sich in einen stillen Raum, wo absolute Ruhe herrscht.

Formulieren Sie jetzt Ihre Absicht spontan und intuitiv, wie es Ihnen in den Sinn kommt. Fragen Sie sich, ob Sie daran glauben, in der Lage zu sein, diese Absicht zu verwirklichen. Jetzt legen Sie sich hin oder lehnen Sie sich an, schließen Sie die Augen und lassen Sie eine Viertelstunde lang Ihre Seele baumeln und Ihre Gedanken vorbeiziehen. Machen Sie die Augen wieder auf. Lesen Sie Ihre Absicht, formulieren Sie diese neu und schreiben Sie sie auf einen bunten Zettel. Jeden Tag nach dem Aufwachen und vor dem Einschlafen lesen Sie Ihre Absichtserklärung auf diesem bunten Zettel durch. Denken Sie auch während des Tages daran und begleiten Sie so die Er-

klärung mit positiven Gedanken. Auf diese Art und Weise können Sie in Ihrem eigenen Energiefeld Ihre Absicht speichern.

Die Klarheit Ihrer Absicht wird durch das positive Denken verstärkt. Sie werden aufmerksam auf Parallelitäten und auf Zufälle, die Sie bei der Verwirklichung Ihrer Absicht begleiten werden. Fragen Sie sich nicht: „Wie werde ich es schaffen?" Bleiben Sie in der Gegenwart verankert und fokussieren Sie, was jetzt passiert. Das ist das Einzige, das real ist. Vermeiden Sie es, ein Problem zu polarisieren. Denken Sie nicht daran, was dafür oder dagegen spricht. Formulieren Sie Ihre Absichten klar und lassen Sie sich vom Leben überraschen.

Übung: Die Absichten hinter meinen Handlungen

Überprüfen Sie Ihre Beweggründe im Laufe des Tages. Wiederholen Sie diese Übung vier oder fünf Mal jeden zweiten Tag innerhalb von zwei Wochen.

Am Abend nehmen Sie sich eine halbe Stunde Zeit, setzen Sie sich bequem hin, atmen Sie tief durch und beantworten Sie folgende Fragen:

- *Welche wichtigen Handlungen haben Sie an diesem Tag durchgeführt? Schreiben Sie eine kurze Liste.*
- *Welche Absichten waren hinter diesen Handlungen? Wollten Sie einen guten Eindruck hinterlassen? Wollten Sie verlässlich wirken? Wollten Sie freundlich sein? Wollten Sie kompetent oder glücklich wirken? Oder wollten Sie einfach nur „das Richtige" tun? Sehr oft sind unsere Beweggründe, wenn wir aktiv werden, nicht im Einklang mit unserer Authentizität.*

Beantworten Sie diese Fragen für jede der Handlungen, die Sie im Laufe des Tages durchgeführt haben, und lassen Sie die Antworten stehen:

- *Wie offen bin ich gegenüber anderen Menschen? Akzeptiere ich das, was andere mir sagen, oder ziehe ich mich zurück, ohne wirklich zuzuhören? Höre ich wirklich zu?*
- *Wenn man mich kritisiert, stelle ich die Kritik in Frage bzw. die Quelle der Kritik?*
- *Höre ich auf meine Intuition? Lasse ich zu, dass die Botschaft meine Intuition und mein Leben bestimmt?*
- *Wie viel Vertrauen habe ich in das Leben?*

Die Absicht spüren und gleichzeitig loslassen

Wesentlich ist, dass wir uns auf unsere Absichten konzentrieren und nicht den Prozess von Umsetzung und Verwirklichung der Absicht kontrollieren wollen. Wir sollten die Entwicklung und die Manifestation unserer Absicht loslassen und stattdessen in die Beobachterrolle gehen. Das Loslassen ist ein überaus bedeutender Teil des Prozesses. Oftmals führen wir das Loslassen unserer Absichten bewusst durch. Doch manchmal werden wir auch dazu gezwungen – vor allem in Momenten, in denen wir bemerken, dass unsere Verbissenheit und unsere innere Anspannung nicht der Erreichung unserer Wünsche und Bedürfnisse dienen.

Wir sollten unsere Absichten klären und formulieren. Außerdem sollten wir uns Zeit lassen, um uns verwirklichen zu können, und sollten uns nicht von den Modalitäten, wie diese Absicht zu verwirklichen wäre, abhängig machen. Wenn wir uns nicht genau vornehmen, wann und wie unsere Absicht manifestiert werden soll, führt uns das Leben von selbst weiter. Unsere Intuition und Synchronizitäten von außen bieten dann unerwartete Hilfe und führen uns genau zu dem, was wir brauchen und wollen. Das passiert zumeist schneller, als wir es uns vorstellen.

Es ist notwendig, dass wir in die Beobachterrolle gehen und uns im Laufe des Tages immer wieder die eigene Absicht insofern bewusst machen, als wir achtsam und offen bleiben. Wir sollten Hinweise und Gedanken sammeln und diese zu unseren Absichten in ein kleines Notizbuch schreiben. Es ist von Bedeutung, dass wir bereit sind, loszulassen und mit Geduld und Vertrauen zu spüren, dass sich unsere Absichten verwirklichen dürfen.

Wenn wir einen Wunsch in uns tragen und dieser Wunsch, dieses Bedürfnis immer wieder nach oben kommt, dann sollten wir uns Zeit nehmen, uns zu entspannen und diesen Wunsch wahrzunehmen. Denn in unserem

Lebensplan gibt es auch genug Kraft und Platz, um diesen Wunsch zu verwirklichen. Das Fokussieren unserer Absichten hilft uns, bewusster und gelassener zu werden. Vermutlich haben wir bis zu diesem Augenblick schon mehrmals den Wunsch gehabt, Veränderungen durchzuführen und Entscheidungen umzusetzen, damit wir unsere Ziele erreichen können und es uns besser geht, aber wir haben es nie durchgeführt. Wir haben es versucht – mit Kraft, manchmal mit Gewalt und auch mit Wut reagiert – und haben dann oft mit Überraschung feststellen müssen, dass wir noch mehr als zuvor im alten Problem stecken geblieben sind.

Die Quelle der Veränderung ist innere Gelassenheit, Entspannung und Loslassen. Es ist grundlegend, dass wir uns unsere Absichten, Wünsche und Bedürfnisse bewusst machen, sie aber nicht kontrollieren. In einer Einstellung der inneren Klarheit und Offenheit ist es möglich, die richtigen Orte, die richtigen Ereignisse und die richtigen Menschen anzuziehen, damit wir Antworten finden können und auch das realisieren können, was unsere Bestimmung ist und uns zufrieden und glücklich macht. Den eigenen Weg zu gehen vollzieht sich zuerst in uns selbst, und zwar indem wir die Entscheidung treffen, uns treu zu sein und Zeit mit uns selbst zu verbringen. In der inneren Stille und der geistigen Klarheit spüren wir unsere innere Kraft und unsere inneren Räume, wo unser Wille und unsere eigenen Bedürfnisse sich jahrelang zurückgezogen und geschlummert haben. Im Prozess der Stille ist es uns möglich, die alten Träume aus der Schublade hervorzuholen, sie wieder auftauchen zu lassen und sie zu verwirklichen. Diese Entwicklung verlangt bisweilen jenen Prozess der inneren Stille und den Abstand von unserem Umfeld und unseren Mitmenschen. Wichtig ist schlussendlich, sich für sich selbst zu entscheiden und nicht den Widerständen von außen nachzugeben.

Übung: Die Absichten in unseren Beziehungen

In dieser Übung geht es um die Absichten, die wir mit unterschiedlichen Menschen in unserem Leben haben, das heißt, um die Absichten hinter unseren zwischenmenschlichen Beziehungen.

Beantworten Sie in Ruhe und entspannt die folgenden Fragen:

- *Welche inneren Beweggründe haben Sie, wenn Sie mit Ihrem Chef bzw. Ihrer Chefin, Ihren Kindern, Ihrem Partner bzw. Ihrer Partnerin, Ihren Eltern oder mit Ihren Arbeitskollegen und -kolleginnen sprechen? Sind Sie vertrauensvoll oder misstrauisch? Sind Sie reserviert oder offen? Sind Sie zu wenig abgegrenzt oder sind Sie eher bestimmend?*
- *Fühlen Sie sich im Wettbewerb, wenn Sie mit anderen in Kontakt stehen?*
- *Haben Sie das Bedürfnis, die jeweilige Beziehung zu kontrollieren, oder können Sie sich entspannen?*

Wenn Sie alle Fragen beantwortet haben, nehmen Sie sich eine Viertelstunde Zeit für einen kleinen Spaziergang. Trinken Sie ein bisschen Wasser, entspannen Sie sich. Lesen Sie alle Fragen durch und beantworten Sie anschließend Folgendes:

- *Welche allgemeinen Absichten habe ich in meinen zwischenmenschlichen Beziehungen?*

Diese Übung erlaubt Ihnen, bewusster und ehrlicher Ihre zwischenmenschlichen Beziehungen zu leben. Machen Sie die Übung drei bis vier Mal innerhalb von vierzehn Tagen.

Übung: Absichtserklärung für das eigene Lebensziel

Wenn wir wahrnehmen bzw. bewusst spüren, was uns interessiert, was uns Freude bereitet, und wir es nicht mitbekommen, wie die Zeit vergeht, dann sind wir meistens im Fluss. Eine klare und starke Absicht, das zu tun, was wir lieben, und die Absicht, unseren Lebensplan zu entdecken, gibt uns Kraft, Mut und die Bereitschaft, dass wir uns verändern, neue Wege finden, uns selbst erkennen und verwirklichen.

Wenn wir im Alltag bewusst unsere Absicht fürs Leben wahrnehmen und wir Vertrauen haben, dass das Leben uns trägt und dass auch von außen Hilfe kommt, ist es uns möglich, das Leben als Abenteuer zu sehen. Wir achten auch auf die „Zufälle" – die eigentlich keine „Zufälle" sind –, die auf uns zukommen, und lenken unser Leben in eine neue, spannende Richtung.

Nehmen Sie sich gut drei Stunden Zeit, gehen Sie in die Natur, machen Sie einen Spaziergang und rufen Sie sich folgende Fragen ins Bewusstsein:

- *Was bereitet mir Freude? Was möchte ich verwirklichen? Was möchte ich bewirken? Was möchte ich hinterlassen? Was brauche ich, damit es mir gut geht? Was brauche ich, um mich frei zu fühlen?*

Lassen Sie die Fragen auf sich wirken und schreiben Sie eine Absichtserklärung. Schreiben Sie über das, was Sie im Leben vorhaben. Sie können diese Absichtserklärung auch in Form eines Briefes ans Universum oder an das Leben selbst schreiben bzw. an die universelle Intelligenz oder an das, was für Sie die universelle Intelligenz ist. Führen Sie diese Übung ein Mal pro Monat für ein Jahr durch und sammeln Sie Ihre Aufzeichnungen, die Sie dann am 31. Dezember durchlesen und verbrennen können. Am 1. Jänner verstreuen Sie dann die Asche auf einer schönen Wiese.

Übung: Unsere Absichten konstruktiv und positiv formulieren

Lesen Sie alle Übungen dieses Kapitels durch. Bereiten Sie die drei belangreichsten Absichten vor, die Sie momentan in Ihrem Leben spüren.

Befassen Sie sich mit den folgenden Fragen, um aus den Antworten eine erfolgreiche Verhaltensstrategie zu entwickeln. Nehmen Sie sich dazu eine Stunde Zeit und antworten Sie intuitiv, flüssig und ohne viel nachzudenken:

S
N

- *Welche Veränderung muss ich in meinem Denken und Handeln einführen, um meine Absichten zu erreichen?*
- *Bin ich klar in Bezug auf das, was ich manifestieren will? – Mein Bewusstsein erschafft immer meine Realität.*
- *Wenn Leute mit mir sprechen und aus meiner Umgebung Impulse für mich kommen: Kann ich diese aufnehmen? Bin ich präsent? Oder bin ich ablehnend?*
- *Kann ich interessante Hinweise, die von außen kommen, aufnehmen und bin ich vielleicht sogar bereit, sie niederzuschreiben, zu sammeln und sie am Wochenende in entspannter Stimmung durchzulesen und sie mir nochmals bewusst zu machen?*
- *Bin ich bereit, auf Hinweise in meiner Sprache, die mich in eine Opferrolle bringen, zu achten und auf diese Sprache zu verzichten – oder fühle ich mich als Opfer der Situation?*

Zwei goldene Regeln, um unsere Absichten zu verwirklichen:

- *Fokussieren Sie Ihre Aufmerksamkeit auf das, was Sie wollen, und nicht auf die Hindernisse und die Stolpersteine, die Ihnen im Weg stehen könnten. Während des Tages verbinden Sie sich immer wieder auch für kurze Augenblicke mit den positiven Gedanken, die Sie an Ihre Absichten erinnern.*

  Schreiben Sie Ihre Absichten auf und tragen Sie das Blatt mit den Aufzeichnungen (in einer Tasche) bei sich. Lesen Sie, wenn Sie Zeit haben und ganz alleine sind, Ihre Notizen durch. Denken Sie: „Wenn das die Richtung ist, die mir jetzt das Leben gibt, dann werde ich mein Bestes geben.“ Das, was Sie in diesem Prozess lernen dürfen, ist nicht planbar. Es ist jedoch möglich, dass Sie sich auf den nächsten Schritt fokussieren, sich das Endziel bewusst machen und darauf vertrauen, dass die weiteren Schritte im Lauf des Prozesses durch Ihre Kreativität und Intuition klar werden.

- *Vertrauen Sie Ihrer Intuition! Kämpfen Sie nicht gegen Ihr Schicksal. Durch das Loslassen und gleichzeitige Fokussieren entsteht eine enorme Befreiung!*

Übung: Sich in der Liebe ausruhen

Nehmen Sie sich Zeit! Wenn Sie sich müde und verwirrt fühlen, weil die Fragen auftauchen: „Wie sehr kann ich loslassen? Wie viel kann ich loslassen? Muss ich warten, bis sich mein Schicksal zeigt?", dann gönnen Sie sich eine kleine Pause, suchen Sie einen ruhigen Ort, schließen Sie die Augen, machen Sie fünf tiefe Atemzüge durch den Bauch und fünf tiefe Atemzüge durch den Brustkorb und denken Sie an eine Person, die Sie sehr lieben oder geliebt haben.

Suchen Sie dieses Gefühl der Liebe, um den Zustand der Liebe wieder innerlich für sich zu finden. Fühlen Sie, wie viel Ruhe Sie durch dieses Gefühl erfahren können, und bitten Sie Ihre innere Stimme, Ihre Intuition, Ihnen den nächsten Schritt zu zeigen oder Ihnen vorzuführen, welche Thematik für Sie gerade Priorität hat. Wenn Sie sich wieder ruhig fühlen, nehmen Sie nochmals einige tiefe Atemzüge und setzen Sie Ihren gewöhnlichen Tagesablauf fort.

Überprüfen der eigenen Absichten und Ängste

Die Angst ist einer der ersten Instinkte des Menschen. Denn sie ist ein Schutz, ein instinktives Bedürfnis nach dem Überleben. Die Menschen verbinden sich immer mehr mit der Angst und werden auch durch die Angst von außen manipuliert. Wir sind in einem Feld der Angst durch die Berichte der Zeitungen, Zeitschriften und des Fernsehens, durch die uns übergeordnete Bürokratie und die vielen Konflikte, die wir jeden Tag erleben, und werden somit ständig mit Angstgedanken konfrontiert. Die Sprache der Angst bringt Schuldzuweisungen und Kritik mit sich. Menschen suchen Schutz und verstecken sich hinter dieser Sprache voller Ängste.

Die Angst begleitet uns und bestimmt unsere Handlungen, unsere Sprache und die Art, wie wir Menschen begegnen. Diese starke Polarisierung der Angst fördert und versorgt ein ganzes Feld der Angst, das auf gewisse Art und Weise die gesamte Erde energetisch umarmt. Dieser Bewusstseinsfluss ist wie ein unsichtbarer Wind, der mit der Energie der Angst auch unsere Energiefelder ernährt. Er besteht aus allen Gedanken und Ängsten von uns Menschen und umgibt die gesamte Welt.

Die Angst zu bewältigen, sich zu befreien und wieder zu der eigenen Kraft Zugang zu finden, ist eine individuelle Entscheidung. Damit begeben wir uns aus der Opferrolle heraus und in die Eigenverantwortung hinein. Der Zeitgeist unserer Tage wird im Allgemeinen von dieser Angst genährt – immer mehr Menschen verzichten auf die eigene innere Weisheit und finden Kompensationen und Strategien und verursachen viel Lärm und Ablenkung, um die eigenen Ängste und die innere Leere nicht sehen zu müssen. Die Angst stellt die Verletzung unserer Lebenskraft und Lebensfreude dar. Zu diesen Stärken zurückzufinden ist unsere persönliche Entscheidung.

Wir werden noch vor unserer eigenen Geburt mit der Angst in Kontakt gebracht. Wir atmen die Ängste unserer Mutter und des familiären Umfelds bereits im Mutterleib ein.

Durch die nächste Übung ist es für Sie möglich, sich mit dem Thema Geburt auseinanderzusetzen und sich Klarheit über jenes Umfeld zu verschaffen, in dem Sie zur Welt gekommen sind.

- *Was möchten Sie in Ihrem Leben bewirken?*
- *Was wollen Sie, dass es in Ihrem Leben passiert?*
- *Was möchten Sie in Ihrem Leben ändern?*
- *Welche Angst blockiert Sie in der Verwirklichung Ihrer Absichten?*

Beschreiben Sie Ihre Angst sehr genau und schreiben Sie sie nieder. Zum Beispiel:

- *Ich habe Angst, meinen Weg nicht zu finden und bis zu meinem Lebensende nicht an mein Ziel zu gelangen.*
- *Ich habe Angst, immer unglücklich zu sein.*
- *Ich habe Angst, meine Fähigkeiten nicht verwirklichen zu können und nicht zu erkennen, welche Talente ich habe.*

Woher kommt diese Angst? Versuchen Sie Ihre Angst positiv zu formulieren. Zum Beispiel:

- *Das Leben bietet mir die Möglichkeit, meine Talente zu verwirklichen.*
- *Ich bin auf dem richtigen Weg.*
- *Ich finde einen Platz und bekomme das, was ich brauche, um meinen Weg zu verwirklichen.*
- *Ich bin liebenswert, so wie ich bin.*

8. Kapitel

„Die konstruktive Kraft der Emotionen

… Miriana sah die Wolken über sich ziehen und entschloss sich, noch einige Augenblicke auf dem Felsen zu genießen. Sie spürte viel Glück und Dankbarkeit und plötzlich auch eine tiefe Traurigkeit aufkommen. In den letzten zwei Jahren hatte sie gelernt, ihre Gefühle zuzulassen und ihre Emotionen bewusst zu spüren und zu fühlen, was es bedeutet, die Kraft der Verzweiflung, der Wut, der Traurigkeit und der Schmerzen in Lebenskraft zu verwandeln. Sie weinte mit ihrem ganzen Körper, mit ihrer ganzen Leidenschaft und – so wie sie gelernt hatte zu leben – in vollen Zügen. Diese Fähigkeit erlaubte ihr, ihre Emotionen in jeden Augenblick zu integrieren, loszulassen und dann wieder frei zu sein. Frei zu sein und bewusst zu leben ist das, was sie gelernt hatte. Sie hatte gelernt, präsent zu sein, ihre Gedanken wahrzunehmen und im Körper zu spüren und diese als Stimme ihrer Emotionen zu integrieren.

Nach dem Weinen kam eine gewisse Leichtigkeit und Erleichterung in ihren Körper, in ihre Gedanken und in ihre Stimmung. Nachdem sie sich beim Baum, beim Fluss, beim Felsen und beim Sonnenuntergang bedankt hatte, fuhr sie wieder zu ihren Eltern …

Unsere Emotionen heilen

Wir sollten von unseren Emotionen und Gefühlen[6] lernen, vor allem von schmerzhaften und negativen. Denn wenn wir ihnen Raum geben, ist es uns möglich, durch die Transformation Kraft und positive Gefühle zu erzeugen. Stagnieren wir jedoch in den negativen Gefühlen, erzeugt dies in uns Angst, Gefühle der Trennung und Einsamkeit.

Unter uns Menschen sind häufig zwei Polaritäten zu unterscheiden. Es gibt Menschen, die sich wohlfühlen, wenn sie aufgeregt sind und sich im Ungleichgewicht befinden. In diesem Gefühlszustand fühlen sie sich lebendig und sie empfinden das Gefühl der inneren Ruhe und Harmonie als langweilig und monoton. Solche Menschen haben die Tendenz, die eigenen und vor allem die negativen Gefühle zu dramatisieren und nach außen hin zu betonen. In diesem Fall wird die emotionale Abhängigkeit von einem Menschen sehr oft als die große Liebe bezeichnet und der innere Zustand der Getriebenheit und Anspannung als Vitalität empfunden. Wenn

[6] **GEFÜHLE UND EMOTIONEN** „Als Fachterminus wurde Emotion (lateinisch **motio, movere, motum** bewegen, erregen, erschüttern und lateinisch **emovere** hinaus, wegschaffen, entfernen, erschüttern) von Eugen **Bleuler** (1857–1939) geprägt. Umgangssprachlich sind Emotion und Gefühl fast synonym. Bei Gefühl schwingt jedoch meist etwas Positives und bei Emotion etwas Negatives mit. Zusätzlich wird Gefühl auch im Sinne von Empfindung, Empfinden, Feeling, Flair, Gespür, Instinkt, Spürsinn und salopp als ‚einen Riecher für etwas haben' oder ‚eine Ahnung haben' gebraucht und noch spezieller im Sinne von verliebt sein. Deshalb wird hier weiterhin der mehr fachliche Begriff Emotion benutzt. Typische Emotionen sind Aggression, Angst, Antipathie, Ärger, Besorgnis, Freude, Liebe, Trauer, Wut und Zorn.
Alle Emotionen sind Grundphänomene des individuellen, subjektiven sowie inneren und äußeren Erlebens. Sie betreffen einen komplexen Befindlichkeitszustand des Menschen und setzen sich aus kognitiven und affektiven Elementen zusammen. Im Gegensatz zu einigen Auffassungen sind Emotionen **keine Informationen.** Sie sind primär **biologische Reaktionen,** die Bewertungen von Gegebenheiten und Verhaltensmöglichkeiten in Bezug auf Gedächtnisinhalte (Vorstellungen, Wünsche, Hoffen Wollen usw.) betreffen. In das Bewusstsein des Betroffenen gelangen – wenn überhaupt – erst bei oder kurz nach ihrem Auftreten. Dann werden sie für und zu Emotionen. Es ist nämlich zweierlei, ob man Emotionen selbst **erlebt,** das sind die eigenen, oder Emotionen ob man sie **beschreibt,** das sind dann allgemeine, abstrakte. Unabhängig vom Bewusstwerden sind Emotionen meist mit **nach außen hin sichtbaren, feststellbaren** Erscheinungen, z. B. der Mimik und Gestik, gekoppelt", Völz, Horst (2002).

wir den von uns als negativ empfundenen Gefühlen die Führung überlassen, ohne irgendwie darauf Einfluss zu nehmen, dann kann es passieren, dass wir uns mit ihnen völlig identifizieren und jede Handlung und jede Entscheidung von extremen Gefühlen bestimmt wird.

Manche Menschen erleben die andere Polarität, in der eine starke Angst vorhanden ist, Gefühle wahrzunehmen. Sie haben Angst, die Kontrolle darüber zu verlieren, sie verdrängen positive Gefühle wie Glück und Freude, aber gleichzeitig auch Schmerz und Wut. Sie versuchen, das eigene Leben in den Griff zu bekommen und ein Gefühl des Gleichgewichts zu erlangen, aber ein Gleichgewicht, bei dem sie auf der Flucht vor den eigenen Gefühlen und der eigenen inneren Wahrheit sind. Solche Menschen sind in Situationen, in denen es um tiefe Gefühle geht, und in tief gehenden Beziehungen oftmals völlig überfordert. Und Menschen, die diesen Pol der Emotionen leben, entscheiden sich wiederholt – bewusst oder unbewusst – für oberflächliche Beziehungen.

Die eigenen Gefühle und Emotionen verdrängen

Wenn wir lange Zeit unsere Gefühle verdrängen, obwohl wir sie bewusst wahrnehmen, stehen wir uns selbst im Weg. Wir verdrängen schmerzhafte Emotionen und mit der Zeit kommt noch der Schmerz, der durch das Verdrängen verursacht wird, hinzu. Denn Verdrängtes belastet uns unbewusst und wird von der Bewusstseinsebene registriert wie ein allgemeines Gefühl des Unwohlseins. Häufig bleiben wir dieser Ebene des allgemeinen Unwohlseins verhaftet, weil wir nicht die Kraft finden, in die Tiefe zu gehen. Dahinter verbirgt sich oft die Angst, die Kontrolle zu verlieren und die Wahrheit zu erkennen – die Wahrheit über uns, unsere Situation, unsere Beziehungen, unser Leben im Allgemeinen. Wir beginnen die Veränderung bewusst zu leben, indem wir denken, dass auch negative Gefühle und Schmerzen einen Grund und eine Botschaft für uns haben. Bewusste oder unbewusste Schuldgefühle haben eine schwächende Wirkung auf uns und unsere Absicht. Unbewusste Schuldgefühle, die lange in uns wirken, nähren innerlich Wut, Verzweiflung und unsere Ängste.

Wenn wir die Ursache unserer unbewussten Schuldgefühle finden, können wir manchmal etwas ändern und möglicherweise unsere Schuldgefühle auflösen. Unsere Schuldgefühle beruhen meistens auf alten Konditionierungen in unserer Kindheit und auf den Erwachsenen, die uns gewisse Muster und Prinzipien vorgelebt und uns das Gefühl gegeben haben, dass es richtig sei, nach diesen Prinzipien zu handeln. Manchmal entstehen Schuldgefühle aus unserem Pflichtbewusstsein und aus dem Gefühl heraus, wir wären nur dann in Ordnung, wenn wir zuerst unsere Pflicht erfüllten und erst dann an uns denken würden. Sobald wir gegen diese Prinzipien und alten Vorbilder rebellieren, fühlen wir uns innerlich unwohl und schuldig. Die Schuldgefühle haben eine zerstörerische Wirkung, weil sie uns auf dem Weg zur Authentizität blockieren und – im Speziellen – weil sie uns nicht erlauben, intuitiv zu spüren, was wir brauchen und woraus unsere Einzigartigkeit besteht. Unbegründete Schuldgefühle bringen uns so weit, dass wir uns selbst bestrafen und uns Erleichterung und Genuss verbieten. Falls wir diesen Kreis nicht durchbrechen und nicht ganz bewusst hinschauen, erleben wir einen tiefen seelischen Schmerz.

Loslassen und Verzeihen – zwei wichtige Schritte, um Ordnung in unsere Emotionen zu bringen

Wenn wir bereit sind, etwas zu Ende zu führen, schaffen wir ein enormes Potenzial, um Energie freizusetzen. Immer wieder belasten uns in unserem Leben unabgeschlossene Prozesse aus der Vergangenheit bis in die Gegenwart herein, auch wenn die Ursache unserer seelischen Schmerzen in der Zeit weit zurückliegt. Traurigkeit und das Gefühl, etwas falsch gemacht zu haben, sind tiefe Gefühle, die uns blockieren. Wann immer unsere psychische Kraft an solchen Emotionen hängt, ist es schwierig, die vollkommene Vielfalt und das Potenzial unseres Lebens im Hier und Jetzt

zu schützen. Um frei zu sein, wäre es notwendig, die Situation loszulassen, die anderen loszulassen, und manchmal auch, ihnen zu verzeihen. Es geht im Grunde darum, dass wir die Absicht äußern, loslassen oder verzeihen zu wollen. Die innere Entscheidung, es zu wollen, initiiert und bewegt die Veränderung, diese entsteht, ohne dass wir es kontrollieren können. Wenn wir uns selbst verzeihen, dann ist es uns möglich, auch einem anderen zu verzeihen. Oft findet der Schmerz, den andere in uns verursachen, Resonanz bei jenem Schmerz, der in uns schon vorhanden ist. Geduld und Selbstliebe sind notwendig, um die Prozesse der Heilung zu initiieren. Es ist wichtig, die Liebe zu sich selbst zu erfahren und sich die Möglichkeit zur Veränderung zu geben.

Übung: Die Emotionen klären

Führen Sie die folgende Übung durch, um Ihre Emotionen zu klären und in der Gegenwart verankert zu sein. Nehmen Sie sich an einem ruhigen Ort eine halbe Stunde Zeit und machen Sie eine Liste mit allen Menschen, Situationen und Orten, bei denen Sie das Gefühl haben, dass noch etwas ungelöst ist, Sie noch in Ihrer Vergangenheit festhängen und alte Emotionen und Gefühle Sie blockieren. Schreiben Sie zunächst diese Liste, danach nehmen Sie sich ein paar Tage oder eine Woche Zeit und schreiben Sie in diesem Zeitabschnitt alle paar Tage je einen Abschiedsbrief, eine Art Abschiedserklärung an eine Person, einen Ort oder ein Ereignis aus Ihrer Liste. Sammeln Sie alle Briefe und verbrennen Sie sie zusammen. Anschließend gehen Sie zu einem Fluss oder Bach und streuen Sie die Asche dieser Briefe hinein. Einen Tag später beantworten Sie folgende Fragen.

- *Was darf sich jetzt in meinem Leben verändern?*
- *Was darf nach dieser Abschiedsarbeit Neues kommen, da ich neue Freiräume geschaffen habe?*

Emotions- und Gefühlsklärung

Wenn wir Schmerz, Wut, Verzweiflung, Ohnmacht und andere Gefühle zum Ausdruck bringen, erlaubt uns das, frei und gelassen zu sein. Wir sollten einen Prozess starten, durch den wir unsere alten belastenden Emotionen loslassen, um schließlich einen inneren Ausweg zu finden. Das Loslassen dieser Emotionen und die Öffnung fürs Neue unterstützen unsere Veränderung. Die folgende Übung hilft Ihnen dabei, Ihre Emotionen zu klären und ihnen einen Ausdruck zu geben, um sie transformieren zu können.

Übung: Emotions- und Gefühlsklärung

Nehmen Sie sich ca. zwei Stunden Zeit für diese Übung. Wenn es Ihnen nicht gut geht, wenn Sie Wut, Trauer, Verzweiflung oder andere negative Gefühle empfunden haben oder empfinden, ermöglichen Sie es sich, diese Emotionen zu transformieren. Bleiben Sie nicht emotional stecken.

In einem ersten Schritt geht es darum, die Emotionen und Gefühle zu spüren und zu akzeptieren: Setzen Sie sich hin, schließen Sie die Augen und führen Sie die Hände zum Solarplexus. Beantworten Sie innerlich die Frage, wie Sie sich jetzt fühlen. Beschreiben Sie eine Minute lang detailliert, was Sie empfinden, und schreiben Sie Ihre Emotionen oder das Hauptgefühl, das Sie dabei empfunden haben, auf ein Stück Papier. Schreiben Sie ein Wort wie Wut, Trauer

oder Angst. Nachdem Sie spüren konnten, welches Hauptgefühl oder welche Gefühlskombinationen Sie empfinden, legen Sie diesen Zettel auf einen Sessel und stellen Sie den Sessel vor sich hin. Spüren Sie, was der Zettel, auf dem Ihre negativen Emotionen stehen, mit Ihnen macht. Schließen Sie wieder Ihre Augen, legen Sie Ihre Hände auf den Solarplexus und sagen Sie mit lauter Stimme zu diesem Gefühl auf dem Stück Papier: „Ich bin bereit, dich loszulassen, ich entscheide mich für einen neuen Zugang zu meinen Schmerzen", um die Botschaft dieses Gefühlszustandes zu verstehen und anzunehmen. Wiederholen Sie noch ein oder zwei Mal den Satz: „Ich bin bereit, diese Gefühle, diese Emotionen loszulassen, ich entscheide mich für die Transformation und die Freiheit." Schreiben Sie alles auf, was Ihnen einfällt und was Sie brauchen können, um die Situation zu verändern.

Schreiben Sie nun das, was Sie vorher auf so einfache Weise notiert haben, in drei Schritte zerlegt auf. Was sind die nächsten drei Schritte, die notwendig sind, um das Gefühl zu verändern: mit jemandem sprechen, vielleicht eine Veränderung vornehmen, sich Hilfe holen? Notieren Sie die drei Schritte, die Sie konkret innerhalb der nächsten vier Wochen durchführen werden, danach atmen Sie tief durch.

Am Ende der Übung schreiben Sie einen kurzen Abschiedsbrief an diese Gefühle und Emotionen und betonen Sie darin zwei Aspekte: dass Sie sehr dankbar sind, zum einen diese Erfahrung machen zu dürfen und zum anderen daraus lernen zu können. Manifestieren Sie hier und jetzt bewusst die Absicht, diese negativen Gefühle loszulassen. Verbrennen Sie den Brief und werfen Sie die Asche in einen Bach oder Fluss.

Frei sein und bewusst leben

Wir sollten durch unsere Gefühle und Emotionen hindurchgehen können, sollten uns nicht an sie klammern und uns nicht von ihnen beeinflussen lassen. Negative Gefühle können uns nicht zerstören, sondern nur stärken. Ein erster Schritt ist die Akzeptanz. Nehmen wir diese Gefühle bewusst wahr, integrieren wir sie innerlich und lassen wir sie los, dies in der Bereitschaft, daraus etwas zu lernen, und in dem Bewusstsein, dass wir sie transformieren können. Durch unsere Wachsamkeit und unsere Bereitschaft zur Änderung können wir die Kraft unserer Gefühle wahrnehmen und unsere Sensibilität und Empathie so weit schulen, dass wir schneller und friedvoller durch den Tanz der Gefühle und Emotionen hindurchgehen können, ohne den Kontakt mit unserer Mitte zu verlieren. Finden wir jetzt den Mut zum Leben und den Mut, unsere leidenschaftliche Seite zu leben, indem wir uns der Emotionalität entziehen. Aus dieser inneren Ausgeglichenheit entsteht ein natürlicher Tanz mit dem Fluss des Lebens. Wir sind innerlich im Fluss, wir fließen mit unseren Emotionen

mit, ohne dass wir uns mit unseren Emotionen identifizieren, und wir können den Fluss der Emotionen bewusst spüren. In einem Zustand der emotionalen Reife und inneren Ausgeglichenheit kann unsere Intuition wertvolle Hinweise für unsere nächsten Schritte im Leben aufkommen lassen.

Die Bereitschaft, unsere Emotionen zu spüren

Unsere emotionale Wahrnehmung können wir bewusst erziehen. Wenn wir uns regelmäßig Zeit nehmen, um zu spüren, wie es uns geht, können wir deutlich gewahr werden, welche Emotionen in uns bzw. in den anderen stecken. Wir können unsere Empathie trainieren und es wird für uns immer leichter, diese Gefühle zu transformieren und jede Nuance dieser Gefühle zu spüren. Dadurch ist es uns auch möglich, unserem Leben eine neue Richtung zu geben.

Bewusst mit der sexuellen Energie umgehen

Die Sexualität und die sexuellen Impulse besitzen eine überaus starke emotionale Komponente. Unsere emotionelle Reife erlaubt uns, mit diesen tiefen Impulsen in Verbindung zu kommen. Die Sexualität ist Lebenskraft – wenn wir sie bewusst wahrnehmen und mit ihr umgehen können, sind wir in der Lage, sie mit unseren Mitmenschen zu teilen. Vitalität, Leidenschaft und Sinnlichkeit sind Formen der Energie und Kommunikation, die uns und unser Leben lebendig machen. Oft verdrängen wir aus Angst vor der Intensität dieser Energie oder aus Angst vor Schuldgefühlen bzw. negativen Erfahrungen unsere Sexualität. Die Sexualität und die Sinnlichkeit sind in Wirklichkeit eine starke transformierende Kraft. Dank dieser Kraft ist es für uns möglich, unsere Erfahrungen im Leben und auch unsere Beziehungen mit Freude und Kraft sowie Intensität zu gestalten.

Diese Energie ist ein bedeutendes und wundervolles Werkzeug, um unser Bewusstsein zu erweitern und Liebe zu schenken. Sehr oft werden wir von außen mit oberflächlichen Formen der Sexualität konfrontiert. Durch diese äußeren Impulse verlieren wir die innere Sphäre der Sexualität, die innere Kraft der Sexualität. Wenn wir unsere Emotionen, und auch die sexuellen Emotionen, wahrnehmen können und sie mit dem Fluss der Liebe verbinden, ist es für uns möglich, glücklich und frei zu sein und in Freiheit und Intimität die Freude zu genießen. Sexualität und Liebe dürfen verbunden sein und diese Gefühle können wir bewusst erleben, wenn wir diese Emotionen mit der Tiefe des Herzens verbinden. Doch es kommt auch oft vor, dass wir zwar versuchen, dieses natürliche Bedürfnis und die Sehnsucht nach Sexualität mit Liebe zu verbinden, doch unsere sexuellen Erfahrungen bloß Routineerfahrungen werden. In diesem Fall fühlen wir uns innerlich manchmal leer und ohne den Austausch der Freude und Liebe.

Die bewusste Integration von Sexualität und Liebe

Freude und Offenheit sind ein wichtiger Aspekt für unser spirituelles Wachstum. Eine bewusst genährte Sexualität, verbunden mit dem Fluss des Herzens, ernährt unsere Vitalität und die Fähigkeit, auch Liebe zu schenken.

9. Kapitel

„Die mentale Kraft

rziehen"

… Miriana war entspannt und gelassen. Sie kam zu ihren Eltern, es war schon spät. Sie wollte nichts essen und ging schlafen. Sie lag im Bett und führte ihre geistigen Übungen durch. Plötzlich erinnerte sie sich an eine wichtige Begegnung mit einem Freund während der Studienzeit. Dieser Mann war etwas Besonderes gewesen. Er strahlte immer, war immer gut drauf und positiv gestimmt. Er war glücklich und begeistert vom Leben. Eines Tages kamen beide früh bei einer Prüfung dran und hatten dann Zeit zum Plaudern. Miriana fragte ihn nach dem Geheimnis, was ihn denn so glücklich mache: „Was erlaubt dir, so glücklich zu sein? Du machst alles mit Leichtigkeit und erreichst alles, was du willst.“

Er antwortete ihr, dass ihm dies durch seine Gedankenkraft gelinge. Tom hatte gelernt, mit Gedanken positiv umzugehen und dass jeder Gedanke im Leben eine enorme Quelle der Kraft sein kann – oder auch im Gegenteil eine enorm bremsende Belastung. Tom erzählte ihr sein Geheimnis und seit diesem Tag ist es auch zu Mirianas wertvollem Geheimnis geworden. Tom erzählte ihr, dass er mit vierzehn Jahren „zufällig“ ein Buch über positives Denken in der Bibliothek seines Vaters gefunden hatte. Er fand es spannend und begann, jeden Tag die Übungen zu machen. Das hatte sein Leben verändert und erlaubte ihm, Leichtigkeit und Gelassenheit zu erfahren. Seine Lieblingsübungen waren das Loslassen, die Entspannung und das bewusste Programmieren der mentalen Kraft nach dem Aufwachen und vor dem Einschlafen.

Tom saß mit Miriana am Tisch dieses Cafés und enthüllte ihr sein Geheimnis. Für ihn war es seit vielen Jahren wichtig, jeden Abend und in der Früh sein Bewusstsein neu zu programmieren. Er sagte zu ihr: „Liebe Miriana, wenn ich nach Hause komme, mache ich immer Folgendes: Ich verabschiede mich am Abend von belastenden Gedanken, die mich begleiten, und bedanke mich bei den positiven. Wenn ich im Bett liege, versuche ich, gelassen zu bleiben, und entspanne mich vollkommen. Bevor ich einschlafe, bitte ich meine Träume, mir bei den wichtigen Entscheidungen, die in meinem Leben anstehen, den bestmöglichen Weg zu zeigen. Auch speichere ich in mir, in der Früh frisch und munter aufzuwachen und kraftvoll den neuen Tag zu beginnen. Sofort nach dem Aufwachen entspanne und zentriere ich mich. Sobald ich die Augen geöffnet habe, bleibe ich noch im Bett, atme ein paar Mal tief durch und spüre in meinem Herzen, was mich gerade berührt. Dann danke ich zwei, drei Menschen oder Situationen in meinem Leben. Ich stehe mit Kraft auf und lasse das Alte, was zum gestrigen Tag gehört, los. Ich nehme den heutigen Tag an und vertraue darauf, dass mich das Leben zu Klarheit und Glück begleitet."

Das Gespräch hatte Miriana damals sehr beeindruckt. Sie bat Tom, alles, was er gesagt hatte, zu wiederholen, und fleißig schrieb sie seine wertvollen Tipps auf. Ab diesem Tag der Studienzeit versuchte Miriana ihre Gedankenkraft positiv anzuwenden. Aber erst seit der Begegnung mit der älteren Dame in dem Kaffeehaus war ihr bewusst geworden, dass sie die Kraft ihrer Gedanken auch in ihrem Privatleben benutzen durfte und nicht nur für berufliche Ziele. Miriana war jetzt der Begegnung mit Tom sehr dankbar und verstand, wie damals ihre Intuition sie zu ihrem Studienkollegen geführt hatte und ihr den Impuls gegeben hatte, trotz Schamgefühl und Verlegenheit den athletischen, jungen Mann anzusprechen …

In seinem Innersten sucht jeder Mensch nach Gleichgewicht, weil er intuitiv weiß, dass er diese Balance braucht, um seine einzigartigen, nur in ihm verwurzelten Fähigkeiten auszudrücken und weiterzuentwickeln. So paradox es klingt: Talente entwickeln sich nicht durch Zähnezusammenbeißen und Durchhalten. Sie wachsen in einer Stimmung, die zwischen Aufmerksamkeit, vollem Einsatz und gleichzeitiger Entspannung hin- und herpendelt.

Die Prozesse, die dabei im Körper, besonders in Gehirn- und Nervensystem, ablaufen, sind sehr komplex. Im Prinzip gilt jedoch bei jedem positiven mentalen Prozess, den wir durchleben, dass einerseits Entspannung und andererseits eine sehr wache, sehr intensiv gebündelte, fokussierte Gedankenkraft den Erfolg bestimmen. Sobald damit eine Veränderung im Bewusstsein erreicht worden ist, dauert es vier bis sechs Wochen, bis sie sich im Nervensystem verankert hat.

In dieser Zeit müssen wir dem Körper helfen, indem wir die Veränderungen mehrmals täglich wiederholen und fest einprägen. Machen Sie sich bitte bewusst, dass sich tatsächlich Körperstrukturen umformen müssen, dass Nervenendigungen neu verschaltet werden und noch anderes mehr. Erst wenn diese körperlichen Prozesse abgeschlossen sind, „sitzt" die positive Veränderung „fest im Sattel".

Sie lernen hier in diesem Buch viele Übungen und Techniken kennen. Was Sie aber nicht leicht aus einem Buch lernen können, ist die Art und die Hingabe, mit der Sie üben. Jeder Mensch hat eine individuelle Art, seine Gedankenkraft einzusetzen. Bleiben Sie unbedingt bei Ihrer eigenen Art! Nur damit können Sie in Ihrem Unterbewusstsein Positives erreichen.

Intensität und Entspannung drücken sich zwar auch individuell aus, sie lassen sich jedoch sehr gut trainieren. Bitte denken Sie dazu immer an drei Punkte, bevor Sie zu üben beginnen:

- *Entspannen Sie sich vor jeder Übung und bleiben Sie möglichst entspannt.*
- *Seien Sie sicher, dass Sie Ihr Ziel im Inneren schon erreicht haben.*
- *Erwarten Sie mit Freude und sehen Sie zu, wie sich die Veränderung in der äußeren Realität manifestiert.*

Üben Sie immer mit voller geistiger Intensität. Was Sie tun, ist sehr wichtig für Ihre Zukunft. Seien Sie ganz bei der Sache. Wenn Sie sich nicht danach fühlen, dann üben Sie gar nicht.

Üben Sie immer „im Fluss". Damit meinen wir, dass Sie sich von beurteilenden Gedanken wie „richtig" und „falsch" trennen und dass Sie lernen, Pausen zu machen und entspannt zu bleiben, wenn Sie auf Schwierigkeiten stoßen. Wenn Sie beispielsweise das Gefühl haben, die Übung gelinge Ihnen nicht, dann üben Sie bitte weiter, ohne darüber nachzudenken, was Sie eventuell falsch machen. Versuchen Sie es so lange und probieren Sie so lange neue Wege aus, bis Sie Erfolg haben. Das Wichtigste dabei ist, dass Sie unterwegs entspannt und selbstbewusst bleiben. Genießen Sie die Suche nach der Lösung. Wenn Sie das Gefühl haben, stecken zu bleiben, dann machen Sie eine Pause und beginnen Sie mit neuer Kraft und Motivation aufs Neue. Sie lernen dabei die zwei wichtigsten Eigenschaften im Gedankenkrafttraining: entspannte Ausdauer, die keine Kraft kostet, und das natürliche Wechseln zwischen Aktivität und Entspannung.

Warum mentale Kraft etwas bewirkt

In der Ontogenese, der Entwicklung der menschlichen Zellen nach einer genau festgelegten Ordnung, zeigt sich ein spezifischer und detaillierter „Bauplan" des menschlichen Körpers. Organe entstehen, wandern oft zu ihrem endgültigen Bestimmungsort im Körper und „nehmen die Nervenversorgung mit". Speziell im Nervensystem entsteht danach eine genaue Aufgabentrennung. „Niedere", überlebenswichtige Eigenschaften und Gefühle, Emotionen, Hunger, Durst, Sexualität, Geruch etc. werden von früh entstandenen Hirnanteilen, einschließlich des Limbischen Systems, gesteuert. Rationales und logisches Denken, Fantasie, Kreativität, willkürliche Muskelbewegungen und ein Teil des Wahrnehmens unserer Umgebung über Sinnesorgane werden durch das „junge", in der Ontogenese spät entstandene Großhirn gelenkt. Eine Schlüsselstellung in der Verbindung der Gehirnimpulse mit den Erfolgsorganen nimmt das vegetative Nervensystem ein, dessen Impulsfrequenzen die Aktivität von Atmung, Herzschlag, Verdauungstätigkeit, Harnapparat, Schweißdrüsen und den hormonbildenden Drüsen in einem für den Körper gesunden Gleichgewicht halten. Die meisten, vielleicht sogar alle, dieser Systeme und Schaltkreise können auch durch Gedanken und Gefühle aktiviert oder gehemmt werden.

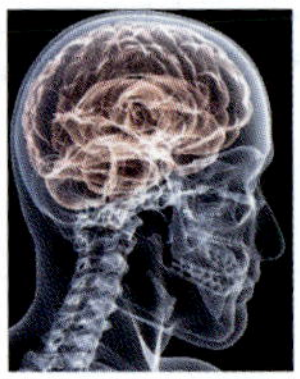

Gedanken, besonders wenn sie ausgesprochen werden, und innere Bilder sind hochwirksame Impulse in unserem Gehirn, die über Verschaltung mit anderen Hirnzentren im Prinzip den gesamten Körper mit all seinen Funktionen beeinflussen können. Beginnen wir am besten gleich, mit diesen Zusammenhängen zu experimentieren und ihre Wirkung zu erfahren.

Sechs Übungen für klare Gedanken und konzentrierte Gedankenkraft

Übung 1: Gedanken wahrnehmen

Nehmen Sie ein Stück Papier und schreiben Sie auf, was Sie in diesem Augenblick denken. Am Anfang wird es Ihnen wahrscheinlich schwerfallen, weil Sie nicht daran gewöhnt sind. In Wirklichkeit laufen nahezu ununterbrochen Gedanken durch unser Bewusstsein, es sei denn, wir sind im Tiefschlaf oder in sehr tiefer Entspannung (Delta- und Theta-Wellen).

Um Ihre Gedanken wahrzunehmen, wenden Sie einen Trick an: Versuchen Sie, nicht zu denken! Den ersten Gedanken, der diese Stille stört, schreiben Sie auf.

Fahren Sie mit dieser Methode fort, bis Sie mindestens fünf Gedanken auf Ihrer Liste haben. Wiederholen Sie die Übung eine Woche lang zwei Mal am Tag. Ihre Liste wird dann sehr lang sein. Überprüfen Sie jetzt am Ende der Woche, welche Gedanken Ihnen mehr als ein Mal, welche Ihnen mehrmals und welche Ihnen sehr häufig ins Bewusstsein kamen. Spüren Sie intuitiv, was dies bedeuten könnte.

Übung 2: Reinigung der Gedanken

Nehmen Sie Ihre Gedanken wahr. Achten Sie besonders darauf, wie oft sich kritische, verurteilende, aggressive oder traurige Gedanken

in Ihrem Bewusstsein zeigen. Schreiben Sie etwa zehn dieser Gedanken auf.

Am Ende der Übung lesen Sie Ihre Liste durch. Streichen Sie den ersten Gedanken durch und schreiben Sie in roter Farbe einen positiven Ersatzgedanken daneben. Lesen Sie sich diesen Gedanken laut vor. Fahren Sie so mit allen anderen Gedanken fort. Führen Sie diese Übung mindestens zwei Mal täglich eine Woche lang durch.

Danach integrieren Sie Ihre Erkenntnisse in den Alltag: Sie beobachten ständig Ihre Gedanken.

Sobald ein negatives „Angebot" in Ihrem Bewusstsein erscheint, halten Sie inne, schreiben den Gedanken in Ihrer Vorstellung auf die Liste, streichen ihn dick durch und schreiben den positiven Ersatzgedanken daneben. Diesen positiven Gedanken wiederholen Sie dann drei Mal innerlich oder sprechen ihn mit lauter Stimme aus.

Übung 3: Rituale zur Reinigung der Gedanken

Rituale eröffnen sehr direkt und rasch den Zugang zum Unterbewusstsein. Sie können zu raschen Erfolgen im Mentaltraining führen. Hier sind einige dieser Rituale.

a) Schreiben Sie, wie bei Übung 2, mindestens zehn negative Gedanken auf und formulieren Sie positive Ersatzgedanken daneben. Nach einer Woche lesen Sie sich alle positiven Gedanken noch einmal laut vor.

Den durchgestrichenen negativen Gedanken schenken Sie keine Beachtung.

Dann schneiden Sie mit einer Schere das Papier in der Mitte durch und verbrennen beide Hälften in zwei getrennten Schalen.

Die Asche der negativen Gedanken übergeben Sie dem fließenden Wasser eines Flusses oder Baches und verabschieden sich bewusst für immer davon.

Die Asche der positiven Gedanken vergraben Sie bei den Wurzeln eines Baumes, der an einem Ort steht, der für Sie ein Kraftort ist.

b) Schreiben Sie eine Woche lang alle negativen Gedanken auf, die Sie „erhaschen" können. Verbrennen Sie täglich das Papier mit den negativen Gedanken des Tages. Sammeln Sie die Asche eine Woche lang. Fahren Sie am Wochenende zu einem Fluss und werfen Sie die

Asche in das fließende Wasser. Sehen Sie zu, wie alles Negative für immer verschwindet.

c) Erkennen Sie einen negativen Gedanken und schreiben Sie ihn in Ihrem Bewusstsein auf eine Tafel.

Löschen Sie mit Licht den Schriftzug und erzeugen Sie eine helle Fläche aus goldgelbem Licht in Ihrem Bewusstsein an der Stelle, an der der Gedanke aufgeschrieben war.

Schreiben Sie jetzt mit einem farbigen Lichtstrahl – die Farbe wählen Sie intuitiv –, welchen Gedanken Sie stattdessen in sich verankern wollen. Umhüllen Sie den Schriftzug und die Tafel mit hellblauem Licht und versiegeln Sie die Oberfläche sorgfältig. Sehen Sie zu, wie die Tafel mit dem neuen Schriftzug in Ihrem Bewusstsein versinkt, und fühlen Sie, wie der Gedanke dort in der Tiefe integriert wird.

Übung 4: Gedanken bewusst machen und die negativen Gedanken umpolen

Wählen Sie zwei feste Tageszeiten – am besten den frühen Morgen, direkt nach dem Aufwachen, und den Abend, kurz bevor Sie einschlafen. Legen Sie ein Heft und einen Stift neben Ihr Bett. Nehmen Sie bewusst Ihren ersten Gedanken des Tages wahr. Schreiben Sie ihn auf und warten Sie dann auf die folgenden Gedanken. Schreiben Sie, ohne zu urteilen, und lassen Sie das Heft an Ihrem Bett liegen. Beschäftigen Sie sich nicht weiter damit.

Am Abend versuchen Sie, die letzten Gedankengänge des Tages aufzuschreiben. Wieder tun Sie dies ohne Zensur, ohne Bewertung in gute und ungute Gedanken. Nehmen Sie sie einfach wahr und halten Sie sie fest.

Nach einer Woche lesen Sie die Liste noch einmal durch. Analysieren Sie jetzt bewusst. Streichen Sie alle negativen Gedanken durch und ersetzen Sie sie durch positive. Markieren Sie alle positiven Gedanken mit einem gelben Leuchtstift. Achten Sie besonders darauf, welche Gedanken häufiger aufgetaucht sind.

Sehen Sie noch einmal einen der negativen Gedanken an. Fragen Sie nach der positiven Bedeutung des Gedankens.

- *Wie hat er versucht, Ihnen zu helfen? Wozu wollte er Sie anregen? Aus welchen Gefühlen ist er entstanden? Was war seine Botschaft?*

Versuchen Sie Ihr Unterbewusstsein, aus dem die Gedanken aufsteigen, zu verstehen. Interpretieren Sie alle Gedanken, auch die scheinbar negativen, als Signale oder als Versuche des Unterbewusstseins, mit Ihnen zu sprechen. Wenn Sie glauben, verstanden zu haben, bedanken Sie sich und lesen Sie sich laut die positive Bedeutung vor. Fahren Sie jetzt auch mit den anderen negativen Gedanken so fort. Bleiben Sie aber eher spielerisch und nicht zu ernst dabei. Versuchen Sie nicht, alle Gedanken „abzuarbeiten". Wenn Sie die Freude und Inspiration verlieren, hören Sie einfach auf.

Ab diesem Zeitpunkt polen Sie Ihre Gedanken in der Früh und am Abend sofort um: Sie nehmen Sie wahr, sprechen Sie aus oder schreiben Sie auf und fragen sofort nach der Bedeutung. Dann bedanken Sie sich und verändern den Gedanken positiv.

Gewöhnen Sie sich an eine Folge von etwa fünf bis zehn Gedanken am Morgen und am Abend. Nur die Gedanken, deren Herkunft Ihnen unklar bleibt und die Ihnen sehr wichtig erscheinen, schreiben Sie auf und lösen Sie zu einem ruhigeren Zeitpunkt, zum Beispiel am Wochenende, auf.

Übung 5: Den Ursprung der Gedanken erforschen – woher kommen die Gedanken?

Nicht immer wird es Ihnen sofort gelingen, den Ursprung der Gedanken sofort zu erfassen. Nicht selten sind die Botschaften verschlüsselt oder auch durch Ängste und Gedankenmuster überdeckt. Dann brauchen Sie etwas mehr Zeit und Ausdauer, um die Bedeutung zu erfahren.

Schreiben Sie diesen Gedanken so originalgetreu wie möglich auf. Fragen Sie schriftlich nach der Botschaft und der Herkunft. Tragen Sie dieses Papier bei sich und beobachten Sie sehr wach den Tagesablauf. Häufig wird Ihnen die Bedeutung rasch vor Augen geführt oder es fällt Ihnen am nächsten oder übernächsten Morgen „wie Schuppen von den Augen".

Dass Sie den wahren Ursprung eines Gedankens erfasst haben, erkennen Sie an der Erleichterung, dem „stimmigen" Gefühl und der Empfindung, sicher zu wissen, dass es so ist. Sammeln Sie die für Sie wichtigsten Gedanken in Ihrem Tagebuch und versuchen Sie festzustellen, ob Sie darin ein Lebensthema erkennen können, an dem Sie gerade arbeiten.

Übung 6: Gedanken im Alltag umpolen

Übungen sind wertvolle Hilfen, um sich für das Leben vorzubereiten. Der Alltag aber bietet nur selten Zeit und Ruhe für beschauliche Betrachtung und Selbstreflexion. Die sechste Übung ist eine Möglichkeit, rasch auf alle Gedanken zu reagieren, die uns den Tag über durch den Kopf schießen.

Besorgen Sie sich ein kleines Heft und einen Stift. Tragen Sie beides immer bei sich. Nehmen Sie sich am Anfang des Tages vor, immer eine Tätigkeit abzuschließen und erst danach die nächste zu beginnen.

Beginnen Sie Ihren Alltag so konzentriert wie möglich und „fangen" Sie einige Gedanken ab. Bei jedem Gedanken wenden Sie die Me-

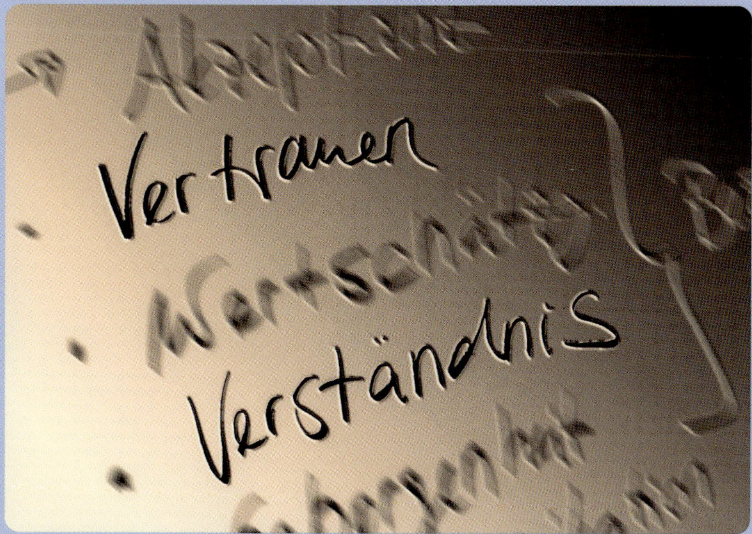

thode an, die Sie schon kennen: Sie streichen negative Gedanken in Ihrer Vorstellung und überschreiben sie mit Licht.

Sobald Sie sich an diese Technik ein wenig gewöhnt haben, achten Sie auf die „großen" Gedanken. Sie werden feststellen, dass regelmäßig so ein bis zwei Mal am Tag Gedanken auf Sie einströmen, die Sie deutlich mehr aufwühlen, als gewöhnliche Alltagsgedanken das zu tun vermögen.

Diese „großen" Gedanken deuten oft auf ein Lebensthema hin, das Sie gerade bearbeiten. Nehmen Sie sich, auch wenn es manchmal schwerfällt, unbedingt die Zeit, diese Gedanken aufzuschreiben. Alle anderen lassen Sie gelassen vorüberziehen und löschen und ersetzen so viele, wie Sie es ohne Druck können und wollen.

Am Abend nehmen Sie sich einige Minuten Zeit und betrachten die wenigen „großen" Gedanken, die Sie im Laufe des Tages gesammelt haben. Gehen Sie dann so vor wie in Übung 5 und 4.

Die Kraft der Vorstellung – Visualisierungstechniken und ihre Wirkung

Zu Beginn des Kapitels haben wir gesehen, dass Gedanken und innere Bilder das Unterbewusstsein dazu anregen, tätig zu werden, und den ganzen Körper beeinflussen können. Die Wirkung der Gedanken lässt sich um ein Vielfaches steigern, wenn wir sie laut und bewusst aussprechen oder wenn wir sie aufschreiben. Die wirksamste Art, das Unterbewusstsein zu erreichen, sind innere Bilder, die mit Gefühlen verknüpft sind. Sie wirken symbolhaft auf unsere Seele und führen zu tief greifenden Veränderungen und bedeutenden Intuitionen.

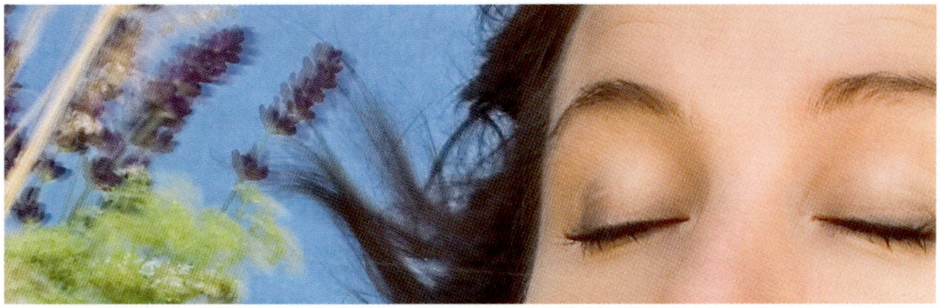

Wir können die Fähigkeit, zu visualisieren, lernen und trainieren. Je plastischer die inneren Bilder sind, umso deutlichere Gefühle lösen sie aus und umso rascher und nachhaltiger ist die Wirkung. Wir halten es für sinnvoll, das Visualisieren zwar intuitiv und frei, aber dennoch mit einer gewissen Systematik zu üben, da erfahrungsgemäß alle Menschen zu bestimmten Bereichen der Vorstellungskraft sehr einfach Zugang finden, andere Teilbereiche jedoch noch wenig entwickelt haben. Visualisierungsübungen sind einfach und gelingen fast immer, entweder sofort oder nach wenigen Tagen regelmäßigen Übens.

Die folgenden Übungen helfen Ihnen, Ihre Intuition zu entfalten.

Zu Beginn der Übungen entspannen Sie sich bitte und atmen Sie tief und locker in den Bauch.

Übung: Farben visualisieren

Blicken Sie sich um und betrachten Sie etwas, das intensiv gefärbt ist. Das kann ein Gegenstand, aber auch der Himmel, die Blätter eines Baumes etc. sein. Schließen Sie die Augen und visualisieren Sie die Farbe in Ihrem Inneren, bis sie leuchtend und kräftig vor Ihnen steht. Dann öffnen Sie die Augen und betrachten noch einmal das Original. Fahren Sie dann mit der nächsten Farbe fort.

Nach einiger Zeit des Übens visualisieren Sie die Farbe, ohne dass Sie zuvor ein Vorbild angesehen haben. Malen Sie mit Farben in Ihrem Inneren. Lassen Sie sie intensiver und blasser werden, sich ver-

mischen, ineinanderfließen, sich wieder trennen, glänzen und wieder matt werden. Werfen Sie Licht darauf und lassen Sie sie wieder im Dunkeln verschwinden.

Betrachten Sie als Abschluss einen Gegenstand vor sich. Schließen Sie die Augen und visualisieren Sie ihn vor sich. Lassen Sie die Farbe intensiver werden, bis Sie den Gegenstand intensiver gefärbt sehen, als er in Wirklichkeit ist. Öffnen Sie die Augen und überprüfen Sie Ihr Ergebnis. Dann schließen Sie wieder die Augen und geben dem Gegenstand eine andere Farbe. Überprüfen Sie auch diesmal Ihr Ergebnis in der Realität.

Schließen Sie noch einmal die Augen und lassen Sie nun die Form des Gegenstandes zerfließen, bis Sie flüssige Farbe sehen, die Sie beliebig verändern und bewegen können.

Übung: Formen modellieren

Betrachten Sie einen Gegenstand in Ihrer Umgebung. Das kann ein Gebrauchsgegenstand oder ein Gegenstand in der Natur sein. Schauen Sie genau hin, so als wollten Sie den Gegenstand abzeichnen. Schließen Sie die Augen und lassen Sie die Form in sich entstehen. Öffnen Sie die Augen und vergleichen Sie das innere mit dem äußeren Bild. Verändern Sie das innere Bild so lange, bis es genau so aussieht wie das äußere.

Beginnen Sie dann, das innere Bild zu verändern.

Verzerren Sie die Proportionen und bringen Sie sie wieder in den Originalzustand zurück. Verändern Sie die Farbe des Gegenstandes, das Licht, das darauf fällt, lassen Sie die Oberfläche glänzen etc.

Lassen Sie zum Schluss einen Gegenstand aus dem Nichts entstehen, ein Auto, ein Tier, ein Gebäude, eine Landschaft, einen Ameisenhaufen. Üben Sie so lange, bis Sie den Gegenstand deutlich mit allen Details vor sich sehen.

Übung: Bewegte Formen

Nun beginnen Sie, die Gegenstände zu bewegen. Lassen Sie sie fliegen, tanzen, auf und ab springen und im Wasser schwimmen oder untergehen. Wenn Sie die Bewegungen abstrakter Formen, wie Kugeln, Spiralen, Kegel, Pyramiden etc., visualisieren können, beginnen Sie mit den Bewegungen des menschlichen Körpers. Sehen Sie ein Kind laufen. Lassen Sie daneben seine Mutter mitlaufen. Schicken Sie beide über eine blühende Wiese – im Hintergrund sehen Sie einen Laubwald mit vielen hellgrünen Blättern im Frühsommer. Widmen Sie sich dann eine Zeit lang Tieren in Bewegung und lassen Sie sie schließlich durch Landschaften laufen, die Sie selbst entworfen haben. Zum Schluss jeder Übung visualisieren Sie fließendes Wasser auf seinem Weg zum Meer.

Übung: Intuitive Bilder

Sie sind bereits sehr weit fortgeschritten und haben alle Werkzeuge erworben, die Sie für das Entwickeln mentaler Kraft brauchen.

Wenden Sie diese nun in intuitiven Bildern an. Intuitive Bilder sind Symbole, Formen und Ereignisse, die in Ihrem Inneren aufsteigen, ohne dass Sie sie bewusst mit Ihrem Willen erzeugt haben.

Entscheiden Sie sich zu Beginn der Übung bewusst dafür, die Kontrolle über Ihr Bewusstsein für die Dauer der Übung los- und das Entstehen innerer Bilder zuzulassen. Beginnen Sie mit den Ursymbolen: Denken Sie „Feuer“ und lassen Sie ein Bild dazu entstehen. Das Feuer kann sich entwickeln, kann wachsen, übermächtig werden und wieder in sich zusammensinken, als Funke weiterfliegen, Städte zerstören oder gemütlich im Kamin brennen. Üben Sie bewusst, sich von Ihrer Vorstellung leiten zu lassen und nicht aktiv zu gestalten. Wenn Sie es zulassen, wird Ihr Unterbewusstsein über diese symbolhafte Sprache mit Ihnen kommunizieren.

Üben Sie auch mit den anderen Ursymbolen Wasser, Wind, Erde, Sonne, Metall, Baum, Berg, See, Meer etc. Geben Sie ein Thema vor und lassen Sie sich von den aufsteigenden inneren Bildern führen.

Bedanken Sie sich unbedingt am Ende jeder Übung bei dem Symbol, das „mit Ihnen gesprochen hat". Dies erleichtert Ihnen den Wiedereinstieg bei der nächsten Übung.

Übung: Bewegte Bilder und innere Geschichten

Erzählen Sie in Ihrer Vorstellung eine Geschichte. Sehen Sie beispielsweise ein Kind vor sich, das einen kleinen Korb in der Hand hält und am Beginn eines Feldweges steht, der sich durch die Landschaft bis zum Horizont dahinzieht. Betrachten Sie das Kind, sein Gesicht, seine Kleider, die bloßen Füße, die Landschaft rundum, den Himmel, die Tageszeit. Versetzen Sie sich in das Bild hinein und leben Sie mit. Dann spüren Sie, was das Kind tun möchte, und lassen es losgehen. Sie begleiten es und beobachten, was ihm begegnet, was es erlebt und wie es reagiert.

Greifen Sie, zumindest am Anfang, möglichst nicht oder nur selten in die Geschichte ein.

Üben Sie, den freien Fluss Ihres Unterbewusstseins zuzulassen und ihm zu folgen.

Übung: Innere Reisen

Innere Reisen sind ähnlich wie innere Geschichten. Sie haben aber meist ein klar definiertes Ziel und dienen oft als Informationsquelle für bestimmte Fragestellungen. Nehmen wir an, Sie haben einen Gedanken identifiziert, der sich immer wieder in Ihrem Bewusstsein einschleicht. Der Gedanke könnte sein: „Hoffentlich wird heute nichts Schlimmes passieren." Sie können trotz des Aufschreibens und Hineinfühlens nicht herausfinden, woher dieser Gedanke kommt, warum er so hartnäckig wiederkehrt und was er Ihnen sagen möchte.

Sie schreiben Ihre Frage auf ein Stück Papier: „Was willst Du mir sagen? Was ist Deine Bedeutung? Woher kommst Du?"

Dann entspannen Sie sich, atmen tief und locker in den Bauch und schließen die Augen. Sie denken an den Gedanken und vor Ihrem inneren Auge entsteht die Angst als eine Gestalt, die Sie klar sehen können: die Haltung, den Gesichtsausdruck, die Kleider, die Umgebung. Möglicherweise hören Sie auch den Klang der Stimme oder das Atemgeräusch. Vielleicht riechen Sie den Geruch der Kleider oder der Natur, in der Sie sich aufhalten. Wiederholen Sie Ihre Fragen und bitten Sie die Gestalt, Sie zu der Antwort zu führen.

Folgen Sie dann der Gestalt und beobachten Sie, beleuchten Sie Orte genauer, an die Sie geführt werden, sehen Sie sich Gegenstände genau an, die Ihnen gezeigt werden, stellen Sie Fragen und hören Sie auf Antworten. Es kann sein, dass Sie sofort Antwort erhalten und Ihr Muster verstehen. Manchmal wird durch die innere Reise ein neuer Prozess in Ihrem Bewusstsein angestoßen, der noch weitere Muster zu Tage bringt. Dann kann es einige Zeit dauern und noch weitere Arbeit brauchen, bis das gesamte Bild an die Oberfläche tritt und sich klar zeigt. In jedem Fall haben Sie mit Ihrer Reise einen Veränderungsprozess angestoßen. Ihr Unterbewusstsein wird alles tun, um Ihre Frage zu beantworten.

Sie üben durch die inneren Reisen zwei sehr wichtige Fähigkeiten für die mentale Arbeit: das Loslassen, das Sich-führen-Lassen und das Vertrauen in Ihre Wahrnehmung.

Nahezu alle Menschen, die beginnen, innere Bilder zu sehen, haben zunächst an dieser Stelle Zweifel: „Ist das die Wirklichkeit oder bilde ich mir das nur ein? Manipuliere ich diese Reisen durch meine Wünsche oder sind es tatsächlich Bilder aus dem Unterbewusstsein?" Wir denken, dass am Anfang sicher beides zutrifft. Und wir sind der Meinung, dass das so in Ordnung ist.

Das Unterbewusstsein findet immer einen Weg, uns wissen zu lassen, was wichtig für uns ist. Nach und nach verstehen Sie die Symbolsprache immer besser und werden auch sich selbst gegenüber immer toleranter. Je mehr Sie zulassen können, ohne mit Angst zu reagieren, umso klarer und eindeutiger werden die Antworten, die Sie erhalten. Schließlich werden Sie klar unterscheiden können zwischen symbolhaft verschlüsselten, verdrängten Gefühlen und direkten Informationen.

10. Kapitel

„Die Kraft des

Augenblicks"

… Dank Toms Geheimnis hatte Miriana im Lauf der Jahre gelernt, ihre mentale Kraft für ihre beruflichen und zukünftigen Pläne anzuwenden. Sie wäre nie darauf gekommen, ihre mentale Kraft auch für ihr Privatleben und ihre Beziehungen einzusetzen. Jahrelang hatte sie die wertvollen Tipps von Tom genutzt, um zur Ruhe zu kommen. Sie nahm sich in der Früh und am Abend immer Zeit, um eine gewisse Klarheit zu entwickeln, und sie lernte, sich jeden Tag vom alten Tag zu verabschieden und sich auf den neuen vorzubereiten. Für dieses Wochenende hatte sie ihr altes Kinderzimmer bezogen. Dort lagen die alten Puppen, die ihr in der Wiege Gesellschaft geleistet hatten. Dort lag auch die Puppe, die sie gemeinsam mit ihrer Mutter – in jenen seltenen Momenten, in denen diese nicht damit beschäftigt war, sich zu beklagen – gemacht hatte. All diese Gedanken und Erinnerungen liefen durch ihren Kopf und schließlich schlief sie ein – ruhig, entspannt und gelöst.

Am Morgen stand sie auf – sie hatte nur einen Tag frei, bedankte sich bei diesem Tag und traf die Entscheidung, diesen Tag mit sich alleine zu verbringen. Sie wollte Zeit für sich haben, sich entspannen und frei sein. Frei werden ohne Druck, einfach entspannen. Sie duschte, zog sich an und schrieb eine kurze Nachricht für ihre Mutter und die anderen Familienmitglieder: „Meine Lieben, der heutige Tag gehört mir. Ich wünsche euch einen schönen Tag. Wir sehen uns am späten Nachmittag.“

Als die Mutter das las, lächelte sie und freute sich, dass endlich jemand das eigene Bedürfnis offen zeigte. Miriana war dazu entschlossen, einen schönen Tag mit sich alleine zu verbringen. Sie hatte beschlossen, in den Park zum See zu gehen. Dort mietete sie, wie immer, ein Boot und fuhr bis zur Mitte des Sees, wo sie zum Schwimmen ins Wasser sprang. Dann lag sie im Boot in der Sonne. Dieses Gefühl liebte sie. Das Boot war wie eine Wiege. Dort fühlte sie sich geborgen, ungestört und frei. Sie lag im Boot und schlief ein. Sie träumte. Sie war am Strand. Es war Mittag und die Sonne brannte. Sie war allein, fröhlich und gelassen. Sie fühlte sich entspannt. Sie saß in freudiger Erwartung am Strand, wusste aber nicht, worauf sie wartete. Das innere Gefühl war ein Gefühl der Leichtigkeit und Entspannung. Sie hatte keine Angst. Von sehr weit her glitt ein schönes, silbernes Boot ruhig auf sie zu. Aus dem Boot stieg ein alter Mann. Er kam auf sie zu und sagte: „Miriana, danke, dass du auf mich gewartet hast. Ich habe eine wichtige Botschaft für dich.“ Der alte Mann war groß und bewegte sich leicht und agil. Er hatte einen sehr freundlichen Gesichtsausdruck und ein entspanntes Lächeln begleitete jede seiner Bewegungen. Viele Falten waren wie Ornamente in seinem Gesicht. Er hatte viel erlebt und in jeder Falte waren seine Erinnerungen gespeichert. Miriana betrachtete erstaunt das Gesicht des alten Mannes und freute sich innerlich über seinen Besuch. Der alte Mann nahm ein schönes Notizbuch aus seiner Tasche. Sie war neugierig, was darin stand. Er öffnete es. Jede Seite war leer. Nur ganz oben, auf der rechten Seite, stand ein Datum und auf der ersten Seite war ihr Geburtsda-

tum zu lesen. Miriana verstand nicht genau, was dieses Notizbuch bedeuten sollte. Als sie es in die Hand nahm, sah sie beim Durchblättern, dass am Ende des Buches viele Seiten mit Jahresdaten aus der Zukunft versehen waren. Sie war überrascht und fühlte sich leicht irritiert.

Der alte Mann sagte: „Liebe Miriana, das ist das Buch deines Lebens. Ein Teil des Buches wurde geschrieben. Du kannst es durch die Qualität deiner Erinnerungen wieder verändern, indem du mit deiner Vergangenheit Frieden schließt, sie annimmst und den Leuten verzeihst, die dir Leid verursacht haben. Jede Seite ist ein Tag. Die Entscheidung, wie du diesen Tag lebst, liegt nur bei dir. Dieses Buch ist das Buch der Zeit, der Zeit deines Lebens. Öffne jeden Tag am Morgen dieses Buch und denke daran, dass das Wertvollste, was du machen kannst, ist, im Hier und Jetzt zu leben. Das Leben im Hier und Jetzt öffnet dir das Tor zu Weisheit und Klarheit. Öffne jetzt dieses Tor und beginne jeden Tag mit einem kleinen Dankbarkeits-Ritual und beende jeden Tag mit einem kleinen Loslassens-Ritual. Du kannst jede Seite deines Lebens schreiben. Im Hier und Jetzt zu leben bedeutet für dich, wertvolle Erinnerungen für deinen Lebensabend zu sammeln. Lass dich führen. Nimm das Buch. Du kannst jederzeit zu mir kommen. Ich bin die Zeit. Ich bin gelassen, weil ich weiß, dass alles seine Zeit hat. Alles, was wichtig für dich ist, passiert, wenn die Zeit dafür reif ist."

Dankbar und erstaunt nahm Miriana das Buch und presste es fest an ihre Brust. Warme Tränen begleiteten den Abschied. Sie war zutiefst berührt und verstand sehr gut, was der alte Mann meinte. Sie nahm sich vor, jeden Tag ihres Lebens als einzigartiges Geschenk zu betrachten. Der alte Mann ging weg. Sie beobachtete noch, wie das Schiff ablegte, und wachte auf. Es waren zwei Stunden vergangen. Sie hatte sehr lange geträumt. Der See war leer und sie war entspannt. Niemand störte sie in ihrer freien Zeit. Sie erinnerte sich an den Traum und trug tatsächlich ein Notizbuch bei sich. Sie hatte gelernt, immer ein kleines Notizbuch bei sich zu tragen, um wichtige Gedanken aufzuschreiben. Sie schrieb den Traum auf. Der Traum war eine wichtige Botschaft. Sie fing an zu rudern, um das andere Ufer zu erreichen. Dort hatte sie als Kind sehr oft befreundete Kinder vom Nachbardorf getroffen. Sie folgte ihrer Intuition und fühlte sich gut und abenteuerlustig …

Lebe im Hier und Jetzt!

„Das ist leichter gesagt als getan. Jedoch ist das Konzentrieren der Aufmerksamkeit auf den gegenwärtigen Zeitpunkt die Basis für ein resonantes (‚mitschwingendes') Verhalten. Wie häufig tun wir das eine, denken aber an etwas anderes, ob es nun in der Vergangenheit oder in der Zukunft liegt. Gelingt es uns aber, unsere Gedanken auf die momentane Situation auszurichten, erfahren wir eine Leichtigkeit des Seins, die uns die Zeit vergessen lässt."[7]

Bewusstheit ist das elementarste Instrument der Seele. Der Körper und die Psyche des Menschen werden von Energien (elektrisch und elektromagnetisch) bestimmt. Diese Energien (im asiatischen Sprachgebrauch Chi oder Ki) folgen dem Bewusstsein.

Wohin wir unsere ungeteilte Aufmerksamkeit richten, dorthin strömt die Lebensenergie.

[7] Witzel, Thomas (2010)

Übung: Tagesrückblick

Was ist die Botschaft des vergangenen Tages? Versuchen Sie, diese Frage jeden Abend zu beantworten, indem Sie den Tag noch einmal an sich vorüberziehen lassen. Tun Sie dies zwei bis drei Mal wöchentlich, tun Sie es bitte schriftlich.

Schritte, um „Hier und Jetzt" zu leben

Leben bedeutet, im Fluss zu sein und sich von Augenblick zu Augenblick führen zu lassen. Um dies zu erreichen, müssen wir hellwach, leistungsfähig und gleichzeitig entspannt sein. Folgende Punkte führen zu diesem Zustand:

- *Sich erlauben, eine gewisse Zeit am Tag nichts zu tun. Sind wir dazu nicht mehr fähig, sind wir nicht mehr entspannt und stehen unter (Leistungs-)Druck. Intuitives Geführtwerden verlangt das Gefühl, Zeit zu haben.*
- *Annehmen, was da ist und was jetzt zu tun ist. Wir sind nicht im Augenblick, wenn wir uns aussuchen wollen, was wir tun wollen. Das Leben fließt in Wellen durch uns und stellt uns zur richtigen Zeit die optimalen Aufgaben. Die geeignete Einstellung ist: Was jetzt auf uns zukommt, will jetzt gelöst werden.*
- *Für sich selbst Zeit planen, sich erlauben, zu tun, was man im Moment als Bedürfnis wahrnimmt. Wenn wir frei von beruflichen Verpflichtungen sind, ist es wertvoll, in uns hineinzuspüren und unsere Bedürfnisse wahrzunehmen. Was uns jetzt am wichtigsten ist, sollten wir tun, nicht, was wir meinen, tun zu müssen. Zu tun, wonach unser Inneres verlangt, bedeutet, frei zu sein. Mit der Zeit lässt sich dieses Handeln immer weiter in den Berufsalltag ausdehnen.*
- *Produktiv sein – etwas Wertvolles erschaffen. Die Seele des Menschen erfährt Befriedigung und Glück, wenn sie etwas Sinn- und Wertvolles hervorbringt. Dies kann Ordnung im Haushalt, ein Gedicht, ein Bild oder Kunstwerk, ein Ausflug, das Erlernen einer Sprache oder eine Ausbildung sein. Wir sind geschaffen, um entspannt und mit Begeisterung tätig zu sein.*

- *Akzeptieren, wenn etwas unangenehm für uns ist. Unangenehme Emotionen können sich erst auflösen, wenn wir sie bewusst wahrnehmen, zugeben, dass sie etwas mit uns zu tun haben, und sie annehmen. Der erste Schritt zur Heilung ist daher die Akzeptanz dessen, was uns stört. Erst danach können wir entscheiden, ob wir handeln, ob wir etwas verändern sollen. Der schwierigste Schritt ist es, bewusst hinzuschauen, sich dem Unangenehmen zu stellen und es anzunehmen. Alles andere löst sich oft leicht und spielerisch.*
- *Was bereitet uns Freude? Zugang zur Freude müssen wir uns schaffen, indem wir „Freude planen". Jeden Tag persönliche Freude einzuplanen, ist ein Liebesbeweis an uns selbst. Dies bewusst zu tun, ist ein großer Schritt zum Leben im Augenblick.*
- *Die Botschaften des Augenblicks verstehen. Jedes Ereignis in unserem Leben ist auch eine Lerngelegenheit. Missgeschicke, glückliche Fügungen, zufällige Begegnungen, kleine und größere Unfälle, Gefühle und Emotionen, alles regt uns zu Bewusstheit und Fortschritt an, wenn wir es wahrnehmen und hinterfragen.*
- *Lebensfreude bedeutet: „Ich bin gerne hier." Der Wunsch, dies zu erleben, soll an jedem Tagesanfang und -ende stehen.*
- *Der gelassene Umgang mit der Zeit. Zeit ist weder knapp noch*

ist sie unser Feind. Eine der erfülltesten Liebesbeziehungen erleben wir, wenn wir Freundschaft mit der Zeit schließen.

- *Gerne im Jetzt zu leben und nicht darüber hinaus zu denken oder zu fühlen, führt dazu, dass wir das Leben durchschauen und genießen lernen. Freundschaft mit der Zeit führt auch zu Vertrauen und Geborgenheit. Die vorzüglichste Übung, um diesem Ziel näher zu kommen, ist das bewusste entspannte Atmen in den Bauch.*
- *Eine Schlüsselsituation zeigt, wie gelassen wir mit der Zeit umgehen können: Wenn etwas länger dauert, als wir geplant haben, und wir das ruhig und dankbar annehmen können, sind wir auf dem richtigen Weg.*

- *Leben bedeutet, sich zu erfahren. Dazu brauchen wir als wichtigstes Werkzeug den Körper: Tanzen, bewusstes Atmen, Übungen und jede Form der freudvollen Bewegung steigern das Bewusstsein.*
- *Abgrenzung ist nötig, damit es uns gelingen kann, im Fluss zu sein, die Kontrolle im Leben der höheren Weisheit zu überlassen und anzunehmen, was auf uns zukommt. Abgrenzung schafft Raum und Abstand. Darin können wir uns bewegen und tätig werden. Nur wenn wir uns abgrenzen, können wir bewusst beobachten, was um uns herum geschieht. Nur dann ist es uns möglich, eine eigene Meinung zu bilden, Verantwortung zu übernehmen und selbst zu leben.*

Die Praxis der Kraft des Augenblicks

- *In verwirrenden Situationen uns beobachten: „Wie geht es mir körperlich? Wie geht es mir seelisch? Was tue ich gerade? Was lerne ich?"*
- *Uns nicht mehr wehren – die Kritik aufgeben. Kritik an dem Augenblick (an Menschen, Umständen, am Schicksal ...) ist das Fixiertsein auf etwas, das in Wahrheit nicht existiert.*
- *Bedürfnisse aufschreiben (mindestens vier) – mit der Zeit ständig im Kontakt mit den eigenen Bedürfnissen sein.*
- *Eine Personifizierung der Zeit visualisieren – wie sieht sie aus, wie ist ihr Charakter, wie steht sie zu mir, was tut sie mit mir?*
- *Die somatische Intelligenz des Körpers wecken und einsetzen (atmen, sich bewegen – schütteln, klopfen, tanzen).*
- *Flexibel werden – visualisieren, wie wir das Leben annehmen und uns ihm hingeben.*
- *Unterscheiden lernen zwischen Gefühlen (ruhig, länger andauernd, mit Geborgenheit und Sicherheit verbunden) und Emotionen (kürzer, nervöser, heftiger, unsicherer, launischer, körperbezogener).*
- *Am Abend jeden Tages und am Wochenende Bilanz ziehen –*

zurückschauen und bewusst wahrnehmen, was wir erlebt haben. Was war gut? Was war unangenehm? Was habe ich gelernt? (z. B.: Wann hat meine Angst begonnen?)

- *Den nächsten Tag, die nächste Woche planen: Was ist zu erledigen? Was will ich schaffen? Was bereitet mir Freude? Wie ernähre und pflege ich meinen Körper?*
- *Angst bewusst wahrnehmen und ihr einen angemessenen Platz zuweisen. Die Wurzel jeder Angst liegt in der Angst vor dem Tod. Bewusstheit und Annehmen (Vertrauen) wirken der Angst entgegen. Wir müssen uns irgendwann mit dem Tod auseinandersetzen – z. B. durch die Frage: „Was würde ich tun, wenn ich bald von dieser Erde gehen müsste?" (schriftlich beantworten – zeichnen ...). Angst durchzieht das Leben fast aller Menschen. Oft zeigt sie sich als körperliche und seelische Starrheit (Angst vor Veränderung), Minderwertigkeitsgefühl, Zukunftsangst oder Angst, dass etwas passieren könnte (Krankheit, Unfall, Arbeitslosigkeit, Verlust des Partners bzw. der Partnerin, Verlust von Geld oder Anerkennung ...). Lösen wir die Angst vor dem Tod auf, verlieren auch die anderen Ängste ihre Grundlage und haben keine Macht mehr über uns.*
- *Im Zusammenleben mit „schwierigen" Menschen die Frage beantworten: „Welche innere Schönheit trägt dieser Mensch in sich?"*
- *Immer wieder visualisieren, wie fließendes Wasser einen festen Stein umspült. Dann im Alltag die Beobachterrolle einnehmen und das Leben immer häufiger interessiert, aber emotionslos beobachten. Immer wieder längere Zeit die Natur beobachten und sie als Lehrmeisterin betrachten.*

„Um im Fluss zu sein, d. h. mit Leichtigkeit den Aufgaben des Alltags zu begegnen, sollten wir uns also ganz auf den gegenwärtigen Augenblick konzentrieren und, ohne zu bewerten, vertrauensvoll den nächsten Schritt wagen. Dabei dürfen wir getrost unserer inneren Stimme folgen, die uns spontan das Angemessene tun lässt.

Sollte sich zufällig dabei ein Gefühl der Freiheit und inneren Stärke einstellen, könnte es durchaus sein, dass Sie gerade einen Zustand erleben, den die Taoisten wu wei nennen." [8]

Der natürliche Rhythmus der Atmung

Im Alltag neigen viele von uns dazu, den eigenen Körper zu „vergessen". Das Zentrum unserer Bewusstheit befindet sich nahezu ausschließlich in unserem Kopf: Wir sind beherrscht von unseren Gedanken. Der Körper „hängt" gewissermaßen nur am Kopf dran und erhält sehr wenig Aufmerksamkeit. Viele spüren ihn erst dann, wenn er nicht mehr funktioniert, so wie er soll, oder wenn eine Körpersensation wie z. B. Schmerz, Hitze, Kälte, Hunger oder Ähnliches auftritt. Der nächste Impuls ist dann oft das Bedürfnis, dieses Gefühl unter Kontrolle zu bekommen, sodass wir wieder mit der Tätigkeit fortfahren können, bei der uns unser Körper in so unangenehmer Weise unterbrochen hat.

Um die eigene Körperwahrnehmung zu steigern, können Sie die folgende Atemübung durchführen. Wie intensiv Sie diese machen wollen, welche Körperbereiche Sie behandeln wollen und wie lange Sie die Übung ausdehnen, liegt an Ihnen.

[8] Witzel, Thomas (2010)

Übung: Den Körper beatmen

Schließe deine Augen. Nimm drei Atemzüge durch den Bauch und drei tiefe Atemzüge durch den Brustkorb. Bitte atme tief und entspannt. Spüre, wie die Atmung auf dich wirkt.

Entspanne deinen Körper, spüre deinen Kopf, deinen Nacken, deinen Hals, atme tief ein und fühle, wie dieser Bereich sich entspannt. Stell dir vor, wie deine Schultern in den Boden sinken und du immer entspannter und klarer wirst. Fühle deine Arme, deine Hände, deine Füße. Spüre deine Kraft. Hole tief Luft und nimm wahr, wie es dir innerlich geht. Wie fühlst du dich jetzt, wie fühlt sich dein Körper an?

Spüre deine inneren Organe: das Herz, die Lunge, den Magen. Ergründe, wie sie leben und dich Zeit deines Lebens begleiten. Spüre deine Niere, ihre reinigende Kraft, wie sie dich unterstützt, und atme tief. Fühle in dir drinnen die Kraft, frei und gelassen zu sein. Atme tief in den Bauch und spüre deine Mitte, deine Blase, die Geschlechtsorgane. Atme tief und entspanne dich.

Nun spüre deine Beine, deine Knie bis zu den Füßen und atme einfach tief.

Atme entspannt, genieße diese Zeit für dich. Entspanne dich und sage innerlich drei Mal leise zu dir: „Ich habe alle Zeit der Welt." Atme tief.

Spüre jetzt den ganzen Körper. Bedanke dich bei deinem Körper, der dich auf der Reise durch das Leben begleitet. Fühle deinen Körper und seine Kraft. Atme einfach tief und entspanne dich.

Spüre jetzt dein Herz, seinen Schlag, und spüre, welchen besonderen Rhythmus deine Atmung und dein Herz haben, und wie du in deinem Leben nach deinem Rhythmus leben darfst. Atme tief und nimm diese Kraft wahr.

Spüre, wie du das Recht besitzt, nach deinem eigenen Rhythmus zu leben und deine eigene Beziehung zur Zeit zu finden. Atme tief und fühle in dir, wie der Herzschlag den Rhythmus des Lebens bestimmt und wie es an dir liegt, aus deiner Zeit das Beste für dich zu machen.

Atme tief und entspanne dich. Visualisiere jetzt eine Wiese oder einen anderen schönen Ort, vielleicht einen Strand oder Berg, und stelle dir vor, wie du an diesem Ort bist – entspannt und gelassen –, und sieh, wie ein kleines Kind auf dich zukommt. Dieses kleine Kind bist du, ist deine Intuition, dein kindlicher Anteil, ist der Teil von dir, der am meisten und am klarsten die Zeit lebt und spürt. Bemerke, wie jetzt auf diesem Platz auch deine Eltern sind, wie sie dort stehen. Wenn es für dich passend ist, bedanke dich bei ihnen für die Geschenke, die sie dir gemacht haben, für die Kraft, die sie dir gegeben haben, für die Liebe, die Unterstützung und die Gelassenheit, die du von ihnen bekommen hast. Bedanke dich für das, was für dich möglich ist, und für das, was du heute anders machen darfst, und sage deinen Eltern jetzt: „Ich lebe jetzt, in meiner Zeit, nach meinen Vorstellungen. Ich entscheide mich für meinen eigenen Weg und lebe meine Zeit nach meinen Wünschen. Ich lebe in totaler Freiheit, bin entspannt und gelassen."

Spüre jetzt, wie deine Eltern gehen, sich verabschieden und du mit deinem inneren Kind alleine bleibst. Umarme dieses Kind, halte es fest, fühle es. Atme tief und empfinde, wie es jetzt an dir liegt, zu entscheiden, wie du mit deiner Zeit umgehst. Und wenn du unter Druck mehr leisten kannst, schließe jetzt Frieden mit der Zeit und sag dem Kind, wie deine Wünsche und deine Zeit Teil deines Lebens sind. Jeder Augenblick, den du lebst, wird zu einer wunderschönen Vergangenheit, ist eine Bereicherung der Gegenwart und war einmal hoffnungsvolle Zukunft.

Atme tief und spüre für dich, was das Kind braucht. Sag zu ihm: „Ich habe alle Zeit der Welt", und frage es, wie es ihm geht und was es braucht. Nimm einen tiefen Atemzug und lasse die Antwort hochkommen. Nimm drei tiefe Atemzüge, lege deine Hand auf den Solarplexus und spüre, wie du über deine Zeit entscheidest.

Atme tief und spüre nun dein Herz. Wiederhole innerlich: „Ich habe alle Zeit der Welt. Aus meinem Herz fließt eine ewige Quelle der Liebe."

Spüre, wie das Herz deine spirituelle Kraft in sich trägt, und nimm wahr, wie die Zeit das ist, was du entscheidest. Hinter den Pflichten und dem alltäglichen Funktionieren bleibt immer deine innere Einstellung zu dem, was du lebst. Du entscheidest, wie du auf deinen Tag reagierst – auf dein Leben, auf die Ereignisse im Leben. Es ist deine Macht, aus der Zeit etwas Schönes für dich und dein Leben zu machen. Nimm dir Zeit für die Leere, die Stille und für dich.

Atme tief und entspanne dich. Und wenn es für dich an der Zeit ist, öffne deine Augen und begegne dem Leben nun mit deiner neuen inneren Einstellung und deinem Körpergefühl.

11. Kapitel

„Sich im Körper spüren"

… Miriana kam zum anderen Ufer des Sees. Sie war froh, dass sie gelernt hatte, auf ihren Körper zu achten, und erinnerte sich bewusst an ihren Kampfkunstlehrer. Dieser sagte immer zu ihr: „Wenn du im Leben glücklich sein willst, musst du dich in deinem Körper wohlfühlen.“ Sie hatte gelernt, bewusst mit ihrem Körper umzugehen. Immer, wenn es ihr seelisch schlecht ging, fand sie die Möglichkeit, sich zu bewegen. Sie liebte es, durch die Wälder zu streifen. Sie liebte es, ihren Körper stark, kräftig und gesund zu spüren. Sie hatte gelernt, dass oft seelische Blockaden oder Unbehagen dem Körper das Gefühl der Lähmung geben und man in solchen Momenten oft nicht einmal die Kraft besitzt, sich ein Glas Wasser zu holen. Sie hatte mit der Zeit gelernt, sich zu spüren und sich selbst wahrzunehmen. Sie hatte mit der Zeit gelernt, sich zu überwinden und voll in der Kraft zu sein. Sie hatte mit der Zeit gelernt, auf ihren Körper zu hören. Als ein Gefühl der Lähmung kam, hatte sie gelernt, mit diesem Gefühl umzugehen und kleine Schritte zu machen. Sie hatte auch erfahren, dass die Leichtigkeit im Körper beginnt. Nach dem Traum im Boot fühlte sie sich entspannt und gelassen und hatte nur das Bedürfnis nach einem sanften, langsamen Spaziergang durch den Wald. Sie brachte das Boot ans Ufer und ging los in Richtung alte Villa, dort, wo sie als Kind oft zu Gast gewesen war. Sie ging einige Schritte weiter, als jemand laut ihren Namen rief. Marco, ein Freund aus ihrer Kindheit, stand vor ihr und strahlte sie an. Er war auf der anderen Seite des Ufers aufgewachsen und hatte immer viel mit Miriana, ihrer Schwester und den anderen Kindern der Gegend unter-

nommen. Er erzählte nun, dass er in den letzten Jahren jedes Jahr einige Monate in Indien in einem Ashram verbracht hatte.

Er hatte durch seine spirituelle Entwicklung eine schlimme Krankheit besiegt. Seitdem widmete er sich unterschiedlichen Formen der Meditation, die Körper und Seele verbinden. In der alten Villa seines Großvaters hatte er ein Zentrum gegründet und er lud sie dorthin ein, um es ihr zu zeigen. Er hatte erkannt, dass das Einzige, was ihn glücklich machte, Bewegung war – so, wie sie als Kinder gelebt hatten. Und er hatte verstanden, wie ihn seine Krankheit wieder in diese Richtung lenkte. Aus diesem Grund arbeitete er bewusst mit Menschen, die sich wiederfinden wollten, mit Menschen, die ihren Körper bewusst leben wollten. Miriana war froh über diese Begegnung und entschloss sich dazu, ihn zu begleiten. Die Begeisterung ihres alten Freundes fürs Leben, seine Ausstrahlung, Leidenschaft und Lebenskraft gaben Miriana noch mehr Motivation, das Leben anzunehmen, und sie freute sich, das Lebenswerk ihres Freundes bewundern zu können. Sie gingen langsam, aber mit agilen Schritten, ohne zu reden, in absoluter Stille. Sie hörten ihre eigenen Schritte, die Stimme der Natur und den eigenen Herzschlag. Er sagte: „Miriana, achte auf deinen Herzschlag, während du gehst. Dann wird dir bewusst, dass das Leben fließt und dass wir bewusst den Fluss des Lebens erzeugen können.“ Er lachte und ging entschlossen weiter …

Innere Ruhe

Durch die innere Ruhe können wir lernen, uns zu spüren, präsent zu sein und alles spontan und kraftvoll zu machen. Durch diesen Zustand manifestiert sich unsere Intuition und führt uns bewusst zu unseren nächsten

Schritten. Zwei maßgebliche Eigenschaften sollten wir in unser Leben einladen: Geduld und Vertrauen. Wenn wir bei uns sind und warten, nimmt uns das Leben mit in seinem Fluss. Alles ist in Veränderung und wir können in die Dynamik der immerwährenden Energie des Lebens eintauchen.

Die innere Ruhe und das bewusste Wahrnehmen von Intuition sind Prozesse, die entstehen und in denen wir geführt werden. Wir bekommen Unterstützung ab dem Moment, wenn wir die Absicht äußern, intuitiv und heil zu sein, und wenn wir – entspannt und klar – jeden Schritt des Prozesses genießen.

Geduld und Vertrauen sind die Wurzeln der Heilung. Der Prozess, in dem wir dazu finden, authentisch und uns treu zu sein, entsteht in einer Zeit, die sich für jeden Menschen unterschiedlich gestaltet. Es ist wichtig, jede Phase des Prozesses zu genießen und dankbar zu sein. Hören wir unseren inneren Dialog und unsere Bedürfnisse! Schaffen wir innere Räume, um innerlich zu wachsen und um einen inneren Dialog zwischen Eltern-Ich und innerem Kind zu bewirken. Die bewusste Wahrnehmung unseres Körpers, unserer Gefühle, unserer Emotionen und Veränderung schenkt uns eine neue und intuitive Lebensführung mit einer enormen Steigerung unser Lebensqualität.

Übung: Den Dialog mit dem Körper entwickeln

Nehmen wir uns ca. eine halbe Stunde Zeit für diese Übung. Versuchen wir zu spüren, wie unser Körper sich anfühlt und wie wir uns in unserem Körper fühlen. Hören wir den Körper und vertrauen wir seiner Intelligenz. Er spürt uns und schickt uns bedeutungsvolle Signale, die uns wertvolle Informationen über unseren Zustand geben. Wenn wir unseren Körper spüren, nehmen wir wahr, wie es uns geht, und wir finden über eine bewusst erreichte körperliche Entspannung die Möglichkeit, emotionale Blockaden und alte Verletzungen sowie Gefühle zu lösen.

Es ist wichtig, uns zu befreien sowie die Erfahrung, den Körper und die Emotionen, die uns begleiten, zu spüren, ebenso die Erfahrung der Angst, Wut, Trauer, Traurigkeit und die der Stille in unserem Körper. Der Körper ist das Kleid der Seele. Ihn zu spüren erlaubt uns, dieses Kleid für unsere Seele richtig zu gestalten.

Übung: Den Körper spüren

Empfinden Sie durch diese Übung Ihren Körper wie einen Tempel, in dem Emotionen stattfinden. Nehmen Sie sich Zeit für diese Übung, suchen Sie einen ruhigen Ort und finden Sie eine angenehme Stellung im Liegen oder Sitzen. Entspannen Sie die Beine, die Arme und atmen Sie zehn Mal tief in den Bauch. Beobachten Sie Ihre Atmung und sinken Sie langsam und tief in sich. Richten Sie Ihre Aufmerksamkeit auf Ihren Körper. Spüren Sie zuerst Ihr Herz und dann in Ihrem Herzen die Liebe und Akzeptanz. Lassen Sie zu, dass die Akzep-

tanz des Herzens sich im gesamten Körper ausdehnt. Geben Sie dieser Akzeptanz einen weiten inneren Raum.

Beobachten Sie jetzt, was im Körper passiert. Gibt es einen Bereich, der sich meldet? Spüren Sie Spannungen? Sollten Sie welche spüren, spüren Sie hinein und stellen Sie die intuitive Frage: „Welche Botschaft hast du für mich?" Seien Sie neugierig und öffnen Sie den Umgang mit Ihrem Inneren.

Übung: Spüren Sie die Lebendigkeit Ihres Körpers

Blockaden spiegeln sich immer im Körper wider. Das Lösen von alten Mustern befreit auch den Körper von Verspannungen. Bewegung hilft uns, den Körper bewusst wahrzunehmen und die neue Freiheit zu genießen. Dadurch verankert sich das neue Eigenbild tief im Unterbewusstsein.

- *Tanzen Sie frei und intuitiv zu Musik, die Sie glücklich macht. Spüren Sie sich frei, beweglich und kraftvoll in Ihrem Körper.*
- *Yoga wirkt gezielt auf einzelne Körperregionen und führt zu einem höheren Körperbewusstsein. Nehmen Sie bewusst wahr, wie sich einzelne Bewegungen anfühlen.*
- *Langsames, bewusstes, sanftes Laufen gibt Ihnen ein Gefühl von Freiheit und Verbundenheit mit sich selbst. Gehen Sie nicht in die „Falle", etwas leisten zu wollen.*
  Laufen Sie mit fröhlichem Gesicht, langsam und sehr bewusst.
- *Atemübungen verbinden Sie mit sich selbst. Versuchen Sie, den Atem kommen und gehen zu lassen, wie er will. Sie beob-*

achten ihn und nehmen wahr, wie sich Ihre Gefühle verändern. Kontrollieren Sie niemals mit Gewalt Ihre Atmung.

- *Tiefentspannung befreit Sie von erlernten gedanklichen Mustern und Glaubenssätzen. Nehmen Sie wahr, wie wenig Sie brauchen, um glücklich zu sein. Genießen Sie es, zu leben, zu atmen und Ihren Körper zu spüren.*

Übung: Das Bewusstsein auf den Körper lenken

- *Suchen Sie eine angenehme Lage, in der Sie eine halbe Stunde bequem verharren können. Lüften Sie den Raum. Achten Sie darauf, dass die Atmosphäre so angenehm wie möglich ist und dass Sie nicht gestört werden.*
- *Atmen Sie bewusst, indem Sie den Atem mit Ihrem Bewusstsein begleiten, ohne ihn zu verändern. Nehmen Sie Ihren Körper wahr. Fühlen Sie seine äußere Grenze – die Haut. Achten Sie genau darauf, wo der physische Körper endet und wo die Umgebung (Kleidung, Luft) beginnt.*
- *Nehmen Sie wahr, wie in Ihrem Solarplexus eine kleine, gelbe Sonne brennt und helle Lichtstrahlen in den Bauch aussendet. Bemerken Sie, wie in Ihrem Herzen eine grüne Lichtkugel pulsiert und hellgrünes Licht in den Brustraum schickt.*
- *Fühlen und sehen Sie, wie die beiden Lichtquellen sich ausdehnen und sich miteinander verbinden. Ihr Licht dehnt sich auf den ganzen Körper aus. Diese Verbindung von Herz und Bauch löst sehr angenehme Gefühle aus: „Nach so langer Trennung endlich wieder zusammen …"*
- *Das Licht der beiden Lichtzentren nimmt immer weiter zu und wird so groß, dass es beginnt, den Körper zu verlassen. Es strahlt aus und erhellt die Umgebung, wobei es unaufhaltsam weiterwächst und sich immer weiter ausbreitet. Begleiten Sie dieses Wachstum mit Ihrer Aufmerksamkeit, bis das Licht, das aus Ihrem Körper ausstrahlt, die ganze Welt einschließt. Sagen Sie jetzt einen ehrlich gemeinten Satz wie zum Beispiel: „Es möge viel Licht und Liebe in der Welt sein und in allen Menschen, die auf ihr leben." Kehren Sie dann langsam*

wieder zu sich zurück und beenden Sie die Übung mit einigen bewussten Atemzügen.

Ziel der Übung ist, das Bewusstsein darüber zu erlangen, dass wir beständig Energie in unsere Umwelt ausstrahlen und dass wir so die Fähigkeit haben, positive Veränderungen in unserer näheren und ferneren Umgebung auszulösen.

Übung: Natürlich atmen

Nehmen Sie eine Haltung ein, bei der die Wirbelsäule gerade ist. Dies kann im Stehen, Sitzen oder Liegen sein. Legen Sie nun die Zunge an den oberen Gaumen hinter die Schneidezähne. Atmen Sie durch die Nase ein und aus.

- *Beginnen Sie mit einem langen, gründlichen Ausatmen, so lange, bis die Lunge vollständig leer ist. Warten Sie einige Sekunden mit leerer Lunge.*

- *Wenn der „Lufthunger“ deutlich geworden ist, lassen Sie die Luft von selbst einströmen. Nehmen Sie wahr, wie sie in den Körper strömt. Versuchen Sie nicht, besonders tief einzuatmen oder den Körper beim Atmen zu dehnen. Der Atem kommt und geht, wie er will. Nach dem Einatmen warten Sie einige Sekunden mit voller Lunge.*
- *Lassen Sie die Luft wieder ausströmen und beobachten Sie, wie die Lunge sich leert. Bleiben Sie wieder einige Sekunden lang mit leerer Lunge und wiederholen Sie den Zyklus etwa zwanzig Mal.*

Widerstehen Sie der Versuchung, tief einzuatmen. Dadurch verkrampfen Sie sich und begrenzen Ihr Atemvolumen auf lange Sicht. Die Luft nimmt sich ihren Raum von selbst. Der Körper ist in entspanntem Zustand viel dehnungsfähiger und nimmt auf lange Sicht weitaus mehr Luft in sich auf, als wenn wir ihn zum Atmen zwingen würden.

Übung: Bewusst gehen

Unsere Körperhaltung, Gestik und Mimik haben direkten Einfluss auf unsere Gefühle. Die Spannung des „Muskelkorsetts“, die Stellung der Gelenke spiegeln und beeinflussen unsere Stimmung. Verändern wir die Haltung und die Bewegungsabläufe des Organismus, verändern wir unsere Lebensgrundstimmung.

- *Achten Sie beim Gehen darauf, wie sich das Gewicht Ihres Körpers auf die Fußsohlen und auf den Boden überträgt.*

- *Wehren Sie alle Gedanken ab, die Sie vom Empfinden Ihres Körpers abhalten. Lassen Sie sie einfach „durchziehen" und kehren Sie zum „bewussten Gehen" zurück.*
- *Achten Sie auf Ihre Haltung. Gehen Sie mit gerader Wirbelsäule und erhobenem Kopf. Ihren Blick halten Sie in Augenhöhe oder sogar ein wenig darüber. Die Mundwinkel ziehen Sie leicht nach oben – als lächelten Sie „nach innen".*

Übung: Bewusst sprechen

Die Sprache ist unser wichtigstes Kommunikationsmittel. Wir tauschen Energie und positive Schwingungen über die Vibrationen unserer Stimmbänder aus. Nicht umsonst gilt die menschliche Stimme als das schönste aller Instrumente. Die ägyptische Kultur kannte bereits die „Macht der Stimme". Gemeint ist, dass eine wohltönende, kräftige, deutlich artikulierende Stimme eine große Wirkung auf Zuhörende ausübt – sowohl im bewussten als auch im unbewussten Bereich. Diese Kraft können wir zu einem „Geschenk an unsere Umgebung" ausbilden, indem wir über unsere Stimme liebevolle, hilfreiche, ermutigende Empfindungen aussenden.

- *Nehmen Sie sich in der Früh vor, Ihre Stimme als positive Kraft für sich und andere zu verwenden. Planen Sie Übungszeiten für die Verfeinerung Ihrer Stimme ein.*
- *Üben Sie drei Mal am Tag so zu sprechen, dass Sie sich selbst beim Sprechen zuhören. Achten Sie darauf, ob Sie deutlich, laut genug und in positiven Formulierungen sprechen.*
- *Suchen Sie neue Begriffe, die Ihren Wortschatz erweitern, und benützen Sie sie mehrmals am Tag. Schreiben Sie solche „Schätze" auf und üben Sie sie mehrere Tage lang bewusst. Achten Sie darauf, respektlose und wenig würdevolle Ausdrücke aus Ihrem Wortschatz zu streichen. Lassen Sie nur „erbauliche" Worte über Ihre Lippen kommen.*

Übung: Bewusst essen

Die Nahrungsauswertung ist ein überaus komplexer Vorgang. Sie funktioniert um ein Vielfaches sorgfältiger, wenn wir das Kauen und Einspeicheln mit unserer Aufmerksamkeit begleiten.

- *Nehmen Sie Ihren Teller und suchen Sie einen ruhigen Platz. Schalten Sie Fernsehen, Radio, Telefon und Computer aus. Wählen Sie eine angenehme Beleuchtung und lüften Sie den Raum.*
- *Setzen Sie sich bequem und aufrecht hin. Betrachten Sie die Speisen auf Ihrem Teller. Sagen Sie innerlich „Danke", dass Sie zu essen haben, dass die Pflanzen für Sie gewachsen sind, dass sie Sonnenlicht für Sie aufgenommen und gespeichert haben. Wenn Sie wollen, halten Sie Ihre Hände über die Speisen und segnen Sie sie, indem Sie in Ihrer Vorstellung goldenes, indigofarbenes und gelbes Licht darüberfließen lassen. Sehen Sie die Speisen in diesem Licht strahlen und sich aufladen. Riechen Sie die Speisen. Freuen Sie sich darauf, zu essen.*
- *Nehmen Sie jetzt den ersten Bissen in den Mund. Achten Sie darauf, dass der erste Bissen klein ist. Legen Sie das Besteck neben den Teller und entspannen Sie sich. Schließen Sie die Augen und erforschen Sie die Speise mit Ihrer Zunge, Ihren Zähnen und Ihrem Gaumen. Genießen Sie den Geschmack und kauen Sie den Bissen sehr, sehr gründlich, so lange, bis er sich wie Wasser im Mund anfühlt.*
- *Seien Sie mit Ihrer Aufmerksamkeit ganz „dabei", während Sie kauen, einspeicheln und genießen.*
- *Schlucken Sie und nehmen Sie wahr, wie sich der Bissen im Magen anfühlt. Genießen Sie das angenehme Gefühl, ernährt zu sein.*

- *Warten Sie einen Moment und hören Sie in sich hinein, ob der Körper nach weiterer Nahrung verlangt. Wenn ja, nehmen Sie den nächsten Bissen in den Mund, wenn nein, beenden Sie die Mahlzeit.*
- *Bleiben Sie nach dem Essen noch mindestens fünf Minuten lang sitzen, bis der Magen alles „geordnet" hat. Wenn Sie Zeit haben, ruhen Sie ein wenig aus, bevor Sie weiterarbeiten. Die Speisen werden dadurch genauer ausgewertet und Sie fühlen sich länger satt.*

12. Kapitel

„In sich eintauchen"

… Miriana kam mit Marco zu seinem Zentrum. Sie konnte sich gleich wieder an die alte Villa erinnern, deren Stil erhalten geblieben war. Es war alles wie damals, nur liefen sehr viele Menschen in weißem Leinengewand und mit strahlenden Gesichtern herum, die körperlich sehr agil wirkten. In Zusammenarbeit mit einigen Ärzten hatte Marco ein Rehabilitationszentrum für Menschen, die nach langem Krankenstand wieder zu sich finden wollten, aufgebaut. Seine Arbeit wurde in der Gegend sehr geschätzt und deshalb war die Warteliste für sein Zentrum ziemlich lang. Marco liebte seine Arbeit sehr. Täglich machte er in der Früh, zu Mittag und am Abend zusammen mit den Leuten seine Übungen. Alle hatten auch zwei Stunden am Nachmittag und drei Stunden am Abend für sich. Marco war sehr entspannt und erklärte nicht viel während des Rundganges. Er ließ Miriana durchspazieren und ließ den Ort und die freundlichen Menschen für sein Projekt sprechen. Miriana spürte, dass Marco etwas Wichtiges mit seinem Lebensbeispiel aufzeigte. Er hatte gelernt, mit dem Leben zu fließen und nichts erzwingen zu wollen. Marco sagte zu ihr: „Solange es notwendig ist, dieses Projekt zu führen, werde ich hier bleiben und bin bereit, diesen Weg zu gehen. Sonst werde ich einen anderen Weg gehen. Ich bin bereit für das, was auf mich zukommt. Ich bin bereit, meine Aufgabe zu erfüllen."

Unser Alltag ist ein Rummelplatz voller Reize und Eindrücke. Wir erleben ihn manchmal wie auf einem Karussell, das sich mit uns immer schneller dreht. Ruhe ist nicht einfach ein „Instrument", das wir mit einem Yoga- oder Entspannungskurs erlangen können. Sicherlich kann es manchmal funktionieren, dass wir uns gleich am Anfang entspannen können. Aber der Prozess der inneren Stille verlangt Zeit, innere Klärung und das Loslassen von der Vergangenheit. Die Herausforderung der inneren Stille bedeutet nicht, dass wir die richtige Methode finden, um still zu sein, sondern dass wir die Stille zulassen. Es fällt uns oft schwer, uns auf die Stille einzulassen. Sie macht Angst. Wenn wir alle Ablenkungen ausblenden, merken wir erst, wie schwierig es ist, in der Stille zu bleiben. Manchmal wird dann unsere innere Stimme unerträglich laut, sie weist uns auf die Ordnung und Klärung hin, deren wir offenbar innerlich dringend bedürfen.

Die innere Stille hat unterschiedliche Möglichkeiten, sich zu manifestieren. Sie kann in der Ruhe entstehen oder in sanfter Bewegung. Sie ist eine Möglichkeit, die Sprache unserer Seele und Intuition zu hören. Sie ist ein langsamer Prozess. Am Anfang reicht es, wenn wir uns fünf Minuten am Tag ruhig hinsetzen und auf unsere Atemzüge achten. Wir alle finden unsere Möglichkeiten zur Entspannung. Diese Möglichkeiten sind genauso vielfältig, wie unsere Persönlichkeiten unterschiedlich sind. Die Stille ist ein Zustand unserer Seele. Wenn diese Stille von uns ausgeht, weil wir innen still sind, wird der Lärm der Welt zu einer Geräuschkulisse. Nehmen wir diesen Lärm wie ein Echo im Hintergrund wahr und bleiben ganz zentriert bei uns. Die innere Stille ist da, ohne dass wir uns darum bemühen, Ruhe zu schaffen. Ein Mensch, der dies ausstrahlt, ist innerlich ruhig und vital, agil und dynamisch, im Fluss der Wahrnehmung,

er findet immer intuitiv das, was aktuell ist, und kann seinen Willen manifestieren. In der wahren Stille ist die Lebenskraft spürbar.

Beobachten, bewusst machen und loslassen

Statt auf alte Verletzungen und Schmerzen zu reagieren, können wir in der inneren Stille die Fähigkeit finden, dass wir uns helfen, uns spüren und uns verändern. Wenn wir den Schmerz und die Angst spüren, fühlt sich das innere Kind sehr oft in einer Notsituation. Wenn wir uns aber mit unseren Gefühlen verbinden und uns entspannen, ist es möglich, in erster Linie zu spüren, dass uns nichts passieren kann und dass wir durch diese Gefühle und Emotionen durchfließen und das Alte loslassen können.

Wir haben die Fähigkeit, alles anzunehmen, zu verändern und zu transformieren. Wenn wir in uns innere Räume für die Beobachtung schaffen, empfinden wir den Schmerz und das, was in uns passiert, nie mehr so schlimm.

Alles, was wir verdrängen, zeigt sich als bitter und hoffnungslos. Wenn ich jedoch präsent bleiben kann, dann ist es möglich, mich zu spüren. Wenn ich mich spüren kann, kann ich mich für meine Kraft entscheiden und zu dieser Kraft kommen. Manchmal müssen wir den Schmerz empfinden, das Gefühl, verlassen und leer zu sein, spüren, um die Bereitschaft zur Veränderung zu entwickeln. Wenn wir uns in die Beobachterrolle begeben, können wir uns von unseren inneren emotionalen Dramen trennen. Das heilt unser inneres Kind.

Der erste Schritt zur Beobachtung ist die bewusste Wahrnehmung unseres Körpers. Beobachten wir uns, wenn wir gehen, wenn wir atmen, wenn wir Zähne putzen, wenn wir einfache Gesten durchführen. Beobachten wir zuerst die Bewegung unseres Körpers, anschließend unsere Gedanken und wie wir uns dabei fühlen. Wenn wir uns beobachten, werden wir immer ruhiger und klarer. Wir spüren unseren Körper, unsere Gedanken, unsere Gefühlszustände und dass wir viel mehr sind, als sich in uns abspielt. Wir sind in der Lage, unser spirituelles Wachstum in Frieden und mit Geduld zu verfolgen, weil wir spüren, dass für alles der richtige Zeitpunkt ist. Wir müssen uns nicht anstrengen, um Muße zu suchen. Alles, was aktuell ist, zeigt sich, wenn die Zeit reif dafür ist.

Geduld und die Beobachterrolle sind entscheidende Aspekte des Prozesses. Wir sollten zu uns selbst freundlich und verständnisvoll sein. Immer, wenn wir Verständnis aufbringen, befreien wir unsere psychische Energie und unsere Fähigkeit zu heilen. Sind wir imstande, bei uns zu bleiben, so können wir frei und gelassen sein. Es ist uns möglich, uns zu befreien. Wir sollten nicht nur das annehmen, was sich in uns zeigt, sondern auch uns selbst annehmen. Es ist wichtig, dass wir bereit sind, diese Entdeckungsreise zu unserer wesentlichen Essenz machen zu wollen und den Wunsch zu äußern, authentisch zu werden. Unsere innere Heilung beginnt, wenn wir das Gefühl haben, dass wir das gesamte Bild verstehen und uns ganzheitlich verändern wollen. Wir nehmen uns an, akzeptieren uns ohne Kritik oder Druck. So ist es uns möglich, dass wir uns von Altem befreien.

Mitgefühl und Verständnis für uns selbst sind zwei grundlegende Eigenschaften, die wir in uns tragen und zu denen wir finden, wenn wir uns Zeit und Ruhe gönnen und unsere Gedanken ordnen. Wenn wir die Absicht äußern, spüren zu wollen, wie es uns geht, dann wird es möglich, Klarheit zu finden.

Wichtig ist es, die innere Stille zu erreichen.

Innerer Beobachter

Wenn wir unsere Emotionen erkannt haben, ist es wesentlich, dass wir uns in die Beobachterrolle begeben und uns spüren. Das gehört zum ersten Schritt der Heilung. Wenn wir den Druck loslassen, vermögen wir eine Beobachterrolle einzunehmen. Wir können das innere Kind dazu motivieren, uns zuzuschauen und diese Strategien und Muster und Emotionen in uns zu zeigen.

Gefühle „erleben"

Wenn Sie Ihr Herz spüren, spüren Sie auch Ihre Gefühle, die Sie in dem Moment, in dem Sie sich bewusst darauf konzentrieren, nähren. Spüren Sie bewusst Ihr Herz und widmen Sie von ihm ausgehend all Ihren Anspannungen im Körper liebevolle Aufmerksamkeit. Bitten Sie Ihren Körper mit

Dankbarkeit, sich zu entspannen, und spüren Sie, wie sich dieser innere Dialog auswirkt. Versuchen Sie, präsent zu sein, beobachten und spüren Sie und lassen Sie alles zu, was Ihnen Ihr Körper zeigt. Bleiben Sie im Fluss der Wahrnehmung und entdecken Sie die Stimme Ihres Körpers. Spüren Sie Ihren Herzschlag, den Atemrhythmus, die leichten Geräusche, die der Körper macht, wenn er sich bewegt, und die innere Welt, die sich im Körper abspielt. Nehmen Sie Ihren Körper als Tempel Ihrer Gedanken, Emotionen und Gefühle wahr.

Wiederholen Sie die Übung zwei bis drei Mal in der Woche regelmäßig sechs Wochen lang. Das erlaubt Ihnen, sich zu entspannen und Ihre Gedanken und Gefühle deutlich im Körper zu spüren. So ist es möglich, dass Sie Ihre Gefühle und Ihre Wahrnehmung schulen. Wenn wir uns im Körper verwurzelt fühlen und uns in der eigenen Mitte spüren, dann vermögen wir im Alltag klarer und gelassener zu sein.

Durch diese Übung sind wir imstande, den inneren Beobachter einzuschalten. In diesem inneren Gefühlszustand sind wir in einer Phase der Akzeptanz. Es fällt uns dadurch leichter, unsere Gefühle wahrzunehmen und zu spüren sowie unsere Empathie zu entwickeln. Versuchen Sie im Laufe des Tages immer wieder das Gefühl der Verbundenheit mit Ihrem Körper zu spüren. Damit Sie bei sich bleiben und konzentriert sind, ist es von Belang, unbewusst die Bauchatmung zu aktivieren, um innerlich frei zu sein. Um dieses Gefühl der inneren Freiheit zu erreichen, ist es wichtig, bewusst zu spüren, wie es uns geht. Es wäre nötig, sich im Laufe des Tages immer wieder zu fragen: „Wie geht es mir jetzt? Wie fühle ich mich?"

Übung: Innerer Beobachter

Nehmen Sie sich zwanzig Minuten Zeit, suchen Sie sich einen ruhigen Platz und eine bequeme Position im Sitzen.

Atmen Sie zehn Mal tief in den Bauchraum und zehn Mal tief in den Brustraum und beobachten Sie langsam Ihre Atmung, ohne sie zu kontrollieren. Versuchen Sie entspannt, aber wach zu bleiben und spüren Sie immer mehr den natürlichen Rhythmus Ihrer Atmung. Beobachten Sie, wie der Atem in Ihren Körper hineinfließt und wie Sie ausatmen. Spüren Sie durch die Atmung die Verbindung mit der Lebenskraft. Spüren Sie, wie Sie ein/e perfekte/r Beobachter/in sind. Sie spüren weite innere Räume, die mit Frieden erfüllt sind. Alle Meinungen, Urteile, Muster gelten nicht mehr. Lassen Sie Ihre Gedanken vorbeiziehen, spüren Sie die Gefühle im Körper und wie sich langsam Entspannung breitmacht. Bedanken Sie sich bei jedem Teil des Körpers, lassen Sie Ihre Gedanken – ohne Urteile – vorbeiziehen. Beobachten Sie nur und lassen Sie alles geschehen, wie es ist. Spüren und bleiben Sie in Ihrer Mitte. Atmen Sie tief. Gefühle und Wahrnehmungen tauchen auf. Nehmen Sie sie an und bleiben Sie in der Beobachtung.

Nehmen Sie sich die Zeit, die Aufregungen des Alltags loszulassen. Lassen Sie die Gedanken im Kreise an sich vorbeiziehen, ohne sich mit den Emotionen, die damit verbunden sind, zu identifizieren. Geben Sie sich die Zeit, sich zu entspannen, beobachten Sie die Atmung, nehmen Sie den gesamten Körper wahr, atmen Sie drei Mal tief in den Bauch und öffnen Sie langsam die Augen wieder.

Wenn Sie diese Übung zwei Mal in der Woche in der Früh, unmittelbar nach dem Aufwachen, machen, werden Sie die Fähigkeiten Ihres inneren Beobachters steigern. Sie werden den Tag gelassener bewältigen und Ihre intuitiven Wahrnehmungen wachsamer und klarer spüren.

Übung: Den inneren Kritiker verabschieden

Nehmen Sie sich eine Stunde Zeit und atmen Sie vier, fünf Minuten tief durch, um zur Ruhe zu kommen.

Danach schreiben Sie in die Mitte eines Zettels Ihren Namen und rundherum vermerken Sie alles an Kritik, was Ihr/e innere/r Kritiker/in im inneren Dialog mit Ihnen in Ihrem Leben bis zum heutigen Tag gesagt hat. Schreiben Sie, ohne zu stocken, und lesen Sie die gesamte Kritik im Anschluss daran einmal durch. Dann verbrennen Sie den Zettel und werfen die Asche ins WC.

Machen Sie einen Spaziergang, und wenn Sie nach Hause kommen, setzen Sie sich wieder entspannt hin und befassen Sie sich mit der Frage: „Warum bin ich da? Was macht mich glücklich und zufrieden?" Wenn Sie etwas spüren, schreiben Sie es auf und dann lesen Sie diese Affirmationen:

- *Ich vertraue meinen Fähigkeiten, die richtigen Entscheidungen zu treffen.*
- *Ich bin in meiner Mitte verwurzelt.*
- *Ich spüre meinen Schmerz ohne Schuldzuweisungen und transformiere ihn in Freude.*
- *Mein Bewusstsein, meine Gedanken, meine Sprache und meine Handlungen erschaffen meine Realität.*

- *Ich akzeptiere das, was da ist: das Gute, das Schlechte, das Neutrale.*
- *Meine Absicht ist die Liebe.*
- *Ich vertraue meinem Leben. Ich lasse mich vom Leben tragen.*
- *Ich bin offen und voller Präsenz in jedem Augenblick meines Lebens, in meinen zwischenmenschlichen Beziehungen.*
- *Ich bin höflich zu mir und zu den anderen.*
- *Ich bin bereit, zu lächeln, zu lachen und offen zu sein.*
- *Ich bin präsent.*

Übung: Erkennen Sie Ihren Wert

Beantworten Sie folgende Fragen und erzählen Sie die Antwort Ihrem inneren Kind in einer Meditation.

Nehmen Sie sich eine Dreiviertelstunde bis eine Stunde Zeit und entspannen Sie sich, atmen Sie drei bis vier Mal tief durch und lassen Sie folgende Fragen auf sich wirken:

Welche sind Ihre Stärken? Welche Stärken haben Sie als Kind gehabt? Worauf sind Sie stolz?

Wenn es Ihnen schwerfällt, positive Seiten an sich zu finden, denken Sie an andere Menschen, die Sie bewundern bzw. was Sie an anderen bewundern. Oft sind das auch die Qualitäten, die Sie selbst in sich tragen. Fragen Sie den anderen, welche Eigenschaften und Qualitäten er an Ihnen schätzt.

Worauf sind Sie heute stolz? Was haben Sie in Ihrem Leben schon bewirkt und gemacht? Um wirklich stolz zu sein, ist es wichtig, die Zeit, innere Freiheit und innere Räume, Frieden und Freude sowie Gelassenheit zu erfahren. Wenn Sie Ihr Eigenbild und Ihr inneres Kind heilen, ist es möglich, authentisch durch die Stimme der Intuition Ihre Geburtsvision zu verwirklichen.

Übung: Der Vergangenheit danke sagen

Sollten Sie eines Tages an diese Übung denken und es „ist" Ihnen danach, so führen Sie sie durch. Wenn Sie einmal frei haben, stehen Sie in der Früh auf, schauen Sie alte Fotos durch, denken Sie an Ihre Vergangenheit wie an einen alten, lieben Freund und schreiben Sie einen Abschiedsbrief an die Vergangenheit, voller Dankbarkeit, vielleicht mit einer Nuance Traurigkeit. Schreiben Sie diesen Brief und entspannen Sie sich dabei. Lesen Sie ihn und wenn es für Sie passt, verbrennen Sie den Brief und streuen Sie die Asche in einen Fluss.

13. Kapitel

„Sich für

die Intuition öffnen"

… Miriana fühlte sich sehr, sehr ruhig an dem Ort des Rehabilitations- und Meditationszentrums und fragte Marco, ob es möglich wäre, eine ihrer drei Urlaubswochen dort zu verbringen und unentgeltlich mitzuwirken. Denn sie hätte viele Jahre Kampfkunst gelernt und könnte auch sanftes Kung-Fu-Yoga mit den Leuten durchführen, wenn er einverstanden wäre. Marco freute sich sehr über ihren Vorschlag und wollte sich mit ihr noch kurz in einer Hütte aufhalten. Er hatte eine grüne „Beobachtungshütte" errichtet. Die Wände dieser Hütte waren Rosenpflanzen. In der Hütte gab es zwei Bänke aus Naturholz. Jeder durfte sich dort zwanzig Minuten aufhalten und eine Beobachtungsübung durchführen. Die Übung funktionierte folgendermaßen: Die Menschen gingen hinein und saßen meist zu zweit einander gegenüber. Sie durften nicht miteinander reden, sondern nur beobachten und schauen, wie es ihnen geht.

Sie führte die Übung mit Marco durch. Sie saßen einander gegenüber, sie beobachtete ihn und er sie. Nach zwei Minuten schlossen beide die Augen und eine Flut von Gedanken erfüllte Miriana in den ersten sechs, sieben Minuten: alte Gedanken, Gedanken über die Zukunft, Muster, innere Kritik.

Ich bin frei und gelassen, dachte Miriana und sie lachte innerlich überrascht über den Affenzirkus ihrer Gedanken. Sie schloss ihre Gedanken ins Herz und freute sich über deren Vitalität. Sie merkte, dass sie viel mehr als ihre Gedanken war und wie sie mit ihrer Kraft und Lebensfreude und mit dem lebendigen Beispiel von Marco ihre Gedanken in eine konstruktive, positive Richtung lenken konnte. Diese Begegnung mit Marco motivierte sie noch mehr, sich mit der inneren Beobachtung ihrer Gedankenkraft auseinanderzusetzen …

Wir alle sind intuitiv. Die Intuition verlangt nur, dass wir auf der Entdeckungsreise unseres Lebens bereit sind, dem Leben zuzuhören und zwischen den Zeilen das, was der Tag uns bringt, zu lesen und zu spüren. Intuition braucht einen Funken, um sich zu zeigen. Oft ist das ein Problem, weil wir uns in der Rolle von Forschenden befinden. Wenn wir in dieser Rolle sind, bewegen wir uns in einem psychischen Energiefeld und machen uns auf die Suche nach der besten oder möglichen Lösung.

Zwei Voraussetzungen sind notwendig, damit die Intuition sich manifestiert: Erstens ist das die Klarheit, dass wir spüren, worauf wir konzentriert sind. Zweitens müssen wir uns die Fragen, die uns beschäftigen, klarmachen.

Es ist wichtig, dass wir hören, was die Leute um uns herum sagen, dass wir hören, welche Informationen auf uns zukommen, was unsere Aufmerksamkeit anzieht, wenn wir unterwegs sind, wenn wir eine Zeitschrift lesen. Alles, was wir brauchen, liegt oft sehr nahe. Deshalb sollten wir lernen, auf alles rundum zu schauen und aufzupassen, welche Fragen auf unserem Weg gestellt werden.

Unsere Intuition funktioniert, wenn wir die richtige Frage stellen und wenn wir uns dessen bewusst sind, was wir in diesem Augenblick, in dieser Phase des Lebens brauchen. Dann gelingt unsere Intuition am besten. Weitere Voraussetzungen für die Intuition sind Entspannung, Vertrauen und zu spüren, was uns ausmacht, uns gefällt und Freude bereitet. Wir brauchen für unsere Intuition Gelassenheit und vor allem Zeit für uns. Unsere Intuition braucht die Ehrlichkeit zu uns selbst und den liebevollen Umgang mit uns selbst.

Annehmen und Wertschätzen

„Das Verstehen der Realität und ihrer Gesetze scheint die Grundvoraussetzung für [das Annehmen und Wertschätzen, Anm. d. Verf.] die Akzeptanz zu sein. ‚Accipere' ist das lateinische Wort, aus dem sich unser jetziges ‚akzeptieren' entwickelt hat. Es bedeutet ‚annehmen'. (...) Nach dieser Definition scheint es sehr selten der Fall zu sein, dass wir einen Bereich der Realität in der Lage sind wirklich zu akzeptieren. Kennen wir es nicht an uns, dass wir missmutig zu der Frau, die nicht mehr mit uns leben will, sagen: ‚Na ja, wenn das so ist, dann werd ich das wohl akzeptieren müssen.' Durch unsere Wortwahl und unsere Betonung geben wir zu verstehen, dass wir dieses, was es gilt zu akzeptieren, als sehr negativ interpretieren. Und je intensiver wir es negativ bewerten, umso weiter sind wir von der eigentlichen Akzeptanz entfernt. Aber auch Situationen kennen wir, in denen wir sagen: ‚Oh ja, das akzeptiere ich.' Auch hier macht sich durch Wortwahl und Betonung die positive Interpretation bemerkbar, in diesem Fall eben im positiven Sinn. Natürlich gilt auch hier, je positiver wir bewerten, umso weiter sind wir von der wertneutralen Akzeptanz entfernt." [9]

Auch folgende fatale Haltung: „Ich nehme mein Schicksal an, ich kann ja ohnehin nichts tun. Es lohnt sich nicht zu kämpfen", geht an der wahren Akzeptanz vorbei. Akzeptieren, annehmen, wertschätzen heißt vielmehr: uns auf das Leben einlassen, die Hürde nehmen, statt zu resignieren und zu vermeiden.

In diesen Zusammenhang passt die Definition der Liebe: „Liebe ist ein Zustand, der annimmt und nicht zu ändern versucht. Trotzdem ist die Liebe immer tätig und strahlt beständig Positives aus. Dadurch durchbricht sie alle festgefahrenen Fronten und heilt in so kurzer Zeit sogar sehr alte Verletzungen."

[9] Hartberger, Peter A. (1998)

„Annehmen“ ist eine Voraussetzung dafür, Liebe zu erfahren. Zu akzeptieren bedeutet, zentriert zu sein, den Augenblick bewusst wahrzunehmen und seine Botschaft zu erkennen. Es bedeutet, das Beste aus der Situation zu machen und nicht zu denken, das Schicksal käme ohne Grund auf uns zu.

„Annehmen“ schließt negative und positive Bewertungen aus und verhindert, dass wir uns als Opfer fühlen. Bildlich gesprochen sagen wir zu den Ereignissen, die auf uns zukommen: „Ich danke euch, dass ihr mir begegnet und mir bewusst macht, was mir bisher unbewusst war.“ Akzeptanz führt damit zur Eigenverantwortung: „Es gibt Ursachen für mein Schicksal, die ich positiv beeinflussen kann. Ich bin in der Lage, meine Situation zu verbessern. Ich bin dafür verantwortlich, dass es geschieht.“ Aus dieser selbstständigen, eigenverantwortlichen Einstellung kann sich ein erfolgreicher, zufriedener Lebensstil entwickeln.

Übung: Annehmen, was da ist

Stehen Sie in der Früh sofort nach dem Erwachen auf. Atmen Sie tief und spüren Sie Ihr Herz. Öffnen Sie es und sagen Sie: „Heute nehme ich mein Leben an, so wie es ist.“

Beantworten Sie am Ende des Tages in Ihrem Bewusstsein oder schriftlich folgende Frage: „Was war die Botschaft der heutigen Ereignisse?“

Führen Sie diese Übung vierzehn Tage lang durch. Lesen Sie am Ende der zwei Wochen Ihre Mitschriften und beobachten Sie: „Was hat sich in meiner Einstellung zu meinem Leben verändert?“

Dankbarkeit

Wir haben als Kinder gelernt, „Danke!" zu sagen, wenn wir Geschenke oder Hilfe von anderen erhalten haben. Wir haben erlebt, dass wir durch unser Danken bei unserer Großmutter, unserer Mutter, unserem Vater oder anderen Menschen Freude, Respekt und Wohlwollen auslösen konnten. Es ging uns auch selbst gut, nachdem wir uns bedankt hatten.

Dankbarkeit ist ein Beweis dafür, dass wir das Leben verstanden, angenommen und aus ihm gelernt haben, was zu lernen war. Fällt es uns schwer, dankbar zu sein, so haben wir nicht genau genug hingesehen und haben nicht ganz verstanden. Wir haben die Chancen des Tages nicht bewusst genug erkannt und deshalb zu wenig genützt. Es fällt uns dann schwer, das Glückliche, Positive in jeder Situation zu erkennen.

Dankbarkeit ist uns von Natur aus angeboren. Sie ist eine mächtige Hilfe auf dem Weg zu unserer Geburtsvision und lässt sich durch bewusstes Beobachten des Tagesablaufes trainieren: Wir danken gerne, wenn wir wissen wofür.

Übung: Die Segen zählen

- *Nachdem Sie am Morgen gesagt haben: „Heute nehme ich mein Leben so an, wie es ist", fügen Sie noch hinzu: „Ich will erkennen, dass alles, was mir begegnet, eine Hilfe für mich ist. Ich bitte um Hilfe dabei – danke für die Hilfe."*
- *Beobachten Sie nun gewissenhaft die folgenden neunzig Minuten. Irgendwann wird eine Situation kommen, in der Sie das Gefühl haben: „Mein Leben läuft schief." Beispielsweise fällt Ihnen etwas zu Boden, Sie haben kein warmes Wasser, Sie finden einen Gegenstand nicht, das Wetter macht Ihnen einen Strich durch Ihre Tagesplanung, jemand will etwas von Ihnen gerade in dem Moment, in dem Sie es eilig haben …*
- *Bemerken Sie diese Situation. Freuen Sie sich, dass Sie wach genug sind, sie wahrzunehmen und schreiben Sie sie unbedingt auf! Versuchen Sie zu verstehen, wobei Ihnen diese Situation helfen will und bedanken Sie sich dafür.*
- *Beobachten Sie dann Ihren Tag: Sie werden sehen, wie Sie sofort mehr Energie verspüren und wie den ganzen Vormittag lang alles runder, glatter, synchroner läuft. Die Wirkung hält oft bis zum Abend an.*
- *Überlegen Sie am Abend, was Sie beobachtet haben, und seien Sie neugierig auf die kleine „Katastrophe" am nächsten Morgen.*

Freuen Sie sich darüber, dass Sie lernen, von äußeren Einflüssen unbelastet und Herr/Herrin Ihrer Stimmungen zu sein. Bedanken Sie sich bei Ihrem Inneren dafür.

- *Sprechen Sie am nächsten Morgen wieder Ihren Wunsch aus und beobachten Sie, was geschieht. Führen Sie diese Übung mindestens vierzehn Tage lang jeden Tag durch – gemeinsam mit dem Annehmen des Tages. Danach bleiben Sie so lange dabei, wie es Ihnen Spaß macht – am besten für immer.*
- *Erinnern Sie sich an diese Übung, wenn die Freude in Ihrem Leben abnimmt, und geben Sie Ihrem Leben wieder bewusst eine „positive, glückliche, dankbare" Richtung.*

Vertrauen entwickeln – ein neues Eigenbild erschaffen

Wenn wir Blockaden und Muster erlösen und loslassen, verändern wir damit unser Inneres. Es entsteht eine „Leere", ein „freier Raum" (den früher die Blockade eingenommen hat), den wir mit neuem, positivem Inhalt füllen können. Da jede Blockade eine wichtige Funktion erfüllt hat und in der Vergangenheit eine große Hilfe für uns war, sollten wir nun ihre positiven Seiten in unserem neuen Eigenbild mit verankern. Erst dadurch sind wir glücklich auf dem neuen Weg, den wir eingeschlagen haben. Das neue Eigenbild braucht als Grundlage vor allem Vertrauen:

1. **Urvertrauen: Es darf mir gut gehen – das Leben führt mich.**
2. **Selbstvertrauen: Meine Fähigkeiten sind ausreichend für die Aufgabe, die ich habe.**
3. **Vertrauen in die Führung – ich nehme die Zeichen meiner Intuition wahr – ich lasse mich führen.**

Übung: Vertrauen durch bewusstes Atmen

- Vertrauen lässt sich durch tiefe bewusste Atmung erfahren. Verbinden Sie sich tagsüber mehrmals mit Ihrem Atem und sagen Sie zu sich:
- „In diesem Augenblick vertraue ich auf mich und meine Fähigkeiten." Achten Sie darauf, wie dieser Satz auf Sie wirkt – ohne Bewertung!
- Achten Sie zusätzlich mehrmals täglich auf Ihre Atmung. Atmen Sie einfach einige Atemzüge lang bewusst.

Übung: Vertrauen visualisieren

Stellen Sie sich vor, dass sich hinter Ihnen eine Hilfe befindet, beispielsweise eine Licht-Säule oder ein Bild. Visualisieren und fühlen Sie das Vertrauen, das von der Säule, dem Bild … auf Sie übergeht.

Übung: Veränderung zulassen

- *Verändern Sie jeden Tag eine Kleinigkeit.*
- *Planen Sie weniger genau – planen Sie den Tag nur ungefähr und lassen Sie sich führen.*
- *Seien Sie dankbar für das, was Sie sind und was Sie in sich haben.*
- *Finden Sie jeden Tag drei Dinge, für die Sie dankbar sind.*
- *Schreiben Sie alle Veränderungen und Übungen in Ihr Tagebuch!*

Übung: Vertrauen in die „mitschwingende" Intuition finden

Visualisieren Sie sich in eine bequeme Position und nehmen Sie sich eine Viertelstunde Zeit. Suchen Sie sich einen ruhigen Ort, entspannen Sie sich, atmen Sie in den Bauch zehn Mal tief ein und aus und dann visualisieren Sie sich auf eine Wiese oder einen Strand.

Rund um sich visualisieren Sie ein Energiefeld, eine Lichthülle. Visualisieren Sie von der Lichthülle aus eine strahlende Lichtantenne, die Informationen empfängt, und wie Sie diese aufnehmen. Visualisieren Sie diese Informationen in Form von Licht oder von Wörtern, die durch Licht geschrieben sind. Fühlen Sie, wie die Informationen in Ihr Feld hineinströmen, und bitten Sie Ihr Feld, diese zu sortieren und die richtigen auf Sie zukommen zu lassen.

Wenn Sie diese Übung dreißig Tage lang täglich machen, wird Ihre Intuition aktiviert, sodass Sie in deren Fluss sein werden. Überprüfen Sie alle Informationen, die in Ihr Feld gelangen. Visualisieren Sie das Licht in dieser wunderschönen Landschaft, dann kehren Sie zurück und spüren Sie den Körper. Atmen Sie drei Mal tief durch, legen Sie eine Hand auf den Bauch und die andere aufs Herz. Sagen Sie zu sich selbst: „Ich bin offen und bereit, meiner Intuition zu folgen." Wir alle sind intuitiv, unsere Intuition ist uns angeboren – sie ist im Grunde verbunden mit unserem starken Instinkt zu überleben.

Wir haben diese Fähigkeit aber vergessen, weil wir ständig die Bestätigung des Intellektes brauchen und nach Ursache und Wirkung suchen. Da wir die Intuition oftmals nicht erklären können, vertrauen wir ihr in manchen Situationen nicht. Später tut es uns dann leid, dass wir nicht auf unser Bauchgefühl gehört haben. Häufig liefert unser Gehirn wesentliche Informationen für unsere Intuition. Sehr oft gibt unsere Intuition über den Körper klare Signale: Manche spüren Intuitionen im Bauchbereich, andere eher als körperliche Gefühle wie Wärme, ein leichtes Frösteln oder Zittern. Viele Menschen sagen, wenn sie eine „Gänsehaut" hätten, fühlten sie sich oder sei es für sie „stimmig". Jedenfalls ist es wichtig, dass wir uns selbst beobachten, in welcher Stimmung die Intuition sich zeigt.

Die Weisheit der Träume

Wir alle sind einzigartig und jeder/jede von uns hat es geschafft zu inkarnieren, deshalb sind wir alle auf unsere spezifische Weise Gewinner/innen. Oft vergleichen wir uns mit anderen Menschen, sind auf unsere Mängel konzentriert und haben das Gefühl, dass die anderen viel besser seien als wir. Aufgrund dieser Wahrnehmung vergessen wir auf unsere Fähigkeiten und Eigenschaften. Doch unsere Wünsche und Träume ermöglichen es, unsere wahren und tiefsten Eigenschaften zu finden. Unsere Träume und tiefsten Wünsche zeigen uns, in welche Richtung unser Leben gehen könnte.

Übung: Unseren inneren Wert entdecken

Denken Sie bei dieser Übung an Ihre Vergangenheit und an Ihre Träume. Nehmen Sie sich eine halbe Stunde Zeit, legen Sie sich fünf Minuten hin, schließen Sie die Augen und atmen Sie tief und gelassen.

Stellen Sie sich vor, Sie sind vor Ihrem inneren Kind. Fragen Sie es, was es braucht, damit es ihm gut geht, und welche Träume es in sich trägt. Hören Sie zu und lassen Sie die Träume auftauchen und in Ihr Bewusstsein drängen.

Machen Sie Ihre Augen wieder auf und schreiben Sie alles nieder, was Ihnen einfällt. Verfassen Sie anschließend eine Liste der Dinge, der Gefühle, Situationen und Orte und wie Sie sich fühlen möchten in Beziehungen mit Menschen. Spüren Sie bewusst diese Träume und denken Sie daran, dass das Universum sie uns gibt, weil wir in der Lage sind – und unsere Seele weiß das –, sie zu verwirklichen.

14. Kapitel

„Im Fluss bleiben

intuitiv leben"

… Miriana brachte das Boot vom Ufer wieder zum Wasser, paddelte über den See zurück und fuhr wieder zu ihren Eltern. Es war später Nachmittag und sie war froh, dass sie der Intuition gefolgt war, den Tag alleine zu verbringen. Sie erzählte während des Abendessens von ihrer Begegnung mit Marco. Ihre Mutter, die eine Freundin von Marcos Mutter war, erzählte, wie stolz diese sei und wie spirituell sie geworden sei durch das Beispiel ihres Sohnes. Ihre Mutter beklagte sich jedoch, dass sie ihre beste Freundin verloren hätte durch deren neuen Weg. Miriana fragte ihre Mutter, warum sie nicht auch die Gelegenheit nutzen und sich für diesen Weg interessieren würde. Ihre Mutter antwortete nur, dass sie dafür keine Zeit hätte und dass sich nur Leute mit viel Zeit und Geld so etwas leisten könnten. „Schau, wie viel ich zu tun habe. Der Haushalt, die Enkelkinder … Ich muss rund um die Uhr für jeden da sein.“ Miriana verstand, dass es keine Chance gab, ihrer Mutter einen Weg der Veränderung zu zeigen, und sagte zu ihr: „Mama, du hast recht. Wenn es sein soll, dass du dich veränderst, wird es passieren. Du bist verantwortlich für dein Leben.“ Die Mutter schaute Miriana fragend an, verstand aber nicht, was ihre Tochter damit meinte, und badete weiterhin in ihrem Leid. Miriana stand auf und telefonierte mit Marco. Sie vereinbarten, dass sie die Woche darauf ihre erste Urlaubswoche dort verbringen würde. Sie würde mit Kampfkunstunterricht und durch Gespräche mit den Gästen helfen. Marco war begeistert von ihrer Veränderung und von ihrer inneren Kraft. So fragte er sie während des Telefonats, ohne dass sie etwas erwähnt hätte, ob

sie gerne halbtags mit ihm arbeiten würde. Miriana war nämlich Psychologin. Sie war überglücklich und sagte sofort zu. Finanziell ging es ihr zwar gut, sie suchte aber nach etwas Sinnvollem in ihrem Leben. Sie war gerne bereit, für andere da zu sein und einen neuen Weg zu beschreiten. Indem sie ihrer Intuition gefolgt war, hatte sich für Miriana ein neuer Lebensweg eröffnet. Sie sprach am Telefon darüber mit ihrem Mann und er war begeistert. Er machte sich gleich auf den Weg zu Miriana und kam spät am Abend zu ihrem Elternhaus. Am nächsten Tag besuchten die beiden Marcos Meditationszentrum. Die beiden Männer reagierten sehr positiv aufeinander.

Miriana war glücklich. Sie blieb noch eine Nacht mit ihrem Mann bei ihren Eltern und sie schliefen beide in ihrem Kinderbett. Es gab wenig Platz, aber die beiden waren glücklich und Miriana fühlte sich wieder lebendig. Sie war gelassen. Vor dem Einschlafen fragte sie ihren Mann: „Gibt es etwas, wofür du dankbar bist?“

„Ja, für unsere Begegnung. Ich wollte damals nicht ausgehen. Aber meine Intuition sagte mir, ich sollte es tun. Als ich mit meinem Freund in das Lokal kam und euch beide sah, wusste ich, dass es kein Zufall war, dass nur noch die Plätze an eurem Tisch frei waren. Und das gab mir Mut, euch anzusprechen. Und als ich dir in die Augen sah, wusste ich, dass du die Frau meines Lebens bist. Dafür bin ich dankbar. Dass ich gelernt habe, auf meine Gefühle zu hören. Auch wenn es

manchmal Mut verlangt, bin ich dankbar, dass ich mir treu bin. Und wofür bist du heute dankbar?“

Sie schaute ihn mit großen Augen an und sagte: „Ich bin dankbar für jeden Augenblick meines Lebens und dafür, dass ich mich nicht ums Leben kümmern muss, weil es mich trägt. Das habe ich heute erfahren, verstanden und konkret mit meinen Händen berührt.“

Schließlich schliefen sie friedlich, sich umarmend und synchron atmend ein …

Mehr als 70 Prozent unseres Körpers bestehen aus Wasser. Die Flüssigkeiten in uns sind ununterbrochen in Bewegung. Blut kreist durch unsere Adern, Lymphe wird vom Zwischenzellraum in das Blut transportiert, unser Gehirn „schwebt" in zirkulierender Gehirnflüssigkeit, ständig findet ein Aufnehmen und Abgeben von nährender und verbrauchter Flüssigkeit in und aus unseren Körperzellen statt.

Die griechische Antike hat erkannt, dass das Fließen in uns das Leben ausmacht. „Alles fließt" war eine der ganz großen Erkenntnisse der griechischen Philosophie. Dieses Prinzip gilt in der gesamten Natur und natürlich auch für uns Menschen. Wir sehnen uns unbewusst nach einer Umgebung, die unserem Inneren ähnlich ist. Wir wollen so leben, dass alles um uns harmonisch in Bewegung ist und sich positiv weiterentwickelt.

Im Fluss zu bleiben bedeutet, niemals den Weg zu verlassen, der zur Verwirklichung der eigenen Geburtsvision führt. Wir spüren an unseren Gefühlen deutlich, wann wir uns mit Themen beschäftigen, die für uns wesentlich sind, und wann wir vom Weg abkommen und uns in sinnentleerten Kleinigkeiten verlieren. Wesentlich ist jede Tätigkeit, die unser Inneres bewegt, die uns Gelegenheit gibt, unsere Talente zu entfalten, und die uns Antwort auf offene Fragen gibt. Um im Fluss zu bleiben, müssen wir hellwach sein, gelassen und bereit, uns von unseren intuitiven Gefühlen führen zu lassen.

Unerlässlich ist dabei, zwischen intuitiven Gefühlen und Emotionen zu unterscheiden. Die Intuition ist klar, ruhig, bestimmt und fühlt sich sicher an: „Es ist so." Wir haben ein gutes Gefühl dabei. Emotionen sind mit Angst, Unsicherheit, Gier, Eile, Druck und oft mit ein wenig Unehrlichkeit (zu uns selbst) verknüpft. Wir sind nicht klar im Kopf, senken manchmal die Augen, wenn wir davon sprechen …

Übung: Im Fluss bleiben

- *Wählen Sie eine Entscheidung, die Ihnen schwerfällt. Schreiben Sie sie auf und benennen Sie, welche Möglichkeiten Sie haben, sich zu entscheiden. Notieren Sie, was Sie unsicher macht, was Ihnen vielleicht Angst macht. Legen Sie dann Papier und Stift zur Seite und entspannen Sie sich. Fragen Sie Ihr Inneres: „Welche Lösung passt zu meiner Geburtsvision? Wie muss ich mich entscheiden, um im Fluss zu bleiben?"*
- *Machen Sie eine Pause von mindestens einer Stunde. Tun Sie etwas, was Ihnen Freude bereitet und konzentrieren Sie sich voll auf diese Tätigkeit. Verbieten Sie sich, weiter über Ihre Frage nachzugrübeln.*
- *Visualisieren Sie nach der Pause noch einmal Ihre Entscheidungsmöglichkeiten.*

Beantworten Sie innerlich oder schriftlich die folgenden Fragen:

- *„Wäre ich alleine auf dieser Welt, wie würde ich mich am liebsten entscheiden?"*
- *„Bei welcher Entscheidung habe ich ruhigere Gefühle?"*
- *„Bei welcher Entscheidung fühle ich mich glücklicher und leichter?"*
- *„Bei welcher Entscheidung fühlt sich mein Körper gesünder an?"*
- *„Würde ich in einem (zwei, drei) Jahr(en) noch genauso entscheiden?"*
- *„In welcher Entscheidung stecken Leichtigkeit und Freiheit?" „Bei welcher Entscheidung komme ich mir selbst näher?"*
- *Notieren Sie Ihre Gefühle.*

- *Lassen Sie Ihre Aufzeichnungen, alle gemeinsam, einen Tag lang an einem Ort in Ihrer Wohnung (Arbeitsplatz) liegen, an dem Sie immer wieder vorbeikommen.*
- *Lesen Sie die Fragen nach vierundzwanzig Stunden noch einmal durch und beantworten Sie sie. Beobachten Sie dabei Ihre Gefühle: Sind Sie sicherer geworden? Sehen Sie die Situation anders? Ist jetzt der richtige Zeitpunkt für diese Entscheidung? Beginnt sich eine Lösung zu zeigen? Wird Ihnen bewusst, dass Ihnen noch Informationen von außen fehlen?*

Bei sich bleiben

Bei sich bleiben bedeutet, uns selbst ständig zu spüren, während wir mit anderen im Kontakt sind. Diese Fähigkeit ist nicht einfach zu erwerben, besonders wenn wir sehr empathisch veranlagt sind und uns gut in andere hineinfühlen können. Es kann leicht passieren, dass unsere Aufmerksamkeit abschweift und wir uns – ohne es zu bemerken – in unserem Gegenüber verlieren. In vielen Situationen fällt es uns nicht einmal auf, dass wir nicht bei uns waren. Wir bemerken höchstens, dass wir uns ein wenig leer fühlen, nach einem Gespräch müde sind oder dass in unseren Gedanken immer wieder die Erlebnisse anderer Menschen auftauchen. Bei uns zu bleiben, ist eine Form der Treue. Sie zeigt, dass wir uns selbst für wertvoll und wichtig halten. Dementsprechend ist es schwierig für uns, bei uns zu bleiben, wenn unser Selbstwertgefühl angeschlagen ist.

Um bei uns zu bleiben, bedarf es einer gewissen geistigen Kraft, Wachheit und Kontrolle über unsere Gedanken. Mit „Kontrolle" ist gemeint, dass wir unsere Gedanken wach beobachten und uns bewusst entscheiden, welchen von ihnen wir unsere Aufmerksamkeit schenken und welche wir still vorüberziehen lassen. Diese Aufmerksamkeit können wir üben.

Übung: Die Aufmerksamkeit bei uns halten

- ***Bewusst sprechen*** *Nehmen Sie einen Text, den Sie lieben: ein Gedicht, ein Märchen, ein Buch, das Sie gerne gelesen haben. Wenn Sie keinen Text wissen, können Sie auch ein Telefongespräch als Übung benutzen.*

  Hören Sie sich selbst zu, als würden Sie sich von außen hören: „Wie klingt meine Stimme? Wie schnell oder wie langsam spreche ich? Wie deutlich spreche ich?" Versuchen Sie, Ihre Stimme so zu verändern, dass sie angenehm, fest, deutlich und melodisch klingt. Genießen Sie die Schönheit in Ihrer Stimme.

- ***Gespräche führen*** *Suchen Sie sich ein Gespräch als Übungssituation aus. Sagen Sie Ihrem/Ihrer Gesprächspartner/in nicht, was Sie vorhaben. Sagen Sie vor dem Gespräch innerlich zu sich selbst: „Ich bleibe bei mir. Ich spüre mich und mein Gegenüber."*

Entspannen Sie sich und nehmen Sie bewusst Ihren Atem wahr. Spüren Sie, wie sich Ihr Körpergewicht auf die Sitzfläche des Stuhles oder, wenn Sie stehen, über Ihre Fußsohlen auf die Erde überträgt. Nehmen Sie wahr, dass die Unterlage Sie vollkommen trägt und Sie Ihr ganzes Gewicht nach unten abgeben können. Suchen Sie sich eine entspannte gerade Haltung, in der Sie sich wohlfühlen.

Beginnen Sie jetzt das Gespräch und spüren Sie gleichzeitig, während Sie Ihrem/Ihrer Gesprächspartner/in zugewandt sind, wie Sie entspannt atmen, wie angenehm sich Ihre Körperhaltung anfühlt und wie Sie von der Unterlage vollkommen getragen werden.

In Wirklichkeit springt Ihr Bewusstsein sehr rasch zwischen dem Gespräch, Ihrer Atmung, der Haltung und der Wahrnehmung der Unterlage hin und her. In Ihnen entsteht jedoch der Eindruck, alles gleichzeitig wahrzunehmen und eins mit sich selbst zu sein. Beobachten Sie, wie Sie sich während und nach dem Gespräch fühlen.

Der Alltag, Wiege der Intuition

Intuitive Eingebungen sind während der Durchführung alltäglicher repetitiver körperlicher Aktivitäten leicht wahrnehmbar. Einige Beispiele:

Reinigungsarbeiten „Sie entfernen das Unwesentliche und lassen das Wesentliche immer klarer hervortreten. Wer Fenster putzt und damit erlaubt, dass das Licht in voller Klarheit das Innere des Hauses beleuchtet, putzt damit gleichzeitig seine Wahrnehmung und erlaubt sich, klar zu sehen, was im eigenen Inneren stattfindet. Wer Schränke entrümpelt, besinnt sich auch auf sein innerliches Gerümpel, räumt es weg und schafft damit Platz für Neues. Altes zu verschenken oder wegzuwerfen ist eine konkrete Einladung an die Intuition, den geschaffenen Raum mit neuen, spannenden Inhalten zu füllen." [10]

Reisen und Fortbewegung „Bei einem gemütlichen Spaziergang schwingen die Arme locker an der Seite, während die Füße einen Schritt vor den anderen setzen: Durch die Überkreuzbewegung werden die beiden Gehirnhälften enger miteinander verbunden und können dadurch besser kommunizieren. Auf dem Weg sieht man viele kleine Dinge und lässt sie an sich ‚vorbeiströmen', bleibt vielleicht vor einer Blume stehen, begrüßt eine Katze, freut sich mit einem Baum ... So wird das Metabewusste mit einer Vielzahl von Bildern angeregt, die verschiedene Prozesse in Gang setzen können." [11]

Autofahren „Unwillkürlich führt der Körper die diversen Steuerbewegungen aus. Die Füße geben abwechselnd Gas, bremsen und kuppeln viele Überkreuzbewegungen, die Hände bedienen das Steuerrad und die Gangschaltung, der Geist ist damit beschäftigt, die passende Spur zu finden, Hindernissen auszuweichen, sich dem Fluss des Verkehrs anzupassen ... und unbewusst werden bei dieser Tätigkeit auch unsere Lebensprobleme

[10] Spiritual Wiki (2010) | [11] Ebd.

bearbeitet und gelöst, und können in Form von Geistesblitzen in das Bewusstsein treten, sobald sie reif dafür sind." [12]

Fließendes Wasser oder das Rauschen der Baumkronen im Wind
„Hat offenbar einen ähnlichen Effekt auf uns. Indem wir loslassen und uns diesen Geräuschen hingeben, die regelmäßig und sich wiederholend, jedoch nicht starr oder monoton sind, werden unsere Neuronen angeregt, sich ähnlichen freien und heiteren Bewegungen hinzugeben." [13]

Voneinander lernen – innere Zufriedenheit erlangen

Sobald zwei oder mehrere Menschen zusammenkommen, beginnt sich ein Wunder zu manifestieren: Die Ruhe und Bewegungslosigkeit des Alleinseins weicht emsiger Bewegtheit. Zwischen den Menschen kommt es zu „elektrischen Entladungen", Ereignisse, die alle betreffen, werden wie durch ein Wunder hervorgerufen, dazu passende Gefühle erlebt, Themen bearbeitet. Wenn Menschen in die Nähe anderer Menschen kommen, potenziert sich ihre Energie und sie beginnen voneinander zu lernen.

Seit der Entdeckung der Spiegelneurone[14] ist wissenschaftlich belegt, was in der Sprache seit Urzeiten verankert ist. Wir spiegeln einander: „Was du sagst, hat mich innerlich berührt" – „Das klingt in mir an" – „Was du sagst, stimmt" (stimmen – die innere Stimme erheben) – „Er macht mich rasend" (sein Verhalten bewegt mich innerlich) – „Was mich stört, zu mir gehört" (berührt einen wunden Punkt in mir).

[10] Spiritual Wiki (2010) | [13] Ebd. | [14] Vgl. Bauer, Joachim (2007)

Wir kennen das Gespiegelt-Werden aus vielen Situationen des Alltags:

- *Wenn wir möchten, dass ein Hund sich hinsetzt und brav wartet, gehen wir intuitiv selbst in die Knie, um es ihm beizubringen.*
- *Füttern wir ein Kind und wollen wir, dass es den Mund öffnet, öffnen wir selbst unseren eigenen Mund.*
- *Wenn ein „Herrl" oder ein „Frauerl" sehr lange und sehr eng mit einem Hund lebt, beginnen sie sich zunehmend in Bewegung, Mimik und Charakter anzugleichen.*
- *Ausgerechnet dann, wenn wir es eilig haben, fährt bestimmt ein Auto betont langsam vor uns her oder geraten wir in einen Stau, sodass wir unsere Ungeduld intensiv „widergespiegelt" bekommen.*
- *Neigen wir zur Unordnung, werden andere genau an den Stellen, die wir nicht aufgeräumt haben, ihre Dinge „abladen" und die Unordnung vermehren. Wir erhalten Gelegenheit, die eigene Unordnung deutlicher zu erkennen …*

Die Situationen, in denen wir uns gespiegelt sehen können, sind nahezu unendlich. Was uns innerlich berührt, sei es angenehm oder unangenehm, ist als seelischer Anteil auch in uns. Was uns aus dem Gleichgewicht bringen und in Emotionen versetzen kann, ist ein Anteil von uns, der geheilt und angenommen werden möchte.

Übung: Sich erkennen

Nehmen Sie einen kleinen Notizblock, den Sie ständig bei sich tragen können. Erstellen Sie eine kleine Tabelle:

Datum/Uhrzeit	Ereignis	Meine Gefühle	Mögliche Bedeutung

Beobachten Sie wach die Ereignisse in Ihrem Alltag. Wenn Sie emotionale Gefühle bemerken, notieren Sie sie in Stichworten in Ihrer Tabelle. Zum Beispiel:
Datum: Mo, 12.11., 08.52 Uhr – **Ereignis:** Meinungsverschiedenheit mit meiner Arbeitskollegin; sie will einen Brief nicht so offen formuliert haben: „Die Menschen könnten denken …" – **Meine Gefühle:** Sie scheint mir unehrlich, gefallsüchtig. Ich habe das Gefühl, dass sie alles kompliziert macht. – **Mögliche Bedeutung:** Ich bin zu wenig diplomatisch. Oft ist es mir auch zu gleichgültig, was andere von mir denken. Offen zu erzählen, was gewesen ist, kann Missverständnisse erzeugen, die der Firma schaden können.

Spiegelungen sind sehr häufig auch positiv und angenehm für uns. Zum Beispiel:
Datum: Di, 19.03. – **Ereignis:** Ich muss zu einer Besprechung in eine Gemeinde fahren, in deren Nähe ein wunderschöner Wanderweg liegt, den ich sehr schätze. Beim Planen am Morgen steigt der

Wunsch auf, ihn heute zu gehen. Aber der Tag ist voller Termine, eng geplant. Auch habe ich eine Begleiterin im Auto, die anschließend einen wichtigen Termin hat. Es sieht nicht sehr gut aus für die Wanderung. Dennoch plane ich sie optional ein. Eine Stunde später ruft meine Begleiterin an und teilt mir mit, dass sie heute nicht kommen kann. – **Meine Gefühle:** Bestätigung, Freude, Geborgenheit. „Der Tag läuft." Ich freue mich, wandern gehen zu können, ohne die Arbeit zu vernachlässigen. – **Mögliche Bedeutung:** Auch ein positives Ereignis spiegelt uns; die ordentliche Planung am Morgen spiegelt sich in dem reibungslosen Ablauf des Tages.

Lesen Sie Ihre Notizen am Abend durch und spüren Sie noch einmal intuitiv hinein. Sie erkennen möglicherweise Zusammenhänge, die Ihnen im ersten Moment nicht aufgefallen sind.

Lesen Sie alle Ihre Notizen etwa einmal im Monat hintereinander durch. Versuchen Sie zu erkennen, ob Sie durchgehende „Themenbereiche" wie „mutig sein", „gelassen bleiben", „konsequent bleiben", „höflich sein, aber bei mir bleiben", „Fehler nicht so tragisch nehmen" ... erkennen können. Sie ziehen sich meist durch einige Tage und werden dann von einem anderen Thema „abgelöst".

Hinweis: Ihre Notizen werden natürlich kürzer sein als die oben beschriebenen Beispiele. Ein Stichwort genügt, um eine Situation festzuhalten: Wenn Ihnen auffällt, dass Sie beim Versäumen eines Busses außergewöhnlich heftige Gefühle von Verzweiflung erleben, mehr als Ihnen normal erscheint, schreiben Sie beispielsweise: 08.30 – Bus verpasst – verzweifelt; mehr als adäquat – Erinnerung: als Kind Straßenbahn verpasst und in der Schule für Zuspätkommen bestraft worden.

15. Kapitel

„Die Weisheit der schicksalhaften

Geburtsvision und der
Fügungen"

… Miriana fühlte sich entspannt und beschützt durch die Anwesenheit ihres Ehemannes. Sie spürte diese Nacht als Verbindung ihres alten Lebens in ihrem Kinderzimmer und der Zukunft gemeinsam mit ihrem neuen Job. Sie war entspannt und hatte einen klaren Traum. Darin befand sie sich in einem Park, in dem viele alte Leute waren. Sie wusste, dass sie jemanden suchen musste, wusste aber nicht wen. Sie lief entspannt und gelassen im Park herum und konzentrierte sich auf ihre Suche, bis ihr Herz immer schneller klopfte. Schließlich fand sie ihre Großmutter unter einem Baum sitzend. Sie war sehr glücklich, ihre Großmutter, die sehr jung aussah, gesund zu sehen. Sie setzte sich neben ihre Großmutter und reichte ihr die Hände, die diese nahm. Die Großmutter küsste Miriana auf die Stirn und sagte: „Miriana, du hast jetzt den richtigen Weg gefunden. Durch den Mut zur Veränderung hast du die richtigen Leute getroffen, um deine Vision zu verwirklichen und die Aufgabe deiner Seele zu erfüllen. Erinnerst du dich daran, als ich einmal zu dir sagte, dass der Weg dich zur Veränderung führt? Damit habe ich genau das gemeint. Jeder von uns ist frei und in jedem Augenblick kannst du vertrauen, dass etwas Neues kommt. Wenn du auf deine Träume hörst, auf das, was dich bewegt und was dich frei macht, hörst, bist du am richtigen Weg. Das ist, was dich lebendig fühlen lässt. Genau das ist es, wofür es sich auszahlt zu leben. Deine Vision war schon da, als du ein Kind warst. Anderen zu helfen, in der Natur zu sein, aber auch Zeit für dich zu haben. Du hast als Kind mit Tieren gespielt. Du hast verletzte Tiere mit nach Hause gebracht, damit wir sie

pflegten. Du hast dich immer gerne bewegt, bist hin und her gelaufen und geschwommen. Du hast dich als Kind stundenlang hingesetzt und das Leben beobachtet. Jetzt gehe und lebe deine innere Vision. Lebe deinen Weg, sei frei. Alles, was im Leben passiert, ist ein Zeichen, dass sich etwas auf dich zubewegt, dass eine Veränderung kommt."

Die Oma umarmte Miriana, stand auf und ging zu einem anderen Baum. Miriana beobachtete die Szene. Dort saß der Ehemann ihrer Großmutter. Miriana verstand, dass ihr Lebenspartner gestorben war. Die beiden saßen gemeinsam glücklich und Hand in Hand unter dem Baum und waren froh, dass sie das Leben auf der Erde geschafft hatten und sich jetzt gemeinsam ausruhen konnten. Sie spürte auch ein kleines Kind bei ihnen. Sie sagte zu ihrer Oma: „Ich werde auf dieses Kind aufpassen." Miriana fühlte, dass es das Kind war, das sie mit 33 verloren hatte. Sie war glücklich. Sie wachte am Morgen voller Freude in den Armen ihres Partners auf. Er war gleichzeitig erwacht und beide fühlten sich lebendig wie nie, voller Hoffnung auf eine vielversprechende Zukunft.

Die östliche Tradition hat in ihrem Weltbild den Gedanken des (zum Teil) vorbestimmten Lebensplanes: Jeder/Jede von uns trägt einen deutlichen Lebensplan, die Geburtsvision, in sich, die die Koordinaten für unser Leben im Hier und Jetzt festlegt. Diese Informationen, die im Unterbewusstsein aufbewahrt sind, tauchen in Form von Intuitionen und oft im Zusammenhang mit interessanten, schicksalhaften Fügungen auf. Sie sind Zufälle, die uns „zufallen", um unser Verständnis zu erweitern.

Die Entschleierung der Geburtsvision ist das Grundziel unseres Weges. Jeder Mensch auf Erden hat eine Lebensaufgabe, ob wir uns dessen bewusst sind oder nicht. Je mehr wir uns dafür öffnen, desto umfassender können wir uns auch an unsere Geburtsvision erinnern. Dieser philosophische Gedanke deckt sich in einigen Bereichen mit unserem persönlichen Erleben. Wir fühlen uns zu gewissen Lebensbereichen intensiver hingezogen. Wir sind begeistert von gewissen Dingen, während uns andere „nur am Rande berühren". Es ist, als warte unsere Seele darauf, gewisse Eigenschaften entwickeln zu können, während andere im Moment weniger bedeutsam für sie sind. Durch das Interesse, das wir empfinden, führt uns unser Inneres zur Erfüllung unseres Lebensplanes. Indem wir unserem Interesse folgen, spüren wir, was wir in unserem Leben erreichen möchten. Unsere größte Herausforderung im Leben – in Anbetracht aller Umstände und Ablenkungen – ist es, uns stets diese Vision vor Augen zu halten, indem wir offen sind und uns täglich ehrlich nach unseren inneren Bedürfnissen fragen.

Kleine Kinder sind sich selbst und ihrer Vision oft noch deutlich bewusst. Wir sollten darauf achten, was sie uns über sich selbst mitteilen, und

ebenso darauf, was sie uns über uns sagen. Denn ihre eigene Vision ist ihnen noch so nahe, dass sie auch unsere Visionen besser erkennen können. Wenn wir selbst auf der Suche nach unserer Vision sind, betrachten wir unser eigenes inneres Kind und werden wieder zu jenem Kind, das schon einmal staunend die Welt betrachtet hat. Vertrauen wir ihm bzw. uns in solchen Augenblicken. Das innere Kind geht durchs Leben in der Gewissheit: „Ich bin gut, so wie ich bin. Ich kann alles ausprobieren. Alles, was mich so begeistert zu tun, kann mir auch gelingen." Und es steht immer wieder auf, wenn es hinfällt. Es vertraut darauf, geborgen und beschützt zu sein im Umfeld jener Menschen, die es lieben. Kehren wir wieder zurück zu diesem Urvertrauen und erinnern wir uns, was uns als Kind damals schon fasziniert hat. Wo haben wir uns besonders wohl gefühlt? Welche Interessen hatten wir schon von Anfang an? Wo ist der rote Faden, der sich von klein auf durch unser Leben gezogen hat? Wo sind unsere wahren Interessen?

Synchronizitätslehre: Schicksalhafte Fügungen

„Synchronizitäten sind Kräfte, die in Raum und Zeit zusammenkommen und bereitstellen, was benötigt wird. Wer eine Synchronizität erlebt, empfindet die Begebenheit als besonders, unerwartet oder unerklärlich im Rahmen des normalen Denkens von Ursache und Wirkung. Die Wirkung einer Synchronizität auf die Seele besteht darin, die Bewusstheit darüber auszulösen, dass hier ein größerer oder sogar göttlicher Sinn wirkt. Synchronizitäten scheinen externe Antworten auf einen inneren Seelenzustand zu sein. Zum Beispiel brauchen wir eine bestimmte Information und unerwarteter Weise treffen wir jemanden, der genau das Wissen für uns bereithält, das wir brauchen. Synchronizitäten sind Augenblicke in der Zeit, wo wir mit Menschen oder Informationen auf eine Weise in Berührung kommen, die nicht durch lineares Denken erklärt werden kann. Sie veranlassen uns, innezuhalten und nachzudenken. Eine andere Bezeichnung für Synchronizität ist ‚Vorsehung'. Die Bezeichnung Synchronizität wurde zuerst vom Schweizer Psychiater Carl Gustav Jung verwendet, der damit begann, zufällige Begebenheiten unter Umständen als Phänomene einer anderen Weltordnung zu betrachten." [15]

Die Intuition ist der goldene Schlüssel dafür, dass sich Schicksalhaftes ereignen kann. Synchronizitäten enthüllen oft wichtige Botschaften für unsere Lebensaufgabe. Achten Sie auf die Ereignisse des Tages. Fragen Sie sich: „Welche Botschaft hat der heutige Tag für mich?" Führen Sie ein

[15] Adrienne, Carol (1999)

Tagebuch Ihrer schicksalhaften Fügungen! Es wird Ihnen helfen, den Sinn der Führung in Ihrem Leben zu erkennen.

Die Faszination des Zufalls

Vielleicht haben Sie schon einmal am Morgen, direkt nach dem Aufstehen, an jemanden gedacht und wenig später ist diese Person dann plötzlich – z.B. in der Straßenbahn – vor Ihnen gestanden oder Sie wurden zufällig von ihr angerufen. Wie oft haben Sie dann zu sich selbst gesagt: „Ich habe gerade an sie gedacht", und die Person materialisiert sich vor Ihren Augen. Haben Sie sich gelegentlich gefragt, warum solche Zufälle passieren und ob es einen tieferen Grund für das Geschehen gibt? Wir Menschen tendieren dazu, viele dieser kleinen Zeichen als „selbstverständlich" anzunehmen, sie als nicht wichtig zu betrachten und ihnen keine große Aufmerksamkeit zu schenken. Manchmal aber sind die Zufälle sehr merkwürdig und scheinen für uns eine große Wichtigkeit zu haben – und dann machen sie uns neugierig und nachdenklich.

Im Rahmen einer Synchronizität ist es aber mitunter nicht leicht, eine Verbindung zwischen den Ereignissen zu sehen. Solange die Person die Botschaft dieser Synchronizität nicht empfängt oder erfährt, ist es für sie unmöglich, den Zusammenhang zu erkennen. Erst wenn sie die Zusammenhänge der Gegebenheiten erfasst, kann sie den Zufall und den Rahmen des Ereignisses (wann der Zufall passiert ist) erkennen und verstehen. Wenn wir uns in unserem Bewusstsein aufmerksam mit der schicksalhaften Bedeutung dieser Synchronizitäten beschäftigen, verbinden wir uns mit dem Universum, den Prinzipien und den unsichtbaren Gesetzen, die das Leben im Hintergrund regeln und unser Schicksal auf Erden bestimmen.

Unsere Weiterentwicklung ist oft das Ergebnis der Hinweise schicksalhafter Fügungen. Das Bewusstwerden dieser Entwicklungsschritte motiviert uns, im Alltag und im Lauf des Lebens in den Begegnungen und Umständen, die wir erleben, die tiefere Bedeutung von diesen zufälligen Hinweisen zu verstehen. In dieser Einstellung der Offenheit, der Aufmerksamkeit und der Suche nach bedeutungsvollen äußeren Zeichen ist es für uns möglich, dass sich wichtige Fragen, die in unserem Unbewusstsein ruhen, zu bewegen beginnen und dass wir diese Fragen allmählich bewusst wahrnehmen und sich im Rahmen des Prozesses neue Antworten zeigen. Indem wir gegenüber der Außenwelt offen sind und unser Umfeld bewusst erfahren, nehmen wir uns zunehmend selbst wahr. Dadurch sind wir in der Lage, für uns bedeutende, das Leben bestimmende Fragen zu stellen und nicht mehr nur als „ferngesteuerte" Menschen zu funktionieren und durch den Tag zu gehen.

Die Umstände des Lebens sind eine Spiegelung der Umstände, der Glaubenssätze der Realität, die in unserem Unterbewusstsein gespeichert sind. Es gibt einen unsichtbaren Mechanismus, eine archetypische Bewegung, die das Leben weitertreibt. Wir tauchen in ein scheinbares Chaos ein und wenn wir unsere Aufmerksamkeit auf einen bestimmten Punkt richten, kommt genau das, was wir in dem Augenblick brauchen, um weiterzukommen. Sehr oft treten diese schicksalhaften Fügungen in unserem Leben auf, wenn wir sie am meisten benötigen, nämlich dann, wenn wir ein Gefühl der Leere, der Angst und Verwirrung erleben.

Diese Hinweise auf unserem Weg, die wir meist Zufälle nennen, passieren oftmals, wenn wir uns in einer innerlich entspannten Erwartung befinden und bereit sind, uns vom Fluss des Lebens inspirieren zu lassen. Häufig hängt es auch mit unserer Fähigkeit zusammen, zu visualisieren, was wir uns wünschen, und mit der Fähigkeit, loszulassen. Man könnte dieses Phänomen als einen Wachstumsmechanismus definieren, eine Möglichkeit, sich weiterzuentwickeln. Jeder Zufall öffnet ein Tor zu neuen Möglichkeiten, zu einer weiteren Entwicklung, zu weiteren Schritten. Er stellt uns in Frage und gibt uns einen Ansporn für eine neue Richtung. Wenn wir diese Zufälle und schicksalhaften Fügungen bewusst erleben, ist es uns möglich, das Leben als Geschenk zu betrachten.

Wir staunen über die Dynamik des Lebens und verlieben uns in die unsichtbaren Möglichkeiten, die sich, wenn wir offen sind, immer wieder zeigen. Oftmals verändert sich damit auch unsere Einstellung zum Leben. Wir lösen uns von dem täglichen Funktionieren und von der Einstellung, dass das Leben eine Liste von abzuhakenden Ereignissen ist, und merken, wie unser Leben zu einem Abenteuer wird. Wir verlangsamen unseren Lebensrhythmus und es wird uns bewusst, dass hinter allem eine Bedeutung liegt und alles im Grunde seinen Sinn hat.

Übung: Schönheit suchen

Suchen Sie sich einen Ort, an dem Sie sich wohlfühlen. Sie können aber auch im Büro, in der Straßenbahn oder auf dem Nachhauseweg von der Arbeit üben. Entspannen Sie sich, atmen Sie einige Male tief ein und aus. Nehmen Sie dabei wahr, wohin die Luft in Ihrem Körper strömt.

- *Fragen Sie sich selbst: „Was ist in meiner Umgebung schön?" Suchen Sie in Ihrer Umgebung: Gibt es Formen, die Sie als schön empfinden, Lichteffekte, Pflanzen, Tiere?*
- *Wenn Menschen in der Nähe sind, versuchen Sie ihre innere Schönheit zu sehen. Welche positiven Eigenschaften haben sie? Was bereitet ihnen Freude?*

Wenn Sie die Schönheit gefunden haben, schließen Sie die Augen und prägen Sie sich das Bild ein. Öffnen Sie mehrmals die Augen und vergleichen Sie das innere mit dem äußeren Bild. Bedanken Sie sich am Ende der Übung für die empfangene Schönheit.

Tiefere Zusammenhänge erkennen durch die Synchronizitätslehre

Die Synchronizitäten wirken auf unsere Psyche und unser Bewusstsein und sie zeigen auf, welche tiefere Bedeutung es in unserem Leben gibt. Manchmal sind es äußere Antworten auf eine innere Frage, die im Unterbewusstsein ruht. In einer Synchronizität sind wir verbunden mit Menschen und Informationen, wo es auf den ersten Blick oft keine logische Verbindung gibt.

Übung: Auf die Synchronizitäten aufmerksam werden und sie hinterfragen

Wenn Sie ein wichtiges Ereignis erleben oder das Gefühl haben, Sie hätten jetzt einen wichtigen „Zufall" gespürt, nehmen Sie sich am Abend kurz Zeit und beantworten Sie in Ruhe folgende Fragen, die Sie stets bei sich tragen und bei wichtigen Synchronizitäten anwenden können:

- *Woran habe ich vor Kurzem gedacht? Welche Verbindung habe ich zu dieser Person? Vielleicht hat sie mir etwas Wichtiges zu sagen? Hat das, was sie beruflich macht, mit meiner aktuellen Frage zu tun? Gibt es einen Sinn in dieser Begegnung? Habe ich ein positives Gefühl? Ein Gefühl, das mich aufbaut? Habe ich ein positives Gefühl, wenn ich an das, was gerade geschehen ist, denke? Hat der Ort, wo sich die gesamte Szene abgespielt hat, auf mich gewirkt? Wie fühle ich mich in der Situation, hat sie eine tiefere Bedeutung für mich?*

Beschreiben Sie kurz die Situation, Ihre Gefühle und schreiben Sie diese Antworten auf einen Zettel. Legen Sie den Zettel unter das Kopfpolster und lesen Sie ihn am nächsten Tag durch.

Übung: Auf die Botschaften in zwischenmenschlichen Beziehungen aufmerksam werden

Nehmen Sie sich Zeit für diese Übung und führen Sie sie mindestens vier Mal in der Woche in einem Zeitraum von vier Wochen durch. Denken Sie am Ende eines Tages darüber nach, welche Leute Sie an diesem Tag getroffen haben. Schreiben Sie die Namen auf und denken Sie an das Gespräch oder die Situation. Beantworten Sie dann in Ruhe folgende Fragen:

- *Welche Bedeutung hat das Treffen mit dieser Person für mich? Welche Sätze haben wir am Ende des Gespräches miteinander ausgetauscht? Wollte ich mich schnell von dieser Person trennen oder hätte ich länger in ihrer Gesellschaft bleiben wollen?*
- *Visualisieren Sie die Person gelassen und lächelnd und fragen Sie diese Person, welche Botschaft sie für Sie hat.*

Schreiben Sie Ihre Antworten auf, lassen Sie Ihre Gedanken in den nächsten zwei bis drei Tagen um den Ablauf dieser Situation kreisen und warten Sie vertrauensvoll, dass Ihnen die Botschaft dieser Begegnung gezeigt wird.

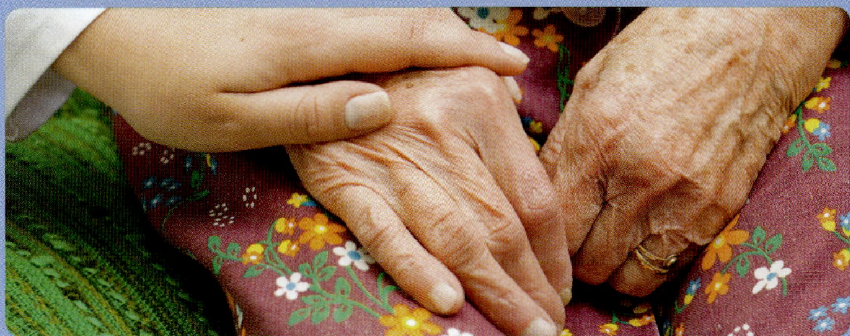

Übung: Bewusst einen energetischen Fluss erzeugen

Nehmen Sie sich zwei Stunden Zeit und suchen Sie einen schönen Ort, wie einen Wald oder ein nettes Kaffeehaus, wo Sie sich gern hinsetzen wollen. Sie könnten sich auch für diesen Tag freinehmen, in eine Stadt fahren, in der Sie noch nie waren, und sich dort einen schönen Platz für diese Übung suchen.

Es würde Ihnen helfen, aus Ihrem Unterbewusstsein Informationen hochkommen zu lassen. Schreiben Sie Ihre Geschichte von der Geburt an auf, im Fluss, so wie es gerade kommt. Dabei denken Sie an jedes Risiko, das Sie erlebt haben, und an jede Zeit, mit der das Gefühl verbunden ist, dass Sie eine starke Veränderung erlebt haben. Fragen Sie sich, welche Zufälle Ihr Leben beeinflusst und verändert haben. Notieren Sie anschließend, welche wichtigen Zufälle Sie in der letzten Zeit erfahren haben. Was könnte die Botschaft sein?

Lesen Sie Ihre Geschichte durch und spüren Sie hinein, welche Rolle für Sie unerwartete Chancen gespielt haben oder wie schicksalhafte Fügungen Ihr Leben bestimmt bzw. verändert haben.

Am Ende der Übung schreiben Sie zu Ihrer Geschichte dazu: „Ich bin mit dem Fluss des Lebens eins, ich bin offen für die nächste Herausforderung.“ Schreiben Sie auch Ihre momentane offene Frage auf. Versuchen Sie eine Woche später diese Frage zu beantworten. Lesen Sie alles während der vier darauffolgenden Wochen ein Mal pro Woche durch. Nach der letzen Woche verbrennen Sie Ihre Notizen und verstreuen Sie die Asche auf einem Kraftort in der Natur.

Übung: Die Botschaft der Ereignisse wahrnehmen

Um unser Bewusstsein zu entwickeln, ist es wichtig, eine ganzheitliche Vision des Lebens zu gestalten. Am Abend nehmen Sie sich immer wieder Zeit für diese Übung. Setzen Sie sich hin, lassen Sie den Tag gedanklich vorüberziehen und gehen Sie folgende Fragen im Fluss durch:

- *Gibt es vom heutigen Tag ein Erlebnis, das eine tiefere Bedeutung für mich hat? Welche Bedeutung hat dieses Erlebnis für mein Leben? Was ist die Botschaft für meine Weiterentwicklung? Welche Ereignisse oder Aktivitäten des heutigen Tages haben mich energetisch aufgeladen oder haben mich viel Energie gekostet? Gab es am heutigen Tag Ereignisse oder Aktivitäten, die für mich eine Priorität darstellen?*

Wiederholen Sie diese Übung immer wieder und führen Sie Aufzeichnungen darüber, dann werden Sie zum einen Ihre Prioritäten spüren und zum anderen spüren, wo Sie am meisten Energie gewinnen oder abgeben bzw. verlieren. Sie können auch zuerst die Fragen in einem durchlesen, ohne sich Antworten zu überlegen, und dann eine Gesamtantwort aufschreiben. Auch bei dieser Übungsvariante sollten Sie die Aufzeichnungen sammeln.

Übung: Gelassenheit trainieren – Zulassen der Lebensumstände

- *Achten Sie jeden Tag auf Zeichen, nehmen Sie „Zufälle" bewusst wahr, erkennen Sie die Botschaften, die tieferen Bedeutungen dieser Ereignisse.*
- *Fragen Sie sich: „Warum passiert das jetzt?"*
- *Schreiben Sie Ihre Erkenntnisse in ein Tagebuch.*
- *Schreiben Sie mindestens einmal pro Woche Ihre belastenden Gedanken nieder, verbrennen Sie das Papier und werfen Sie die Asche in einen Fluss.*

Übung: Die richtige Frage stellen

Führen Sie diese Übung einige Wochen durch und Ihre Intuition wird Sie von sich aus unbewusst zur richtigen Information führen. Nehmen Sie sich immer eine halbe Stunde Zeit, am besten am Wochenende, beispielsweise sonntagabends.

Fragen Sie sich: „Welche Frage beschäftigt mich gerade?" Schreiben Sie die aktuelle Fragestellung auf und verwenden Sie dafür ein kleines Notizbuch, das Sie immer bei sich tragen. Lassen Sie die Seite unterhalb der Frage leer. Immer, wenn Sie etwas nachgehen, schreiben Sie zusätzliche Fragen oder eventuelle Antworten hinzu, die Ihnen gerade so unterkommen (z. B. hören Sie zufällig in der Straßenbahn bei einem Gespräch zu, Sie lesen ein Buch, ein Freund spricht ein interessantes Thema an). Dabei lesen Sie aber nicht die gesamten Notizen durch, sondern nur die im Augenblick aktuelle.

Erst am Wochenende darauf lesen Sie alles durch und lassen es auf sich wirken. Schauen Sie, wie oft welche Fragen und Antworten sich in Ihren Notizen finden. Wiederholen Sie die Übung das Wochenende darauf. Woche für Woche strömen immer mehr Informationen (auch in Form von Zufällen) auf Sie ein und nach einigen Wochen werden Sie intuitiv den Fluss Ihrer inneren Stimme wahrnehmen können.

Unsere Intuition erfolgt über Energiefelder und wenn wir rund um uns ein Energiefeld visualisieren, das Informationen fängt, dann ist es möglich, unsere Informationsaufnahme zu steigern. Verbinden Sie sich mit Ihrer inneren Stimme und erinnern Sie sich daran, dass alles einen Sinn hat. Ihre Gedanken erschaffen Ihre Realität. Legen

Sie Ihre Hände aufs Herz, denken Sie an einen besonderen Moment, wo Sie Liebe in Ihrem Leben gespürt haben. Atmen Sie tief und entspannen Sie sich. Spüren Sie Ihr energetisches Herz in der Mitte der Brust und sagen Sie sich: „In mir wächst jeden Tag stärker eine sprudelnde Quelle der Liebe."

Übung: Die Beweggründe unseres Handelns intuitiv überprüfen

Nehmen Sie sich kurz Zeit, diese Übung durchzuführen, immer wenn Sie einen starken Impuls haben, etwas zu tun, zu unternehmen oder zu entscheiden.

Stellen Sie sich folgende Frage: „Mein Gefühl ist jetzt einladend, Kraft holend und positiv. Wie oft habe ich schon diese Intuition oder dieses Gefühl in mir gespürt? Ist dieser Impuls, den ich jetzt gerade spüre, die Antwort auf eine Frage, die ich gestellt habe, oder auf eine Absicht, die ich bewusst zum Ausdruck gebracht habe?"

Wenn die meisten Antworten auf diese Frage positiv sind, dann sind Sie am richtigen Weg. Spuren Sie noch einmal hineln und vlsualisieren Sie sich selbst in einer Szene, wo Sie dabei sind, das zu tun, was Sie vorhaben. Was fühlen Sie dabei? Bitten Sie dann darum, die richtige Entscheidung treffen zu können.

Mit den Träumen arbeiten

Die Träume sind oft wichtige Wegbegleiter zur Verwirklichung unserer Geburtsvision und der Ziele in unserem Leben.

Übung: Die Träume befragen

Nehmen Sie sich, ungefähr drei Stunden bevor Sie schlafen gehen, zehn Minuten Zeit.

Schreiben Sie im Fluss die Fragen, die Sie jetzt beschäftigen, auf und legen Sie diesen Zettel für eine Woche unter Ihr Kopfpolster. Legen Sie ein Notizbuch auf das Nachtkästchen und sobald Erinnerungen an Träume der vergangenen Nacht auftauchen, schreiben Sie diese im Fluss auf, ohne darüber nachzudenken.

Nach sieben Tagen lesen Sie Ihre Aufzeichnungen durch und versuchen diese mit den Fragen auf Ihrem Zettel zu verbinden.

Übung: Die Botschaft eines Traumes entschlüsseln

Nehmen Sie sich Zeit für diesen Traum, suchen Sie einen ruhigen Ort. Nachdem Sie Ihren Traum sofort nach dem Aufwachen aufgeschrieben haben, gehen Sie ihn noch einmal durch und analysieren Sie ihn anhand folgender Fragen:

- *Was ist die erste Szene im Traum? Welches Gefühl löst sie aus? Was ist die letzte Szene? Welches Bild, welcher Satz hat sich am stärksten in Ihre Erinnerung geprägt.*

Spüren Sie diesen Fragen nach und beantworten Sie sich intuitiv, was es für Sie bedeutet. Es könnte ein Impuls sein, etwas in Ihrem Leben zu verändern, bzw. ein wichtiger Aspekt sein, hinzuschauen.

- *Wie sind Ihre Einstellungen zu den Personen, Orten oder Situationen, die in Ihrem Traum erschienen sind? Hat der Traum helle oder dunkle Farben? Wie verbinden Sie ihn mit Ihrem aktuellen Leben? Hat der Traum Details Ihrer Vergangenheit? Wenn ja, mit welcher Zeit? Wenn Sie Fotos von dieser Zeit haben, schauen Sie sie durch. Wenn Sie diesen Traum in Ihrem alltäglichen, reellen Leben leben würden, was würden Sie ändern?*

- *Erleben Sie den Traum noch einmal mit Ihrer visuellen Kraft und so, wie Sie sich vorstellen, dass es für Sie stimmig wäre. Was verändert sich in Ihrer Wahrnehmung? Welche Gefühle löst in Ihnen die veränderte Version Ihres Traumes aus?*

Sammeln Sie aufmerksam die Antworten auf diese Fragen und versuchen Sie Klarheit über den Traum zu gewinnen. Bevor Sie die Antworten durchlesen, lassen Sie einige Tage verstreichen.

Durch „Zufall“ neue Einstellung zum Leben erlangen

Die Synchronizitäten erlauben uns sogar – wenn wir sie wahrnehmen! –, unser Leben zu verändern. Doch zumeist denken wir nicht über die Umstände des Lebens oder die Geschehnisse des Tages nach. Einen anderen Zugang zu unserem Umfeld oder zum Geschehen des Tages zu finden, ermöglicht uns, dass wir tiefere Zusammenhänge begreifen. In solch einer neuen Einstellung zum Leben haben wir das Gefühl, im Fluss zu sein. Alles scheint sich zu ereignen, um uns auf dem Weg weiterzuführen. Langsam beginnen wir zu realisieren, dass uns ein unsichtbarer Leitfaden durchs Leben führt und die Tage und die wichtigsten Aspekte unseres Lebens verbindet. Wir entwickeln eine geschickte Art und Weise, wie wir mit den Informationen, die auf uns zukommen, umgehen können. Wir sind im Fluss und dies lässt sich rund um uns spüren. Wir haben das Gefühl, als würden wir mit dem allgemeinen universellen Bewusstsein fließen.

16. Kapitel

„Intuition in der Praxis"

Ein 21-Tage-Trainingsprogramm für die Intuition

Wenn wir unserer Intuition vertrauen, ist es uns möglich, die tiefste Bedeutung von Ereignissen und Gedanken zu hinterfragen, zu spüren und zu verstehen. Wir sollten unseren Fokus auf die Frage und das innere Bedürfnis richten, wie wir die tiefste Bedeutung des Lebens entdecken und unser Leben als Abenteuer wahrnehmen können. Sodann vermögen wir das Leben als eine Reihe von wichtigen Intuitionen und spannenden Synchronizitäten oder Zufällen zu erleben. Die Bereitschaft, sich zu öffnen, befähigt uns, dass wir diese neue Sichtweise verwirklichen.

1. Tag

Annehmen und dankbar sein

Wir beginnen jetzt unser Intuitionstrainingsprogramm. Es ist der erste Tag – Sie sind begeistert und bereit, Ihre Intuition zu trainieren!

Am Morgen ....

Übung: Den neuen Tag annehmen | Nach dem Aufwachen nehmen Sie sich ein paar Sekunden Zeit für sich. Entspannen Sie sich, bleiben Sie in einer bequemen Lage, legen Sie eine Hand intuitiv auf das Herz und die andere auf den Solarplexus. Sagen Sie: „Ich bin bereit und offen, den Tag anzunehmen. Ich freue mich auf die Zeichen, die diesen Tag begleiten werden."

Machen Sie entspannt fünf tiefe Atemzüge in den Bauch und anschließend fünf tiefe Atemzüge in den Brustkorb. Stehen Sie auf und wenn Sie zum ersten Mal Zeit haben, in den Spiegel zu schauen, freuen Sie sich, in Ihr fröhliches Gesicht zu blicken!

Am Tag ....

Übung: Die richtige Frage stellen | Ziel dieser Übung ist es, dass wir uns immer wieder daran erinnern, auf wichtige Hinweise zu achten, die im Außen von früh bis spät auf uns zukommen können. Nehmen Sie sich im Laufe des Vormittages kurz Zeit. Setzen Sie sich hin, schließen Sie die Augen und nehmen Sie drei tiefe Atemzüge. Legen Sie Ihre Hände aufs Herz. Fragen Sie sich, was für Sie gerade wichtig ist. Stellen Sie jetzt eine klare Frage und sagen Sie anschließend: „Ich vertraue, dass das Richtige, das ich brauche, heute auf mich zukommt." Nehmen Sie anschließend drei tiefe Atemzüge und entspannen Sie sich.

Im Laufe des Tages wird immer wieder Ihr Gedankenfluss zu dieser Frage gehen. Vielleicht kommen von „außen" Hinweise, Sätze oder Gedanken, die einen Teil der Antwort oder die gesamte Antwort enthalten können. Notieren Sie im Laufe des Tages alles, was Ihnen dazu einfällt, und lesen Sie es am Abend durch. Wenn sich nichts Wesentliches ergeben hat, wiederholen Sie am nächsten Tag die Übung.

Am Abend ....

Übung: Die Gedankenkraft nutzen, Dankbarkeit erfahren | Bevor Sie einschlafen, spüren Sie den gesamten Körper. Nehmen Sie einige tiefe Atemzüge und denken Sie an drei Dinge, wofür Sie dankbar sind. Aspekte, die Sie betreffen, oder Ereignisse des vergangenen Tages bzw. Aspekte, die mit dem Leben allgemein zu tun haben.

Bedanken Sie sich dafür und freuen Sie sich in Dankbarkeit auf den morgigen Tag!

2. Tag

Intuition und Körperbewusstsein

Am Morgen

Übung: Dankbarkeit und innere Stimme annehmen | Wenn Sie Ihren Körper spüren, wenn Ihnen bewusst ist, welche Gefühle Sie gerade im Augenblick empfinden und wie es Ihnen innerlich geht, dann ist es auch für Sie möglich, Ihre Intuition leichter zu spüren.

Lassen Sie sich Zeit, nachdem Sie aufgewacht sind. Strecken Sie Ihren Körper, atmen Sie tief durch. Spüren Sie Ihren Körper tief und entspannt. Spüren Sie Ihren Kopf, Ihre Hände und Ihre Füße. Bedanken Sie sich für Ihren Körper, diesen wunderbaren Reisebegleiter, der unsere Seele vom ersten bis zum letzten Atemzug begleitet. Finden Sie zwei Aspekte, wofür Sie dankbar sind, und wiederholen Sie drei Mal diesen Satz: „Ich höre auf meine innere Stimme und vertraue meiner Intuition."

Am Tag

Übung: Bewusstsein für die eigenen Gefühlszustände entwickeln | Während des Tages nehmen Sie sich immer wieder ein bis zwei Minuten Zeit, um innezuhalten, und stellen Sie sich die Frage: „Wie fühle ich mich jetzt in meinem Körper, wie fühle ich mich jetzt in dieser Situation und den Menschen gegenüber, mit denen ich gerade Kontakt hatte?" Machen Sie diese Übung zwei bis drei Mal am Tag. Wenn Sie Zeit haben, könnten Sie auch diese Gefühle, die Sie wahrnehmen, niederschreiben.

Am Abend

Übung: Selbstakzeptanz entwickeln | Eine Viertelstunde vor dem Schlafengehen setzen Sie sich hin oder stellen sich entspannt vor den Spiegel. Schauen Sie Ihre Figur an. Fragen Sie sich: „Wie fühle ich mich in diesem Körper?" Sagen Sie es laut vor dem Spiegel zu sich selbst: „Ich nehme mich an, so wie bin. Und bin für die Veränderung offen."

Schauen Sie sich dabei in die Augen. Schreiben Sie die Antwort dieser Frage auf einen Zettel. Unter die Antwort schreiben Sie den Satz: „Ich liebe mich, so wie ich bin." Beschreiben Sie, wie Sie sich in Ihrem Körper fühlen möchten, und legen Sie diesen Zettel dann unter das Kopfpolster. Lassen Sie für die nächsten drei Wochen den Zettel unter dem Kopfpolster und denken Sie vor dem Einschlafen kurz daran. Nach den drei Wochen verbrennen Sie Ihre Aufzeichnung und verstreuen Sie die Asche auf einer Wiese.

3. Tag

Die Intuition schulen

Am Morgen

Übung: Durch die Selbstannahme die Intuition spüren | Spiegelübung: Nachdem Sie aufgestanden sind und sich für den heutigen Tag bedankt haben, stellen Sie sich vor den Spiegel und schauen Sie, wie das Bild, das Sie im Spiegel sehen, auf Sie wirkt. Hat sich seit gestern Abend etwas verändert? Bedanken Sie sich bei Ihrem Körper, weil er Sie begleitet, und sagen Sie zu sich selbst, wie Sie sich in Ihrem Körper fühlen möchten. Am Ende sagen Sie: „Ich freue mich auf die Zeichen meiner Intuition, die sich durch meinen Körper manifestieren. Ich bin offen für meine innere Stimme."

Machen Sie durch Ihre Erinnerungen fest, wie Sie körperlich reagieren, wenn eine Intuition oder ein guter Gedanke da ist. Sind Sie aufgeregt, haben Sie Gänsehaut? Spüren Sie eine innere Freude? Fühlen Sie sich wie ein kleines Kind vor einer Vitrine voller Süßigkeiten? Spüren Sie dieses Gefühl?

Am Tag

Übung: Über die körperliche Wahrnehmung auf die Intuition aufmerksam werden | Sie haben sich heute in der Früh programmiert, um Ihre intuitiven Gedanken über den Körper zu spüren. Einmal pro Stunde oder alle zwei Stunden stellen Sie sich eine Frage, atmen Sie drei Mal tief durch, legen Sie Ihre Hand auf den Bauch und fühlen Sie sich entspannt und gelassen. Achten Sie auf Ihre intuitiven Gedanken und wie Ihr Körper sich dabei fühlt. Schreiben Sie wichtige Anregungen Ihres Denkflusses auf und lesen Sie Ihre Aufzeichnungen in den nächsten Tagen. Es könnte eine wichtige Information dabei sein.

Am Abend

Übung: Die eigenen Träume bewusst programmieren – bewusst träumen | Schreiben Sie zwei für Sie wichtige Fragen auf einen Zettel. Legen Sie den Zettel in

3. Tag

Die Intuition schulen

ein Kuvert, das Sie dann unter das Kopfpolster stecken. Vor dem Einschlafen visualisieren Sie eine lichtvolle Flüssigkeit vom Kopf bis zu den Füßen. Das Licht ist in Gold oder Weiß bzw. in einer Farbe, die Ihnen intuitiv einfällt. Bitten Sie Ihre Träume, eine klare Antwort zu dem, was Sie wissen wollen, zu geben.

Legen Sie einen Notizblock und einen Bleistift auf den Nachtkasten. Wenn Sie am Morgen aufwachen und Ihnen Teile oder der gesamte Traum bewusst sind, schreiben Sie sie auf. Fragen Sie sich, welche Bedeutung dies für die aktuelle Lebenslage haben könnte. Beinhaltet der Traum vielleicht eine verschlüsselte Antwort auf Ihre Frage?

Schreiben Sie anschließend die Fragen in Ihr Tagebuch und wenn dazu intuitive Gedanken kommen, notieren Sie diese unter den Fragen. Im Laufe der Zeit werden Sie wertvolle Antworten bekommen.

4. Tag

Die eigenen Träume wahrnehmen und bewusst leben

Am Morgen ....

Übung: Die Botschaft der Träume für sich spüren | Wenn Sie aufwachen, fragen Sie sich, was Sie geträumt haben. Wenn Ihnen Ihre Träume bewusst sind, nehmen Sie drei tiefe Atemzüge, gehen Sie die Träume durch und schreiben Sie diese auf den Notizblock, der auf dem Nachtkasten liegt.

Bevor Sie aus dem Haus gehen, lesen Sie Ihre Notizen durch und schreiben unter den Traum die Frage: „Was ist deine Botschaft für mich?"

Lassen Sie diese Frage auf sich wirken. Am Abend versuchen Sie dann die Frage zu beantworten und achten Sie auf die kleinen Zeichen im Laufe des Tages.

Am Tag ....

Übung: Bewusst das eigene Wohlbefinden programmieren | Nehmen Sie sich während des Tages zwei bis drei Mal Zeit. Setzen Sie sich hin, nehmen Sie fünf tiefe Atemzüge in den Bauch. Legen Sie eine Hand auf den Kopf und die andere auf den Solarplexus.

Beantworten Sie folgende Frage: „Wie möchte ich mich am Nachmittag fühlen und wie am Abend?" Beantworten Sie die Frage und versuchen Sie, dieses Gefühl im Körper zu spüren. So klar wie möglich tauchen Sie in dieses Gefühl ein.

Am Abend ....

Übung: Die Wahrnehmung des Körpers trainieren | Stellen Sie sich die Frage, ob es tatsächlich so ist, wie Sie sich gewünscht haben zu fühlen. Sie könnten auch die Antwort auf diese Frage am Ende der Übung aufschreiben.

Wenn Sie versuchen, dieses Gefühl zu visualisieren, nehmen Sie drei tiefe Atemzüge, spüren Ihren Körper vom Kopf an durch das gesamte Skelett bis zu den Füßen und nehmen Sie wahr, wie es sich anfühlt.

Vor dem Einschlafen sagen Sie innerlich, wie Sie sich fühlen möchten. Bitten Sie Ihren Körper und Ihr Unterbewusstsein, diesen Zustand in der Nacht zu erlangen. Sagen Sie auch, dass Sie bereit seien, Ihre Intuition zu spüren, und bitten Sie Ihre Intuition, für Sie eine Führung zu sein für den morgigen Tag.

5. Tag

Verwurzelt sein

Am Morgen ....

Übung: Sich zentrieren | Gleich nachdem Sie aufgestanden sind, nehmen Sie sich kurz Zeit und konzentrieren sich auf Ihre Atmung. Bleiben Sie ruhig, lassen Sie die Gedanken vorbeiziehen und bitten Sie um eine Orientierungshilfe für den Tag. Legen Sie Ihre Hände auf den Bauch, stellen Sie sich vor den Spiegel, nehmen Sie Ihren gesamten Körper wahr und das Bild, das im Spiegel reflektiert wird. Bedanken Sie sich für Ihr Leben und lassen Sie sich von Ihrer Atmung in einen entspannten Zustand führen.

Am Tag ....

Übung: Der Baum des Lebens | Für diese Übung nehmen Sie sich fünf oder zehn Minuten Zeit und versuchen einen ruhigen Ort zu finden.

Setzen Sie sich hin, schließen Sie die Augen und visualisieren Sie rund um sich eine helle Lichtkugel. Sie stehen entspannt auf einer wunderschönen Wiese. Spüren Sie rund um die Wiese starke Bäume, durch die Sie enorme Kraft gewinnen.

Atmen Sie tief und spüren Sie Atemzug für Atemzug, wie Ihr Körper stärker und gelassener wird. Visualisieren Sie sich in einen Zustand der Ruhe und Gelassenheit. Spüren Sie bewusst die Wärme der Sonne auf Ihrem Körper und am Ende visualisieren Sie sich als starker Baum, der tiefe Wurzeln in der Erde hat. Legen Sie dann eine Hand auf den Solarplexus, nehmen Sie drei tiefe Atemzüge und sagen drei Mal innerlich mit lauter Stimme: „Ich ruhe friedlich in meiner Mitte. Ich bin offen."

Am Abend ....

Übung: Das innere Kind umarmen | Wenn Sie im Bett liegen, nehmen Sie drei tiefe Atemzüge, legen Sie Ihre Hände aufs Herz und denken Sie an ein Bild aus Ihrer Kindheit.

Spüren Sie die Kleine bzw. den Kleinen in Ihnen, verbinden Sie sich mit diesem Kind, umarmen Sie es und sagen Sie diesem Kind, wie sehr es geliebt und beschützt wird und wie Sie sich freuen, dass es sie/ihn gibt. Atmen Sie tief und bewusst und entspannen Sie sich. Legen Sie ein Foto von Ihnen als Kind, sprich Ihres inneren Kindes auf den Nachtkasten.

6. Tag

Bewusst gehen, bewusst atmen, bewusst sein

Am Morgen

Übung: Frieden atmen | Nachdem Sie aufgestanden sind, machen Sie einige Schritte und spüren Sie bewusst den Kontakt zwischen der Fußsohle und dem Boden. Atmen Sie tief ein und sehr, sehr langsam aus.

Am Ende jedes Atemzuges sagen Sie innerlich die Worte: „Friede und Klarheit." Wiederholen Sie diese bewusste Atmung des Friedens sieben Mal.

Am Tag

Übung: In der eigenen Mitte ruhen und sich entspannen | Am Tag versuchen Sie sich bewusst zu entspannen. Nehmen Sie bewusst wahr, was rund um Sie passiert. Immer wieder, wenn Sie spüren, dass Sie in Stress kommen und unter Druck sind, atmen Sie tief und sagen Sie innerlich: „Ich ruhe friedlich in meiner Mitte."

Visualisieren Sie anschließend rund um sich eine Lichthülle, in der Farbe, die für Sie intuitiv passt. Nehmen Sie drei tiefe Atemzüge.

Am Abend

Übung: Bewusst sein | Am Abend nehmen Sie sich Zeit, entspannen sich und setzen sich in Ruhe alleine hin. Stellen Sie sicher, dass Sie für zehn Minuten nicht gestört werden.

Dann nehmen Sie drei tiefe Atemzüge und visualisieren Sie sich auf einer wunderschönen Wiese unter einem Baum sitzend. Lehnen Sie sich zurück und visualisieren Sie, wie Sie vom starken Stamm des Baumes gehalten werden. Fühlen Sie sich mit der Energie des Baumes verbunden.

Atmen Sie tief und spüren Sie, wie Ihre Atmung eine Brücke zwischen Körper und Geist ist. Beobachten Sie Ihre Atmung. Wenn sie einen natürlichen, entspannten Rhythmus erreicht hat, nehmen Sie sich Zeit und visualisieren Sie in Ihrem Herzen ein Herz voller Licht, das zu einer strahlenden Sonne wird. Diese Sonne wird immer größer, sodass der gesamte Körper in der Sonne bequem Platz haben kann. Sobald Sie in der Sonne ruhen können, sagen Sie: „Ich bin eine strahlende Sonne."

Kurz vor dem Einschlafen wiederholen Sie bitte diese Affirmation sieben Mal.

7. Tag

Pause

Gönnen Sie sich einen Tag Ruhe und Erholung!

8. Tag

Das innere Licht wahrnehmen

Am Morgen

Übung: Das Gute, das Strahlende in sich wahrnehmen | Nach dem Aufwachen, bevor Sie aus dem Bett steigen, nehmen Sie sich kurz Zeit und legen Sie Ihre Hände auf den Bauch. Nehmen Sie drei tiefe Atemzüge. Visualisieren Sie sich an einem schönen Ort: Strand, Wiese, in den Bergen oder an einem Ort, der Ihnen vertraut ist. Dort spüren Sie sich, wie Sie strahlen, wie Sie stark sind, wie Sie entspannt sind. Visualisieren Sie, wie aus Ihrem Herzen eine leuchtende Sonne strahlt und sich langsam ausdehnt. Diese Sonne ist kraftvoll, stark, gelassen und wächst langsam rund um Ihren Körper. Sie sind frei. Spüren Sie, wie aus Ihrem Körper Licht nach außen strahlt und wie Sie frei und gelassen sein können. Spüren Sie sich anschließend im Bett. Nehmen Sie bewusst Kontakt mit Ihrem Körper auf und sagen Sie innerlich: „Heute bringe ich mein inneres Licht zum Strahlen."

Am Tag

Übung: Sich selbst spüren | Zwei bis drei Mal am Tag nehmen Sie sich heute wieder Zeit. Atmen tief und gelassen und machen folgende Übung. Setzen Sie sich bewusst hin und nehmen Sie wahr, was rund um Sie ist. Schließen Sie die Augen und lassen Sie die Gedanken – bewusst – vorbeiziehen. Und stellen Sie sich die Fragen: „Was lässt mich strahlen? Was bereitet mir Freude?" Lassen Sie sich von Ihrer inneren Stimme führen. Lassen Sie die Fragen auf sich wirken und nehmen Sie die Antwort ohne Urteil an.

Am Abend

Übung: Freude im Herzen spüren | Ein paar Stunden vor dem Einschlafen legen Sie sich auf den Boden, entspannen Sie sich. Denken Sie an Ihre Kindheit. Lassen Sie dazu ein Bild in sich aufsteigen und visualisieren Sie sich selbst als Kind. Halten Sie das Kind an der Hand, spüren Sie dieses und fragen Sie es: „Was brauchst du, damit es dir gut geht?" Spüren Sie, was das Kind braucht, um sich wohlzufühlen und sich zu entspannen, was es in der Vergangenheit gebraucht hätte, um fröhlich zu sein. Es ist nie zu spät, um eine glückliche Kindheit zu haben. Lassen Sie es bewusst durch den Kopf gehen. Beschließen Sie, einen besonderen Wunsch Ihres inneren Kindes zu verwirklichen. Spüren Sie Ihr Herz und denken Sie an einen Moment der Freude, den Sie erlebt haben. Versuchen Sie, in diese Erinnerung einzutauchen und diesen Moment der Freude zu spüren.

9. Tag

Kreativ und spontan leben

Am Morgen

Übung: Den Tag spontan gestalten | Nehmen Sie sich bewusst einen Tag frei und lassen Sie sich vom Leben überraschen. Spüren Sie in der Früh, wie sich der Tag anfühlt. Berühren Sie Ihr Herz und fragen Sie sich, wie Sie den heutigen Tag verbringen möchten.
Lassen Sie die Möglichkeiten ohne Bewertung herankommen, entspannen Sie sich. Schreiben Sie diese Möglichkeiten auf und gehen Sie sie in Ruhe durch. Nach dem Frühstück entscheiden Sie, wie Sie Ihren Tag verbringen wollen.

Am Tag

Übung: Sich von der Intuition führen lassen | Heute lassen Sie sich von der Intuition führen. Versuchen Sie, Ihre Gedanken und Handlungen eine nach der anderen wahrzunehmen, und fragen Sie sich immer wieder, was für Sie jetzt stimmig ist. Schreiben Sie einige Gedanken auf, die Sie den Tag über begleiten oder führen. Nehmen Sie für diesen Tag ein Notizbuch mit.

Am Abend

Übung: Spontanität und Freiheit integrieren | Schreiben Sie am Abend vor dem Schlafengehen folgenden Satz auf einen Zettel: „Ich bin frei, ich habe alle Zeit der Welt. Ich gestalte mein Leben in Harmonie mit meinen Bedürfnissen."
Legen Sie diesen Zettel auf den Boden, steigen Sie auf den Zettel darauf und wiederholen Sie den geschriebenen Satz vier Mal. Gehen Sie schlafen und atmen Sie zuvor fünf Mal tief durch. Am nächsten Morgen verbrennen Sie den Zettel, nehmen die Asche mit und verstreuen Sie sie auf einer schönen Wiese. Bedanken Sie sich für den Tag, den Sie in voller Freiheit verbracht haben.

10. Tag

Loslassen

Am Morgen

Übung: Die Absicht, loszulassen, äußern | Nachdem Sie aufgewacht sind und alles erledigt haben, was für Sie wichtig ist, machen Sie Folgendes: Wenn Sie die Tür öffnen, um hinauszugehen, sagen Sie innerlich: „Ich lasse alles, was ich nicht brauche, alles, was alt ist, hinter mir. Ich bin bereit, meine Kraft zu spüren und mein Leben anders zu gestalten."

Am Tag

Übung: Loslassen von Gewohnheiten | Für den heutigen Tag nehmen Sie sich vor, alles anders als gewöhnlich zu machen. Wenn Sie zur Arbeit fahren müssen, nehmen Sie einen anderen Weg, fahren Sie eine andere Strecke. Essen Sie etwas Ungewöhnliches, sitzen Sie wenn möglich an einem anderen Platz, gestalten Sie Ihren Tag anders als sonst und beobachten Sie, wie das auf Sie wirkt. An diesem Tag lassen Sie auch Ihre Gefühle zu und betonen Sie bei den Menschen, mit denen Sie Umgang haben, das Positive, das diese Menschen ausstrahlen.

Am Abend

Übung: Loslassen und Platz fürs Neue schaffen | Loslassen heißt, das Leben geschehen zu lassen, ohne es kontrollieren zu wollen. Schreiben Sie eine Stunde vor dem Schlafengehen auf ein Blatt Papier: „Ich bin bereit loszulassen, ich bin frei und gelassen", und um diesen Satz herum schreiben Sie alles, was Sie loslassen wollen.
Verbrennen Sie diesen Zettel und werfen Sie die Asche ins WC. Legen Sie sich ins Bett und geben Sie unter das Kopfpolster einen Zettel, auf den Sie vorher mit Buntstiften Folgendes geschrieben haben: „Ich beginne ein neues Leben." Wenn Sie gerne zeichnen oder malen, können Sie auf diesen Zettel auch einen Regenbogen malen. Der Regenbogen bedeutet, archetypisch betrachtet, offen für die unterschiedlichen Aspekte des Lebens zu sein.

11. Tag

Achtsamkeit und Präsenz erfahren

Am Morgen ....

Übung: In sich ruhen | Nachdem Sie aufgewacht sind, setzen Sie sich hin und visualisieren Sie bewusst in Ihrem Herzen eine Blume, die aufgeht, und aus dieser Blume fließt ein Lichtstrahl in Ihr Haus und zeichnet einen Lichtfleck vor Ihnen auf den Boden. Stehen Sie auf und gehen Sie einige Schritte auf diesem Lichtweg und sagen Sie innerlich drei Mal: „Ich bin offen für den Weg des Herzens. Ich vertraue meinen Gefühlen und meiner Intuition. Ich ruhe in meinem Herzen und empfange das Leben."

Am Tag ....

Übung: Gedankenreinigung | Im Laufe des Tages nehmen Sie sich Zeit, entspannen sich und stellen sich immer wieder die Fragen: „Was brauche ich jetzt, damit es mir gut geht? Wie fühle ich mich? Welche Gedanken belasten mich?" Diese Gedanken schreiben Sie auf. Atmen Sie tief durch und lesen Sie die notierten Gedanken und fühlen Sie, wie diese Gedanken auf Sie wirken. Verabschieden Sie diese Gedanken symbolisch, indem Sie sie verbrennen und die Asche ins Wasser werfen.

Übung: Die eigene Kraft fühlen | Im Laufe des Tages beobachten Sie, wie es Ihnen geht, welche Gefühle Sie haben, was Sie spüren. Nehmen Sie einen tiefen Atemzug, legen Sie eine Hand auf den Bauch und sagen Sie zu sich: „Ich bin geborgen in meiner Kraft, ich genieße meine Zeit."

Am Abend ....

Übung: Die Kraft der Zeit | An diesem Abend bleiben Sie in Ruhe und Stille. Nehmen Sie sich uneingeschränkt Zeit und entspannen Sie sich. Hören Sie, was der Tag Ihnen erzählt. Schließen Sie die Augen, lassen Sie die Erinnerungen des Tages auftauchen und bedanken Sie sich für diese einzigartige und unwiederholbare Zeit, die Sie erlebt haben. Schließen Sie Freundschaft mit der Zeit, die bereits vergangen ist. Entspannen Sie sich und fühlen Sie sich erfüllt von dem, was Sie erlebt, erfahren und freiwillig zugelassen haben. Lassen Sie die Erinnerungen des Tages an sich vorbeiziehen und wiederholen Sie innerlich sieben Mal das Wort „Stille" und sieben Mal das Wort „Zeit". Schreiben Sie anschließend den ersten Gedanken, der Ihnen in den Sinn kommt, auf – vielleicht ein Gedanke über die Zeit – und legen Sie das Blatt Papier unter das Kopfpolster. Die Zeit bewusst wahrzunehmen, sie als einen kostbaren Schatz zu betrachten, hilft unserer Intuition, optimal für uns zu arbeiten.

12. Tag

Bewusst die eigene Intuition nutzen

Am Morgen ....

Übung: Sich mit der eigenen Intuition verbinden | Nach dem Aufwachen, noch während Sie im Bett liegen, nehmen Sie einen tiefen Atemzug und verbinden Sie sich mit Ihrer inneren Stimme. Legen Sie eine Hand auf den Bauch und die andere auf das Herz. Wiederholen Sie den Satz: „Ich bin bereit, die Stimme meiner Intuition zu spüren und wahrzunehmen." Atmen Sie tief und spüren Sie innerlich Ihre Bereitschaft, die Antworten der Intuition wahrzunehmen.

Am Tag ....

Übung: Der goldene Schlüssel | Während des Tages visualisieren Sie zwei Mal folgendes Bild. Dazu nehmen Sie sich kurz Zeit, suchen Sie sich eine bequeme Position und schließen Sie die Augen. Sie sind auf einer schönen Wiese. In der Nähe ist ein heller, wunderbarer See. Das Wasser ist erfrischend, durchsichtig, rein. Sie beugen sich zum See und trinken aus ihm sein frisches Wasser.

Fühlen Sie, wie angenehm und positiv es ist, dieses Wasser zu trinken. Nehmen Sie drei tiefe Atemzüge und spüren Sie bewusst das Bild.

Gehen Sie dann zu einem Baum, setzen Sie sich entspannt darunter und lehnen Sie sich an. Fühlen Sie die Freude, dass ein weiser, alter Mann Sie auf dieser herrlichen Wiese besucht. Er kommt auf Sie zu und setzt sich zu Ihnen. Der Weise bittet Sie, ihm die offenen Fragen zu stellen. Er hört sich die Fragen an und voller Freude sagt er zu Ihnen: „Du bekommst bald die Antwort. Achte auf deine Gedanken! Die Stimme deiner Intuition begleitet dich." Er geht weg und kommt nach kurzer Zeit mit einem wertvollen Geschenk für Sie zurück. Einem goldenen Schlüssel. Nehmen Sie den Schlüssel und stecken Sie ihn in Ihre Tasche. Immer, wenn Sie eine Frage haben oder sich mit Ihrer Intuition verbinden wollen, erinnern Sie sich daran, dass Sie einen goldenen Schlüssel in der Tasche haben.

Sie können den Text dieser Übung auch aufnehmen und sich während einer kurzen Pause anhören. Führen Sie die Übung zwei Mal an diesem Tag durch.

12. Tag

Bewusst die eigene Intuition nutzen

Am Abend ....

Übung: Der äußeren Führung im Leben Vertrauen schenken | Entspannen Sie sich. Eine halbe Stunde vor dem Schlafengehen setzen Sie sich und schreiben auf einen Zettel diesen Satz: „Ich bin im Fluss mit dem Leben. Alles, was ich brauche, bekomme ich. Alles, was ich wissen muss, wird mir gezeigt." Schreiben Sie diesen Satz und denken Sie immer wieder darüber nach. Entspannen Sie sich und nehmen Sie den Zettel mit unter Ihr Kopfkissen. Tragen Sie diesen Zettel mindestens für ein halbes Jahr bei sich, in Ihrem Kalender oder in Ihrer Geldtasche, und denken Sie immer wieder daran. Wenn es für Sie stimmig ist, schreiben Sie den Satz erneut und schenken Sie ihn einem Menschen, den Sie lieben. Wie hat dieser Satz Ihre Weltsicht beeinflusst?

13. Tag

Vertrauen lernen, gelassen sein

Am Morgen

Übung: Ich werde vom Leben getragen | In der Früh, nachdem Sie aufgewacht sind, nehmen Sie sich fünf Minuten Zeit und suchen Sie sich einen ruhigen Ort, wo Sie sich hinlegen können. Atmen Sie tief und gelassen. Spüren Sie den Atem in Ihrem Körper und lassen Sie bewusst die Gedanken vorbeiziehen. Sagen Sie den Satz: „Ich bin immer zum richtigen Zeitpunkt am richtigen Ort. Alles, was geschieht, ist richtig." Spüren Sie, wie dieser Satz auf Sie wirkt und wie befreiend er ist.

Denken Sie dann an eine Person oder Situation, wo Sie Geborgenheit empfangen und sich wirklich wohl, aufgehoben und beschützt gefühlt haben. Denken Sie immer daran, dass das Leben uns alle trägt und wir alle Teil des göttlichen Planes sind und ihn auch erfüllen.

Am Tag

Übung: Alles hat seinen Sinn | Atmen Sie tief und entspannt. Setzen Sie sich hin und schreiben Sie den Satz: „Alles hat einen Sinn. Alles geschieht zum richtigen Zeitpunkt am richtigen Ort." Lesen Sie den Satz durch und spüren Sie, wie er auf Sie wirkt. Atmen Sie tief und entspannt, lassen Sie den Satz in Ruhe auf Sie wirken. Schreiben Sie Ihre Gedanken dazu auf. Vielleicht treten Widerstände auf. Lassen Sie sich von dieser neuen Lebensperspektive überraschen.

Am Abend

Übung: Vertrauen spüren und in sich programmieren | Wenn Sie entspannt im Bett liegen, lassen Sie den Tag Revue passieren, bedanken Sie sich für den heutigen Tag und lassen Sie die Gedanken, die aufkommen, einfach vorbeiziehen. Denken Sie an drei, vier Personen, zu denen Sie Vertrauen haben, die für Sie vertrauenswürdig sind.

Spüren Sie dann Ihren gesamten Körper und versuchen Sie zu lokalisieren, wo Sie Vertrauen auf körperlicher Ebene wahrnehmen können. In Ihrem Herzen vielleicht, in Ihrer Mitte, vielleicht in Ihrem Kopf? Möglicherweise müssen Sie alles überprüfen, bevor Sie Vertrauen schenken, die Sicherheit haben, dass Ihnen nichts passieren kann. Denken Sie jetzt an zwei Sätze: „Ich werde vom Leben getragen. Mir kann nichts passieren." Wie würde sich Ihr Leben ändern, wenn Sie wirklich daran glaubten? Beantworten Sie für sich die Frage. Atmen Sie danach tief durch und wünschen Sie sich, einfach vertrauen zu können.

14. Tag

Pause

Gönnen Sie sich
einen Tag Ruhe und Erholung pro Woche!

15. Tag

Authentisch sein

Am Morgen

Übung: Einen vertrauensvollen Tag beginnen | In der Früh nehmen Sie sich fünf Minuten Zeit für eine kurze Übung, die Ihnen erlaubt, einen vertrauensvollen Tag zu erleben. Suchen Sie sich einen ruhigen Ort, einen netten Platz. Schreiben Sie auf: „Ich vertraue darauf, dass mich heute ein positiver Tag erwartet. Ich höre auf die innere Stimme meiner Intuition." Falten Sie den Zettel, stecken Sie ihn in die Tasche und nehmen Sie ihn mit.

Am Tag

Übung: Authentisch sein | Heute entspannen Sie sich jede zweite oder dritte Stunde und freuen sich auf den Tag. Finden Sie Zeit zum Innehalten und fragen Sie sich, ob Sie heute in den vergangenen Stunden authentisch und frei waren oder ob Sie sich verstellt haben. Fragen Sie sich, ob Sie das, was Sie innerlich spüren, auch leben können.

Legen Sie Ihre Hände kurz auf den Bauch, nachdem Sie intuitiv die Antworten auf diese Fragen gefunden haben. Entspannen Sie sich und sagen Sie zu sich: „Ich bin bereit, das Bedürfnis, Liebe und Anerkennung im Außen zu bekommen, loszulassen. Ich zeige mich so, wie ich bin. Es kann mir nichts passieren."

Am Abend

Übung: Gelassenheit und Entspannung | Setzen Sie sich eine Stunde vor dem Schlafengehen hin. Schreiben Sie folgende zwei Sätze groß auf und lassen Sie intuitiv die Gedanken, die diese Sätze in Ihnen bewegen, hochkommen: „Ich liebe mich. Schmerz und Leid sind auch Zeichen, dass ich meine innere Wahrheit nicht lebe."

Anschließend stellen Sie sich vor, dass Ihre innere Wahrheit vor Ihnen sitzt oder steht, und fragen Sie sie, wer oder was sie sei. Fragen Sie die innere Wahrheit, was wichtig sei, damit sie gelebt werden könne.

Schreiben Sie Ihre Gedanken auf und nehmen Sie bewusst die Gefühle in Ihrem Körper wahr, während Sie diese Übung machen. Das, was Sie geschrieben haben, legen Sie unter das Kopfpolster. Lesen Sie den Zettel immer wieder durch und ergänzen Sie ihn. Nach fünf oder sechs Wochen verbrennen Sie ihn und streuen die Asche in einen klaren See oder Teich.

16. Tag

Ehrlichkeit zu sich und anderen

Am Morgen

Übung: Die eigenen Bedürfnisse wahrnehmen | Für diese Übung brauchen Sie ein Foto von sich als Kind und eines von Ihnen im jetzigen Alter. Positionieren Sie die Fotos in Ihrem Schlafzimmer so, dass Sie, wenn Sie aufstehen, auf diese Fotos blicken. Fragen Sie sich, wenn Sie die Fotos anschauen: „Was brauche ich heute, damit es mir gut geht?"

Nehmen Sie drei tiefe Atemzüge und versuchen Sie, diese Frage ehrlich zu beantworten. Wenn es für Sie möglich ist, das zu tun, was Sie brauchen, nehmen Sie sich auch die Zeit dafür. Seien Sie zu sich selbst ehrlich!

Am Tag

Übung: Ehrlichkeit zu sich und zu anderen | Immer wieder im Laufe des heutigen Tages, alle zwei bis drei Stunden, nehmen Sie sich fünf Minuten Zeit. Versuchen Sie, wenn es möglich ist, alleine zu bleiben. Fragen Sie sich: „Wie ehrlich war ich heute zu mir und zu den Menschen, die ich getroffen habe? Habe ich auf meine Bedürfnisse geachtet? Gab es heute einen Augenblick der Freude und der Gelassenheit? War es für mich möglich, zu lachen? War ich zu den Menschen, die ich heute getroffen habe, ehrlich? Oder war ich oberflächlich freundlich, nur um Zeit zu sparen und weitermachen zu können?"

Lassen Sie sich diese Fragen durch den Kopf gehen, nur so als Anregung, ohne eine klare Antwort zu formulieren. Dann wiederholen Sie drei Mal: „So, wie ich bin, so, wie ich mich zeige, bin ich liebenswert."

Schreiben Sie diesen Satz auf einen Zettel, den Sie dann in Ihre Tasche stecken.

16. Tag

Ehrlichkeit zu sich und anderen

Am Abend ....

Übung: Bilanz der Beziehung | Setzen Sie sich hin und entspannen Sie sich. Fühlen Sie sich frei und lassen Sie sich viel Zeit für diese Übung. Schreiben Sie die Menschen auf, die für Sie sehr wichtig sind. Dazu nehmen Sie einen Zettel: In die Mitte schreiben Sie zum Beispiel Ihren Namen und rundherum die der Menschen, die Ihnen von Bedeutung sind. Fühlen Sie sich in Ihre Beziehung zu diesen Menschen ein und beantworten Sie die folgende Frage: „Wie ehrlich bin ich zu dieser Person, die mir sehr nahe ist? Welche Aspekte unserer Verbindung sollten wir noch klären?" Schreiben Sie das auf, was Sie mit dieser Person klären wollen.

Machen Sie das bitte auch in den nächsten zwei Wochen. Am Fuß der Seite schreiben Sie schließlich: „Ich bin ehrlich zu mir und meinen Mitmenschen."

Beobachten Sie, welche Gefühle oder Gedanken dieser Satz in Ihnen anregt. Nachdem Sie mit den Ihnen nahestehenden Menschen gesprochen haben, verbrennen Sie den Zettel und streuen die Asche in einen Fluss oder Bach.

17. Tag

Herzensweisheit

Am Morgen

Übung: Die Liebe spüren | Nach dem Aufwachen fühlen Sie Ihren ganzen Körper. Atmen Sie ruhig und spüren Sie Ihre innere Kraft, indem Sie die Hände auf den Bauch legen. Spüren Sie die innere Liebe, indem Sie die Hände auf das Herz legen. Stehen Sie auf, gehen Sie zum Spiegel, betrachten Sie Ihr Spiegelbild und fühlen Sie sich hinein. Versuchen Sie, Liebe für sich selbst und für Ihr äußeres Erscheinungsbild zu empfinden.

Sagen Sie zu Ihrem Spiegelbild: „Ich nehme dich an, wie du bist, ich liebe dich." Sollten Sie das Gefühl haben, müde zu sein, oder sollte Ihnen die Kraft fehlen, es aussprechen zu können, dann schreiben Sie Ihre inneren Reaktionen auf und entspannen Sie sich. Notieren Sie Widerstände, die hochkommen, wenn Sie das Gefühl haben, sich nicht lieben und annehmen zu können.

Am Tag

Übung: Das Herz öffnen | Nehmen Sie sich im Laufe dieses Tages zwei Mal Zeit und suchen Sie einen ruhigen Ort, an dem Sie allein sein können, atmen Sie tief und entspannt, schließen Sie die Augen und visualisieren Sie sich an einem schönen, ruhigen Ort, z. B. an einem Strand. Dort imaginieren Sie Menschen, bei denen Sie das Gefühl haben, es wäre mit ihnen zurzeit etwas schwierig, oder Personen aus der Vergangenheit, mit denen es Schwierigkeiten gab und mit denen noch etwas zu klären ist. Unterhalten Sie sich mit diesen Menschen und bringen Sie zum Ausdruck, was zu klären sei. Sagen Sie abschließend: „Ich lasse dich los, ich gebe dich frei, ich gehe meinen Weg in Klarheit und bin bereit, mein Glück anzunehmen." Umarmen Sie die Person wenn möglich und beobachten Sie, wie sie strahlend von Ihnen Abschied nimmt.

Am Abend

Übung: Das Herz öffnen | Wenn Sie im Bett liegen, nehmen Sie zehn tiefe Atemzüge und visualisieren Sie einen Lichtfluss, welcher beim Einatmen ins Herz fließt und beim Ausatmen aus dem Herzen hinaus, wobei er alles mitnimmt, was nicht geklärt ist. Atmen Sie tief und entspannt und sagen Sie vor dem Einschlafen: „Ich bin offen, ich lasse mich vom Leben überraschen."

18. Tag

Leichtigkeit, spielerisch das Leben annehmen

Am Morgen ....

Übung: Tanz des Lebens – Tanz des Herzens | Heute, nach dem Aufwachen, stehen Sie auf und schalten Sie Ihre Lieblingsmusik ein. Tanzen Sie voller Freude einige Minuten. Schreiben Sie dann auf einen Zettel: „Ich beginne ein neues Leben. Ich bin eine neue Person. Ich verwirkliche meine innere Vision."

Legen Sie den Zettel auf den Boden und stellen Sie sich auf ihn. Visualisieren Sie rund um sich einen Lichtkreis, aus dem eine Lichtsäule entsteht. Nehmen Sie drei tiefe Atemzüge und fühlen Sie sich durch diese Lichtsäule mit Himmel und Erde verbunden.

Am Tag ....

Übung: Inneres Fliegen | Nehmen Sie sich heute drei bis vier Mal Zeit. Gehen Sie zu einem besonderen Ort, der Ihnen Freude bereitet. An diesem Ort suchen Sie einen bequemen Platz. Lassen Sie Ihre Seele baumeln. Schließen Sie die Augen und denken Sie an das Gefühl des Fliegens. Spüren Sie, wie Ihr Körper leicht wird, und beobachten Sie dabei die Reaktionen Ihres Körpers. Stellen Sie sich vor, dass Sie immer leichter und leichter werden, so wie der Wind. Versuchen Sie Kontakt mit Ihren Zellen aufzunehmen. Spüren Sie, wie Sie aus Millionen von Zellen bestehen. Sagen Sie zu Ihren Zellen: „Ich speichere in dir das Gefühl der Leichtigkeit und das Gefühl, dass alles, was geschieht, eine tiefere Wahrheit in sich birgt."

Am Abend ....

Übung: Gelassenheit erfahren | Wenn Sie schon im Bett liegen, legen Sie Ihre Hände auf den Solarplexus und nehmen Sie zehn tiefe Atemzüge. Gehen Sie in Ihrer Vorstellung an einen ruhigen Ort, dort visualisieren Sie einen See oder das Meer. Ein Schiff kommt auf Sie zu. Aus diesem Schiff steigen eine weise, alte Frau und ein alter, weiser Mann. Schreiben Sie in Gedanken Ihre Fragen auf. Geben Sie diese Fragen der Frau oder dem Mann. Sagen Sie zu ihnen: „Ich habe vollstes Vertrauen, dass die richtigen Antworten da sind für mich." Beobachten Sie, wie friedlich der weise Mann und die weise Frau wieder auf das Schiff steigen und am Horizont verschwinden. Legen Sie die Hand aufs Herz und sagen Sie: „Ich bin frei, gelassen und am richtigen Weg. Alles, was ich wissen soll, wird mir gezeigt."

19. Tag

Das Leben annehmen

Am Morgen

Übung: Tun – haben – sein | Planen Sie für diesen Tag in der Früh eine Viertelstunde Zeit ein und schreiben Sie folgenden Satz auf: „Ich bin Ausdruck der Göttlichkeit, ich habe alles, was ich brauche, ich tue das Richtige und lasse mich von meiner Intuition führen."

Spüren Sie, wie dieser Satz auf Sie wirkt und was dieser Satz mit Ihnen macht. Atmen Sie tief drei Mal ein und aus, lesen Sie dann diesen Satz nochmals durch und stecken Sie den Zettel in Ihre Tasche.

Am Tag

Übung: Das Leben mit all seinen Facetten annehmen | Versuchen Sie mehrmals an diesem Tag ein paar Augenblicke Zeit für sich zu finden und die Notizen, die Sie in der Früh gemacht haben, durchzulesen. Wie viel von Ihrer Zeit ist Präsenz? Wie viel besteht aus Tun? Wie viel ist darauf ausgerichtet, etwas zu bekommen, zu haben, zu bewirken, etwas zu wollen?

Lassen Sie diese Fragen intuitiv auf sich wirken und schreiben Sie die Antworten am Abend auf.

Am Abend

Übung: Im Hier und Jetzt bewusst leben | Am Abend, kurz vor dem Schlafengehen, nehmen Sie die Notizen vom Morgen zur Hand, lesen Sie sie durch und beantworten Sie diese Fragen:

„Was ist Priorität in meinem Leben? Wie möchte ich sein? Was kann ich Sinnvolles mit meiner Zeit tun? Welche von den Dingen, die ich habe, bereiten mir wirklich Freude?"

Schreiben Sie die Antworten ohne Bewertung nieder und am Ende fügen Sie hinzu: „Ich bin im Fluss mit dem Leben, ich bin Ausdruck der Göttlichkeit, ich bin frei und lebe hier und jetzt."

20. Tag

Im Fluss mit dem Leben sein

Für diesen besonderen Tag nehmen Sie sich frei. Es ist nicht wichtig, dass Sie diesen Tag genau am 18. Tag des Programms durchführen, es kann auch einige Tage oder sogar Wochen später sein. Aber wenn Sie diese Übungen durchführen, ist es wichtig, dass Sie Zeit für sich haben und die Übungen bewusst machen.

Am Morgen

Übung: Ich fließe mit der Lebendigkeit | Nach dem Aufwachen lassen Sie sich Zeit, stehen Sie ruhig auf, gehen Sie unter die Dusche und bleiben Sie dort einige Minuten unter dem Wasserstrahl. Spüren Sie die erfrischende Wirkung des Wassers und sagen Sie, während Sie die Hand auf Ihr Herz legen, zu sich: „Ich bin im Fluss mit dem Leben, ich bin rein und ich lebe mit Freude und Kraft." Nach dem Duschen schreiben Sie diesen Satz auf und nehmen Sie ihn mit.

Am Tag

Übung: Das Leben in seiner Ganzheitlichkeit wahrnehmen | Für diese Übung machen Sie einen Spaziergang zu einem Friedhof, einem Friedhof, der für Sie auch ein Ort der Ruhe sein kann. Suchen Sie sich einen Friedhof aus, wo keine Familienmitglieder von Ihnen begraben sind, oder einen sehr alten Friedhof.

Gehen Sie über die Wege und durch die Alleen des Friedhofes und bedanken Sie sich dabei bei den Menschen, die bisher auf der Erde gelebt haben und die Menschen in ihrer Entwicklung unterstützt haben. Bedanken Sie sich für Ihr eigenes Leben und für die Zeit, die Ihnen geschenkt wurde, und freuen Sie sich auf die Zeit, die Ihnen noch geschenkt wird.

Übung: Im Fluss mit dem Leben sein | Suchen Sie sich einen ruhigen Ort in der Natur, wo ein Bach, ein Fluss oder ein Wasserfall fließt. Gehen Sie zu diesem Kraftort, stellen Sie sich dort auf und visualisieren Sie rund um sich eine Lichthülle, die Sie dann so weit ausdehnen, bis sie den Ort berührt und wahrnimmt, und verbinden Sie sich nun innerlich mit dem Wasser. Spüren Sie, wie das Wasser fließt, wie unaufhaltbar es ist: So wie das Leben selbst, das Feuer des Lebens, die Lebenskraft, die in uns brennt.

Lassen Sie das Leben fließen, entspannen Sie sich, fühlen

20. Tag

Im Fluss mit dem Leben sein

Sie sich frei, genießen Sie das Leben. Bleiben Sie in einer beobachtenden Haltung zu dem Wunder der Natur und bedanken Sie sich für den ersten Atemzug und jeden weiteren Atemzug, den Sie bisher erlebt haben und noch erleben werden. Bedanken Sie sich bei der Erde, bei Ihren Eltern, den Menschen, die Sie lieben, und bei der Kraft der Erde, die uns alle wärmt.

Am Abend ....

Übung: Das Herz öffnen | Legen Sie vor dem Einschlafen bewusst die Hände auf Ihr Herz, schließen Sie die Augen und bedanken Sie sich für die Intuition und die unsichtbare Führung, die uns begleitet. Atmen Sie tief und gelassen. Visualisieren Sie in Ihrem Herzen eine fließende Liebesquelle in Form von Licht und Energie, die aus Ihrem Herzen sprudelt, und sagen Sie zu sich: „Aus meinem Herzen fließt eine ewig sprudelnde Liebesquelle.“

21. Tag

Herzlichen Glückwunsch zur
Absolvierung des Trainingsprogramms!
Es ist Zeit zum Feiern!

Gönnen Sie sich heute etwas Besonderes und genießen Sie den Tag im Fluss mit dem Leben.

Nachwort

Liebe Leserin, lieber Leser,

danke für die Zeit, die Sie uns beim Lesen und Üben geschenkt haben. Als kleines Dankeschön möchten wir Ihnen folgenden Impuls für Ihren weiteren Weg überreichen.

Du liebe Zeit!

Was bist du nur für ein seltsames Ding? Ein Vogel, der ständig sein Aussehen ändert? Ein Schauspieler, der alle Rollen spielt? Ein Schalk, der uns nur zum Narren hält, oder eine Bühne, auf der Komödien und Tragödien gespielt werden? Mal fliegst du dahin und wir weinen dir nach, mal dehnst du dich unendlich aus, mal bist du unmerklich, mal setzt du uns unter den größten Druck, mal bist du leicht, mal schwer, mal vorbei, mal ewig. Manche sagen, du bist Geld, manche sagen, du bist Gott.

Ich weiß nur eines über dich: Du bist eines der größten Geschenke, die es gibt – aber es liegt ganz an mir, aus dir etwas zu machen. Insofern darf ich durch dich erkennen, dass auch ich Schöpfer bin.
Du bist zwar immer da, deinen Wert für mein Leben kann aber nur ich dir geben, indem ich dich liebe und schätze oder aber vergeude und vertreibe.

Es ist meine Entscheidung, ob ich dich genieße und vielleicht sogar verschenke, ich kann dich auffüllen mit Liebe, mit Lachen und mit Leben oder aber ich kann dir ewig nachlaufen, dich totschlagen, dich verleben oder dich gar beenden. Nur ich kann dich zu meinem Diktator machen, zu meinem Feind oder aber zu meinem Freund und Verbündeten.

Dir selbst ist das wahrscheinlich total egal – du BIST einfach – während ich TUE. Aber an einer Stelle können wir uns sehr nahe kommen und uns ganz direkt berühren und spüren – dieses magische Tor ist der MOMENT.

Ich verspreche dir heute, so oft wie möglich zu diesem Treffpunkt zu kommen, um dich als Geschenk bewusst wahrnehmen zu lernen.

In Dankbarkeit
Ein Menschenkind

Du liebe Zeit!

Zum Nachschlagen

Impressum

Hinweis des Verlages

Die Angaben in diesem Buch sind nach bestem Wissen und Gewissen zusammengestellt, und die Heilwirkung der beschriebenen Methoden wurde vielfach erprobt. Da Menschen aber unterschiedlich reagieren, können weder der Verlag noch die Autorin im Einzelfall eine Garantie bzw. Haftung für die Wirksamkeit und für die Unbedenklichkeit der Inhalte und Übungen übernehmen. Bei gesundheitlichen Beschwerden wenden Sie sich bitte an Ihren Arzt.

Dr. Ernestina Sabrina und Mag. Clemens Mazza

Vorträge – Seminare – Ausbildungen – Beratungen – Bücher – Neue Medien

Wenn Sie Interesse haben, senden wir Ihnen kostenlos eine Übersicht über unsere Angebote zu.

Auf Anfrage halten wir gerne Seminare und Vorträge im innereuropäischen Raum in den folgenden Sprachen: Deutsch, Italienisch, Englisch, Französisch.

Alle Bücher des Verlages können auf der Webseite der Akademie Bios bestellt werden:

Akademie Bios, Bergmanngasse 46/1/2, A-8010 Graz
+43 (0) 316 33 93 19, +43 (0) 699 11 22 54 16
info@akademiebios.at, www.akademiebios.at

akademie bios verlag

1. Auflage August 2010 – Originalausgabe im Akademie Bios Verlag

Inhaltliche Überarbeitung und Bildauswahl: Mag. Clemens Mazza, www.tao.ac
Gestaltung und Layout: Theresia Nuber Kreation, www.theresianuber.ch
Lektorat: Mag. Helga Klösch-Melliwa www.aus-dem-effeff.at
Gesamtherstellung: Mag. Clemens Mazza
Druck: NP DRUCK, www.np-druck.at
Made and Printed in Austria, ISBN 978-3-9502733-2-8

Dr. Ernestina Sabrina Mazza
Tao Healing Mind nach Dr. Mazza ®
Im Fluss mit dem Leben sein – Das Tao der Intuition

Quellenverweise

Quellenverzeichnis

Adrienne, Carol: Erkenntnis und Zufall – Den Sinn des Lebens finden, Heyne Verlag, 1999, Vorwort.

Bartning, Peter: Das innere Kind, „Um wirklich erwachsen sein zu können, brauchen wir unser Inneres Kind"; [Webseite], http://www.beziehungsheilung.de/Innere%20Kind-Dateien/Innere%20Kind.htm, 29.06.2010.

Bauer, Joachim: Warum ich fühle, was du fühlst, München, Heyne Verlag, 2007.

Brigitta: Wie wir unsere Verhaltensmuster heilen, Das Orakel; [Artikel auf Webseiten-Blog], http://www.das-orakel.ch/?tag=verhaltensmuster, 28.06.2010.

Hartberger, Peter A.: Psychosomatik, Realität und Akzeptanz; [Webseite], http://www.peter-hartberger.de/Psychosomatik/psychosomatik.html, 1998, 29.06.2010.

Spiritual Wiki: Intuition – die innere Stimme, Praktische intuitionsfördernde Anwendungen, freie, themenbezogene online Enzyklopädie, http://de.spiritualwiki.org/Wiki/Intuition, 28.06.2010.

Völz, Horst: Gefühle und Emotionen; [PDF im Internet], http://aes.cs.tu-berlin.de/voelz/PDF/Emotion.pdf, 21.7.2002, S. 1.

Witzel, Thomas: Im-Fluss-sein – Die Leichtigkeit des Seins; [Artikel auf Webseite], http://www.neues-denken.de/ImFluss.html, 28.06.2010.

Bildquellenhinweis

Alle verwendeten Bilder entstammen dem kostenpflichtigen Bildarchiv fotolia, www.fotolia.de.

Lesenswertes

Die Bücher aus dem Akademie Bios Verlag

Energetic Tao Healing **nach Dr. Mazza ®**
Neue Wege der Energiearbeit
von Dr. Ernestina S. Mazza und Christoph Pesendorfer

Die körperlichen und geistigen Wirkungen von Energiearbeit und spirituellen Techniken
Das Handbuch und Grundlagenwerk zur neuen Energiearbeit der Akademie Bios, mit allen wichtigen Grundlagen und 111 Übungen, 1. Aufl. 2009. ISBN 978-3-9502733-0-4

Energetic Tao Healing **nach Dr. Mazza ®**
Energiefeldarbeit
Der Weg des Herzens und die Brücke zur Weisheit
von Dr. Ernestina Sabrina Mazza

Nach dem ersten, umfassenden Buch Energetic Tao Healing ® folgt hiermit die Fortsetzung in Richtung Energiefeldarbeit. Symbol für diesen Pfad der Energiearbeit ist der Archetypus des Regenbogens. Die Qualitäten, die diesen Weg begleiten, sind jene, die uns die Chakren öffnen und uns den Zugang zu Selbstliebe und zur Nächstenliebe ermöglichen.
Diese neue Generation der Energiefeldarbeit integriert neben den traditionellen Techniken die energetische Arbeit an der Matrix und an den Zellen des Körpers. Einen weiteren Schwerpunkt des Buches bilden die Vertiefung der Arbeit mit den Chakren in Kombination mit den dazugehörigen Energiefeldern und ein tieferes Verständnis der Bedeutung der Hauptchakren für die eigene Entwicklung, innere Ausgeglichenheit und Lebensfreude. Es werden gezielte Behandlungsabläufe für wichtige seelische Blockaden dargestellt. ISBN 978-3-9502733-1-1

Tao Shadow Integration **nach Dr. Mazza ®**
Das Tao der Schattenintegration – mit mentaler Kraft, Empathie und Archetypen
von Dr. Ernestina Sabrina und Mag. Clemens Mazza

Die Sehnsucht nach Vollkommenheit und Authentizität bewegt Menschen dazu, sich weiter zu entwickeln und ihr Potenzial zu entfalten. Einer der wesentlichsten Schritte zur Erlangung der inneren Vollkommenheit ist, unsere Schatten zu erkennen und ins Licht umzuwandeln.
Die Integration der eigenen Schatten ermöglicht uns einen klaren Überblick über die tieferen Zusammenhänge des Lebens und wir können dadurch erkennen, dass jedes Er-

eignis im Leben seinen Sinn hat und eine Botschaft enthält. Dieses Verständnis erlaubt uns erst, wahrhaftig das Leben in all seinen Facetten so anzunehmen, wie es ist, und öffnet damit das Tor zu innerer Ruhe und bedingungsloser Liebe. ISBN 978-3-9502733-3-5

Psychologische Numerologie nach Dr. Mazza ®
Zahlen als Spiegel der Persönlichkeit und Lebensaufgabe
von Dr. Ernestina Sabrina Mazza

Das Interesse an der Bedeutung der Zahlen findet sich in allen Hochkulturen, von der Antike bis zur Neuzeit. Sokrates war einer der ersten griechischen Gelehrten, die mit diesem Wissen „an die Öffentlichkeit" traten. Psychologische Numerologie nach Dr. Mazza ® beschäftigt sich nicht nur mit der Bedeutung der Zahlen für Beruf, Familie und das eigene Lebensumfeld. Sie zeigt vor allem die psychologischen Teilbereiche unserer Persönlichkeit und die Lebensaufgaben auf, mit denen wir in den verschiedenen Phasen unseres Lebens konfrontiert werden – und gibt Hinweise, wie sie zu lösen sind. ISBN 978-3-9502733-4-2

Matrix and Cellular Tao Healing nach Dr. Mazza ®
Ein Schlüssel zur Aufarbeitung von Traumata und Neuprogrammierung der Zellen zur Lebensfreude
von Dr. Ernestina Sabrina Mazza

Das natürliche Sein des Menschen ist ein Gefühl der Geborgenheit und des Urvertrauens. Die Wiedererlangung dieses Grundgefühls durch diese Arbeit informiert die Matrix und all unsere Energiefelder und bestimmt unser weiteres Leben positiv.
Matrix and Cellular Tao Healing nach Dr. Mazza ® und die dazugehörigen Techniken erlauben uns diesen natürlichen Zustand wiederherzustellen. Die Einzigartigkeit dieser Methode liegt in ihrem einfachen, direkten Zugang zu den häufigsten Traumata aus unterschiedlichen Lebensphasen und deren langfristiger Umpolung auf zellulärer Ebene. ISBN 978-3-9502733-6-6

Alle Bücher können online unter www.akademiebios.at bestellt werden!

Mein Traum: jedem Menschen den Weg zur Authentizität und eigenen Intuition zu ermöglichen.

Über die Autorin

Dr. Ernestina Sabrina Mazza

Biografie

Mit drei Jahren bemerkte ich, dass ich, ohne es gelernt zu haben, lesen und schreiben konnte. Ich spüre seither intuitiv das Innenleben und die Empfindungen anderer Menschen. Diese Eigenschaft ermöglicht mir, die **Hintergründe energetischer Blockaden** genauer zu erkennen und andere **in Einzelbegleitungen auf ihrem Lebensweg zu unterstützen**.

Mit sieben Jahren hatte ich das Glück, mit einer faszinierenden Welt in Kontakt zu kommen, die reich an der Lebensenergie ist, die unseren Körper und unseren Geist nährt. Seit jenen Tagen im November 1983, in denen ich mich das erste Mal **mit fernöstlicher Philosophie, traditioneller Kampfkunst (Karate Shotokan, Kung Fu und Tai Chi) und Shiatsu** beschäftigte, folge ich meinem Weg, der es mir erlaubt, meine Kenntnisse der fernöstlichen Kultur stetig zu erweitern und zu vertiefen.

Später vertiefte ich meine Kompetenzen durch **zusätzliche Ausbildungen im therapeutischen Bereich** und durch das **Psychologiestudium**. Meine Leidenschaft für die Lehre von der Herkunft der Wörter in der **Sprachwissenschaft** (Semantik und Etymologie) beflügelte mich stets, den Dingen nach ihrem wahrsten Sinn des Wortes auf den Grund zu gehen und deren sprachliche Wurzel zu entschlüsseln.
Schwerpunkt meiner Ausbildungen und mein inneres **Bedürfnis** waren von Anfang an, die **Zusammenhänge zwischen Körper und Seele zu erforschen**. Ziel meiner Arbeit und meines Erforschens ist, bei jedem Menschen die **Selbstheilungskräfte zu aktivieren** und **verborgene Blockaden sowie einschränkende Muster zur Auflösung zu begleiten**.

Mein Traum: jedem Menschen den Weg zur Authentizität und eigenen Intuition zu ermöglichen.

Eine weitere Leidenschaft begleitet mich seit meiner Kindheit: die **Liebe zum Tanzen**, die mir den Ansporn gab, verschiedene Tanzstile zu erfahren: **Ballett, Salsa, Merenge, Jazz Dance, intuitives und meditatives Tanzen**.

Dank der **Atemschule in Mailand**, die in der Tradition ihres **Meisters, Itsuo Tsuda**, eine Synthese aus **Seitai**,

Dr. Ernestina Sabrina Mazza

No-Theater und **Aikido** lehrt, konnte ich in den letzten Jahren auch diese Aspekte stetig verinnerlichen. Seit 1999 kombinierte ich dieses Interesse mit meiner Leidenschaft für das Schreiben und meiner damit verbundenen Tätigkeit als **Journalistin** und **Autorin**.

Seit 2002 arbeite ich selbstständig als Energetikerin und Körpertherapeutin in eigener Praxis und als Vortragende in Seminaren, Kursen, Vorträgen und Ausbildungen in Italien und Österreich.

Im Jahr 2004 durfte ich meinen Traum verwirklichen und eine **Schule für Selbstentfaltung** gründen, ein **Ort für Begegnung und Austausch**, wo die Teilnehmer und Teilnehmerinnen die Methode einer seriösen und bewussten Energiearbeit erlernen können. Im selben Jahr durfte ich, nach zwölf Jahren intensiven Erforschens und unzähligen Beratungen, die Grundlagen meiner **Intuitionstrainingsmethode** fertig schreiben und in Seminaren und Ausbildungen weitergeben.
Aufgrund der regen Nachfrage an meinen Angeboten habe ich 2008 die Akademie Bios als geeigneten Rahmen für meine unterschiedlichen Begleiter- und Trainerausbildungen gegründet. Zeitgleich dazu den Akademie Bios Verlag zur medialen Verbreitung meiner Inhalte über Bücher, Meditations-CDs und Lehrvideo-DVDs. Die Webseite der Akademie Bios, welche ich nun gemeinsam mit meinem Mann führe, bietet einen umfassenden Überblick über unsere jeweils aktuell angebotenen Vorträge, Ausbildungen, Seminare, Beratungen, Bücher u. a. Medien.

Ausbildungen

- Studium **Handelswissenschaft** an der Universität „Cà Foscari" Venedig
- Diplomstudium **Literatur** und Doktorat in **Sprachwissenschaft** an der Università degli Studi di Padova
- Aufbaustudium **Deutsch** an der Pädagogischen Akademie in Graz
- Studium der Pädagogik und **Translationswissenschaft** (Französisch, Deutsch) an der Karl-Franzens-Universität Graz

Dr. Ernestina Sabrina Mazza

- Diplomstudium **Italienisch als Fremdsprache** an der Universität Siena
- Studium der **Psychologie** an der Karl-Franzens-Universität in Graz
- **Kampfkünste:** Karate Shotokan, Kung Fu und Tai Chi
- **Tanzen:** Ballett, Salsa, Merenge, zeitgenössisches, intuitives und meditatives Tanzen
- **Yoga:** Raja- und Bhakti-Yoga (Yoga des Herzens) Ausbildung in Delhi, Indien
- **Fernöstliche Philosophie:** Kurse und Vorlesungen an der Universität von Padua über chinesische Philosophie und Buddhismus bei Prof. Giorgio Pasqualotto
- Seminare über **psychosomatische Medizin** am Institut Riza (Institut für Psychosomatische Medizin) in Padua
- Kurzstudium in archetypischer Psychologie San Francisco, USA
- Seminare in kultureller Anthropologie an der Università degli Studi di Padova mit schamanischen Ausbildungen nach den Lehren aus Indien, Peru, Russland und jenen der Kelten
- **Shiatsu** beim japanischen Meister Sadanocu Tatsuto
- **Feng Shui:** Seminare beim Institut Chandra Luna (Padova) mit dem Lama Jampa Ludrup
- **Aikido und Seitai:** Seminare an der Atemschule (Scuola della Respirazione) in Mailand
- Zahlreiche Seminare über **Bachblüten, Kristall- und Aromatherapie**
- **Volkshochschul-Übungsleiterin**
- **Ausbildung zur Dipl. Shiatsupraktikerin** an der Internationalen Shiatsu Schule in Graz (ISSÖ)

Notizen

Notizen

Notizen

Notizen

Notizen

Notizen

Notizen